MEDUSE CONNECTION

Mauro Natt

Questo libro è opera di fantasia sebbene, a beneficio del lettore, cerchi di presentare una storia che appaia verosimile e sia la più coinvolgente possibile. Pur prendendo spunto da notizie di cronaca o comunque di dominio pubblico, avvenimenti, trama, luoghi, nomi e personaggi sono immaginari o vengono usati in modo fittizio, così che ogni riferimento a persone, cose o fatti reali è puramente casuale.

MEDUSE CONNECTION

MEDUSE CONNECTION

*"Nessun vento è favorevole
al marinaio che non sa
a quale porto dirigersi."*

Lucio Anneo Seneca

Sommario

1

Circolo Polare Artico

Era ancora buio pesto quando al timone del Nyda, vetusto peschereccio di legno scampato a decenni di insidie sui gelidi mari del nord, Wafir Gusmanov si lasciò alle spalle il Golfo dell'Ob e puntò dritto verso il largo, addentrandosi nel Mare di Kara.

Animato dalle peggiori intenzioni nei confronti dei poveri pesci, che quel giorno sperava di prendere in abbondanza, voleva approfittare al massimo della stagione ancora propizia, prima che arrivasse l'autunno artico a limitare drasticamente le sue uscite. Il Nyda era robusto, ma troppo piccolo e troppo vecchio per poter resistere alle gelide burrasche con mare forza otto, che presto sarebbero piombate giù dal Mar Glaciale Artico prendendo d'infilata il Golfo dell'Ob e rendendo problematica la navigazione anche a imbarcazioni più grandi della sua.

Appena cominciarono a filtrare le prime luci dell'alba la giornata si annunciò grigia e triste, con cielo plumbeo e acque limacciose che rammentavano come l'ennesima burrasca fosse appena terminata. Ma all'ultra cinquantenne pescatore apparve invece come la giornata ideale, poiché acque torbide da sempre significano più pesci nelle reti.

Wafir non si poteva certo definire ricco, ma come proprietario di un peschereccio, anche se malandato, faceva parte dell'enclave privilegiata dei piccoli imprenditori di Tambej, porto peschereccio sul versante nord orientale della penisola di Jamal, estrema propaggine del Bassopiano Siberiano Occidentale. Negli ultimi anni la pesca era calata drasticamente e se poteva ancora considerarla un'attività redditizia era grazie alla sua piccola impresa a conduzione famigliare: a dargli una mano a bordo c'erano solo suo figlio, il ventenne Vladimir, e sua moglie Anna. Così non doveva pagare lo stipendio a nessuno.

Aveva fatto la prima calata della giornata che era buio e ora, mentre si approssimava l'alba, era tempo di salpare le reti per vedere se le sue speranze erano state ben riposte.

Così diede l'ordine e, mentre lui stesso rimaneva ai comandi nella piccola tuga coperta, a regolare direzione e velocità del peschereccio durante le operazioni, gli altri due si misero ai posti di manovra e iniziarono a salpare le reti. Al verricello c'era la moglie, mentre Vladimir stava all'estremo di poppa e accompagnava con rapidi movimenti delle braccia il recupero degli attrezzi.

La donna spinse la leva di avvio e il tamburo cominciò a girare cigolando, mentre con le mani callose guidava il recupero dei due robusti cavi che trascinavano la rete. A poppa Vladimir sistemava gli attrezzi in coperta man mano che venivano salpati, prima i divergenti e i vari gavitelli galleggianti, quindi le reti che rientravano a bordo scivolando sul rullo d'acciaio fissato allo specchio di poppa.

I tre si accorsero subito che il bottino di quella calata doveva essere più che abbondante, perché sul tamburo del verricello le grosse funi del traino si tendevano schizzando fuori acqua più del solito, a dimostrazione del notevole peso che le reti stavano trascinando verso il peschereccio.

Ben presto l'euforia del piccolo equipaggio famigliare si mutò in preoccupazione, quando il sacco all'estremità della rete arrivò sottobordo e sembrò di non riuscire a salparlo, tanto era stracarico e pesante: le funi sul tamburo slittavano, mentre i bozzelli in testa al doppio bigo di sollevamento stridevano sotto lo sforzo del recupero e gemevano per il peso inaspettato.

Rendendosene conto, il capitano mise il motore al minimo e bloccò la ruota del timone, in modo che il peschereccio tenesse il mare e non si traversasse. Quindi corse a poppa per dare una mano al figlio, che in quella situazione non sapeva evidentemente come comportarsi. Bisognava stare attenti che non si spezzassero i cavi, col rischio di perdere reti e pescato.

Dopo una veloce occhiata alla rete stracolma ancora dentro l'acqua, sotto lo specchio di poppa, Wafir gridò concitato alla moglie di ingranare la velocità ridotta e dare un altro paio di volte sul tamburo, per evitare che i cavi slittassero ancora. Così, finalmente, il sacco dello strascico uscì dall'acqua e prese lentamente a sollevarsi. Quando arrivò all'altezza della murata ed era in procinto di essere issato a bordo, Wafir gridò al figlio di spostarsi dal lato opposto e stare pronto ad afferrare la gassa che chiudeva il sacco e ad aprirlo non appena fosse giunto sopraccoperta, in modo da non rischiare che il peso spezzasse tutto.

Al crepuscolo e col cielo nuvoloso non c'era sufficiente luce per distinguere alcuni particolari che avrebbero dovuto metterli in allarme, come quei filamenti diafani e dall'apparenza vischiosa che colavano fuori dalle maglie ristrette del sacco. Ma nell'euforia di quella che s'annunciava una pesca straordinaria, nessuno a bordo pensò neppure lontanamente che nella rete ci potesse essere qualcos'altro all'infuori dei pesci. E per la famigliola di pescatori fu la tragedia, perché andò peggio di quello che Wafir avrebbe mai potuto immaginare.

Appena infatti l'estremità della rete fu issata a bordo e rimase alcuni istanti sollevata a circa un metro sopra il tavolato, proprio mentre Vladimir si accucciava per afferrare la gassa che avrebbe aperto il sacco e liberato il contenuto, il bozzello in testa al bigo di dritta improvvisamente cedette andando a colpire violentemente il povero Wafir, che senza un gemito volò come un fuscello oltre la murata e finì privo di sensi nell'acqua gelida. Contemporaneamente il sacco del pescato, non più sorretto correttamente, oscillò di lato e precipitò su Vladimir, schiacciandolo sotto diversi quintali di peso.

A pochi metri sua madre Anna stava ancora al verricello. Appena si rese conto di cos'era successo lanciò un urlo di raccapriccio, bloccò il meccanismo di recupero e balzò in avanti per soccorre il figlio, letteralmente sepolto sotto quell'enorme cumulo.

Il sacco era ancora chiuso con dentro tutto il suo ingombrante contenuto e le fu subito chiaro che sarebbe stato impossibile liberare il giovane spostando da sola quel mucchio informe. Così afferrò un coltello lì vicino e recise la rete del sacco.

Liberata dall'enorme tensione interna, tanto era stracolma e gonfia da scoppiare, la rete quasi le esplose in faccia riversandole addosso il suo orrendo contenuto.

Improvvisamente fu come se sulla pelle le fossero piovuti carboni ardenti.

Colpita da quel dolore bruciante la poveretta prese ad annaspare nel viscido groviglio, tentando invano di liberarsi dalla massa amorfa che l'avviluppava, mentre lanciava urla strazianti che laggiù, in mezzo al mare, nessuno poté udire.

Le invocazioni di soccorso si fecero sempre più flebili finché, in breve tempo, quel dolore insopportabile la paralizzò e non le lasciò più scampo.

2

Pacifico settentrionale

«Ma dai, Jerry, non esageriamo!» esclamò il direttore del Centro di Oceanografia ed Ecologia Marina di Vancouver, Sam Kelly, appena udì le fosche previsioni di Lax, l'ecologo specializzato in programmi di simulazione multimediale. «Il tuo computer deve dare i numeri. Come puoi davvero credere che le balene spiaggiate la settimana scorsa all'estuario del Fraser River preannuncino una catastrofe?».

«Pensala pure come vuoi Sam, ma questi programmi non sbagliano di certo» ribatté imperterrito Jerry Lax, ormai abituato alle resistenze del superiore ogniqualvolta gli proponeva qualche teoria fuori dagli schemi.

«Il problema non sta tanto nella dozzina di megattere morte la scorsa settimana, ma nel perché è successo: quegli animali sono morti letteralmente di fame insieme ai loro piccoli... se non ci credi, chiedilo ai nostri tecnici».

Quindi, rivolto al capitano Harry Davon sedutogli di lato, chiese: «Comandante, lei può confermarcelo?».

«Purtroppo sì. L'équipe della nave idrografica Deneb ha appena concluso gli esami sulle carcasse delle balenottere e non ci sono più dubbi: quelli erano animali denutriti, che la corrente ha fatto arenare quando erano già moribondi».

«Cosa vi dicevo?» rimarcò Lax rivolgendosi nuovamente ai due seduti dall'altra parte del tavolo.

«E se muoiono di fame in una stagione come questa, quando nel Pacifico settentrionale dovrebbero esserci banchi di aringhe per tutti, ditemi voi se non dobbiamo temere il peggio. Quest'anno invece le aringhe sono in numero ridottissimo e di questo passo assisteremo a una vera ecatombe di animali marini. Secondo te, Lorna, è un fatto normale che le aringhe stanno scomparendo dal Pacifico?».

«Normale no di certo, Jerry» rispose pensierosa Lorna Sherry, una delle più accreditate esperte di biologia marina che lavoravano presso il Centro Ricerche canadese.

«Ci vorresti allora illuminare sulle possibili cause di un'anomalia del genere?» proseguì Lax.

Guardando il direttore negli occhi e additando il mare che da quell'altezza si scorgeva in lontananza, oltre l'ampia vetrata, ribadì:

«Perché secondo voi là fuori stanno sparendo le aringhe?».

La riunione era appena iniziata, presenti il direttore del Centro e alcuni suoi assistenti. Era stata convocata proprio per dare una risposta a quelle domande, nell'ambito del programma di collaborazione per la salvaguardia dell'ambiente marino nel Pacifico settentrionale, un progetto portato avanti da un pool congiunto di biologi di Alaska, Canada e Stati Uniti, sotto l'egida delle Nazioni Unite. Bisognava capire se si trattava di un episodio isolato oppure, come insisteva Jerry Lax, era un segnale premonitore di qualcosa di peggio.

Nella saletta per gli incontri riservati, attigua all'ufficio del direttore Sam Kelly, al ventottesimo piano di uno dei tanti grattacieli affacciati sulla baia di Vancouver, aleggiava quasi impercettibile il profumo discreto e leggermente muschiato dell'unica donna presente, la dottoressa Lorna Sherry. Il completo pantalone grigio gessato, che indossava sopra una camicetta di seta bianca, conferiva alla biologa trentacinquenne un aspetto professionale e quasi austero, tale da scoraggiare nei colleghi maschi pensieri diversi da quelli prettamente di lavoro. Il taglio mascolino dei capelli, biondi come grano maturo, ne incorniciavano il viso grazioso e al tempo stesso dai tratti volitivi. Ma erano i suoi occhi chiari e penetranti, azzurri come il ghiaccio traslucido dei crepacci polari, a togliere quasi il fiato a chi ne restava ammaliato incrociandoli la prima volta.

Comunque era anche una biologa marina di prim'ordine e questo era il motivo per cui i tre uomini attendevano le sue valutazioni.

«Innanzitutto, per dire se l'ipotesi di Jerry può essere considerata realistica o no, dobbiamo prima considerare le componenti primarie dell'ecosistema nel nord Pacifico, in particolare le interazioni alla base della catena alimentare» esordì la biologa, accompagnando le parole con gesti misurati delle mani ben curate e dalle dita piacevolmente affusolate. Chiamando il collega per nome aveva tradito una certa familiarità, fatto che non passò inosservato agli altri due che si scambiarono un'occhiata d'intesa. Lei se ne accorse, ma non se ne diede pensiero.

«Sappiamo che la balenottera del Pacifico appartenente al genere Megattera, dopo aver svernato e partorito la prole nei caldi mari tropicali in prossimità delle coste del Messico e della Bassa California, a primavera inizia col suo piccolo una migrazione di migliaia di chilometri verso nord, alla ricerca del nutrimento necessario a farle recuperare le forze e ripristinare il grasso corporeo, consumati durante i mesi dell'allattamento» continuò l'esperta. «Penso che lei, comandante Davon, che naviga spesso lungo quelle rotte, ce lo potrà confermare, vero?».

«Senza dubbio, dottoressa» rispose l'altro leggermente impacciato. Da uomo di mare, da una vita al comando di navi oceanografiche, aveva passato buona parte dei suoi giorni a ballare sulle onde e affrontare tempeste, ma era meno avvezzo a trattare con donne con occhi del genere. Lusingato di essere chiamato a confermare le parole di una donna di scienza tanto affascinante, si raschiò la gola e spiegò:

«Proprio l'anno scorso con la Deneb abbiamo seguito per diversi mesi il viaggio delle megattere del Pacifico boreale. I nostri ricercatori dovevano monitorare la loro migrazione stagionale, da quando partoriscono nelle lagune della California fin su a nord, verso i banchi di aringhe che stazionano davanti a Canada e Alaska».

«La ringrazio per la precisazione, comandante» acconsentì la biologa, soddisfatta di avere un nuovo sostenitore.

«Infatti è risaputo che le megattere del Pacifico d'estate sopravvivono grazie all'abbondanza di plancton e di aringhe che trovano a nord. Per darvi un'idea di quanto cibo serve a sfamare una sola megattera, pensate che per riempirsi lo stomaco per qualche ora deve inghiottire una tonnellata di aringhe, ovvero circa cinquemila pesci».

«Ma se non trovano di che sfamarsi, come pare stia accadendo quest'anno, dopo il loro estenuante viaggio sono destinate a morire» commentò Jerry Lax, facendo eco alle parole della biologa.

La Sherry ne aveva già discusso ampiamente col collega e, tramite alcune simulazioni al computer, valutato i possibili effetti sulla fauna marina. Tuttavia avevano anche dovuto ammettere di non aver proprio idea di quali fossero le cause di questa misteriosa e drastica diminuzione dei banchi di aringhe. La cosa migliore sarebbe stata quella di organizzare una spedizione con la Deneb, ma prima bisognava convincere Sam Kelly che valeva davvero la pena investire la considerevole quantità di risorse necessarie a portare a termine un programma del genere.

«Vediamo di andare per ordine» proseguì la biologa fissando il direttore coi suoi occhi mozzafiato. «Sappiamo tutti che negli oceani il primo anello della catena alimentare è il fitoplancton, che a sua volta alimenta lo zooplancton. Il plancton in primavera prolifica a dismisura, ad iniziare dai fiordi dell'Alaska dopo il disgelo. Da quelle latitudini si espande poi verso sud, lungo le coste del Pacifico settentrionale. Ho qui con me delle interessanti riprese aeree fatte dal nostro satellite la scorsa primavera che evidenziano l'enorme estensione dei banchi di questi microrganismi, che riescono a cambiare letteralmente il colore del mare nel tratto fra Portland e Anchorage. Il problema che invece si presenta quest'anno, come possiamo ben vedere da queste riprese più recenti, è che il plancton in tali zone sta diminuendo drasticamente».

Nel dire questo, la biologa estrasse da una cartellina di cuoio alcuni ingrandimenti fotografici e li sparpagliò sul tavolo, in modo che il direttore potesse esaminarli.

Quindi spiegò: «Se confrontiamo il telerilevamento dell'anno scorso con quello di quest'anno nello stesso periodo e nelle stesse zone, si vede chiaramente la differenza nella consistenza del plancton».

Affiancò due foto dello stesso tratto di mare fra Portland e Anchorage e su quella dell'anno precedente indicò con la matita l'ampia fascia chiara del plancton, in contrasto col blu dell'oceano centrale. Poi aggiunse: «Come si può vedere dalle riprese fatte quest'anno la fascia chiara è molto più stretta, in taluni punti sembra completamente rosicchiata dal blu del Pacifico... e dalle prove fatte da Larry pensiamo di averne anche capito la dinamica».

«Dalle mie simulazioni al computer, che sembrate tanto bistrattare» intervenne Lax sentendosi chiamare in causa, «abbiamo potuto riscontrare che queste ramificazioni corrispondono alle direttrici delle correnti di superficie che provengono dal quadrante occidentale, correnti che all'altezza del quarantesimo parallelo piegano verso nord correndo poi lungo la costa, fin su alle Isole Aleutine...».

«E perché secondo voi sarebbe tanto grave?» lo interruppe il direttore per cercare di stringere il discorso.

«Rammentiamoci che il colore blu del mare, che quest'anno prevale lungo le coste rispetto alla parte più chiara, indica che là il plancton è praticamente assente» precisò la biologa.

«Come se quelle correnti, ascensionali e di superficie, avessero corroso il plancton» aggiunse Lax.

«D'accordo, ammettiamo che le cose stiano come dite» concordò Kelly. «Se però mi volete convincere a metter su la costosa spedizione che chiedete, e di cui devo rendere conto a quelli sopra di me, dovete darmi qualche elemento in più».

«Ci arrivo subito, dottor Kelly» continuò la donna senza scomporsi. «Dobbiamo ricordare che il fitoplancton svolge due funzioni essenziali alla vita, sia animale che umana: è alla base della catena alimentare marina e libera nell'atmosfera enormi quantità di ossigeno. Pensi che nei pochi mesi più caldi il Pacifico settentrionale produce più ossigeno dell'intera foresta amazzonica, ovvero circa metà del fabbisogno del pianeta. Se quindi io e lei non rischiamo di soffocare lo dobbiamo anche al buon funzionamento dell'ecosistema marino».

«D'accordo dottoressa... ma le balene, cosa c'entrano?».

«Le rispondo con una semplice domanda, dottor Kelly. Quando a primavera lungo i fiordi dell'Alaska si schiudono gli innumerevoli miliardi di uova deposte dalle aringhe della precedente generazione, secondo lei cosa trovano da mangiare?».

«Il plancton di cui stiamo parlando, mi pare».

«Cosa succede se invece si spezza questo che è il primo anello della catena alimentare marina?» chiese Larry, per ribadire quanto fosse attendibile il suo pronostico.

«Se sparisce il plancton, addio aringhe, con tutto ciò che ne consegue; rischiamo una catastrofe ambientale dalle conseguenze inimmaginabili» sentenziò la biologa senza batter ciglio, mentre scrutava in viso il direttore per scorgerne la reazione. Era lui che dovevano innanzitutto convincere: lei e Jerry lo erano già. «Senza il plancton mancherebbe il cibo per miliardi di avannotti di aringa, che morirebbero. Subito dopo milioni di animali marini soccomberebbero decimati dalla fame: uccelli, leoni marini, orche… e megattere».

«Appunto come quelle arenate a poche miglia da qui» concluse pensieroso il capitano Davon, accarezzandosi il pizzetto grigio. «Il discorso torna».

«Proprio così, comandante» concordò la biologa. Notando che il direttore era sul punto di convincersi, aggiunse: «Qui non si tratta solo di evitare un'altra ecatombe di megattere, ma ci va di mezzo un ecosistema indispensabile alla nostra vita».

«E se non troviamo subito un rimedio, le simulazioni al computer dicono che nel giro di pochissimi anni andremo incontro a una serie di catastrofi ambientali senza precedenti» sentenziò Lax visibilmente preoccupato. «Abbiamo cominciato con poche megattere, ma se non scopriamo presto cosa sta accadendo veramente questo mistero potrebbe coinvolgerci tutti in un tragico effetto domino, che non saremmo più in grado di arrestare».

«Basta così Jerry, cerchiamo di evitare altro catastrofismo» concluse Sam Kelly, cedendo di fronte alle fosche profezie dei suoi collaboratori. «Vediamo piuttosto di affrontare il problema in modo costruttivo. Come suggerisci di procedere?».

«Con la dottoressa Sherry abbiamo esaminato i resoconti relativi ai prelievi dell'acqua di mare fatti quest'anno dalla Deneb. Abbiamo caricato quei dati sul computer, ottenendo una mappa tridimensionale su diffusione e consistenza del plancton da Portland ad Anchorage» spiegò Lax in tono professionale, mentre di tanto in tanto guardava la collega per accertarsi che concordasse col suo resoconto. «Così abbiamo fatto alcune interessanti osservazioni, che vorrei chiedere a Lorna di esporci».

«Volentieri, Larry» continuò la biologa. Sopra una delle foto satellitari cerchiò con la penna la zona più scura, quindi spiegò: «Osservando la progressione dinamica del plancton lungo la scia delle correnti marine dominanti, sia quelle profonde fredde che quelle più calde di superficie, abbiamo notato che in questo punto del Pacifico, in prossimità del Banco di Cobb a circa centottanta miglia al largo di Portland, c'è questo enorme buco blu che, come già detto, evidenzia la totale assenza di plancton. Si può vedere che da questo punto il blu si propaga come un fiume lungo i vettori delle correnti calde che deviano verso nord e arrivano a lambire le estreme coste dell'Alaska, fino alle Aleutine. Dato che non ce ne spieghiamo i motivi, la spedizione potrebbe partire proprio da quel punto, così da capire cosa sta succedendo».

«D'accordo dottoressa, ma dobbiamo concludere» tagliò corto il direttore dopo aver dato una fugace occhiata all'orologio. Di lì a mezz'ora aveva un'altra riunione, questa volta col Consiglio di Amministrazione al completo per discutere i prossimi programmi, e doveva ancora finire di preparare il suo intervento. «Ora devo proprio lasciarvi: ditemi cosa volete e vedrò di proporlo al Consiglio oggi stesso».

«La spedizione si potrebbe organizzare a settembre col supporto logistico della Deneb» intervenne Lax. Dopo aver lanciato un'occhiata alla collega, come a chiederle conferma, aggiunse: «Per scoprire il perché di quel buco, oltre alla consueta strumentazione d'altura avremo bisogno di un batiscafo della classe Alvin e di un robot di profondità del tipo Jason».

«Tenga presente che la spedizione durerà alcune settimane, dato che dovremo effettuare parecchi monitoraggi in tutta la zona compresa fra Portland e le Aleutine, con prelievi, carotaggi e riprese subacquee» precisò Lorna Sherry.

«Naturalmente sarà indispensabile la sua collaborazione, capitan Davon» concluse Lax rivolgendosi al comandante. «Visto che conosce bene quella parte del Pacifico, contiamo molto sulla sua esperienza. Sono convinto che in questa maniera riusciremo a risolvere l'enigma».

3

Mar Ionio

I tre surfisti filavano veloci con le loro vele multicolori, sfiorando appena la distesa liquida increspata di schegge vermiglie.

Dalla terrazza belvedere la vista spaziava a perdita d'occhio: verso meridione, per un buon tratto di litorale ionico; dal lato opposto, oltre la spiaggia a mezzaluna incassata nella scogliera una decina di metri più in basso, per chilometri di costa a strapiombo sul mare. Da diversi minuti Enrico Fiorani seguiva con lo sguardo le sagome stagliate in lontananza, ma più che a loro stava pensando alle ultime vicissitudini che gli avevano rubato l'amore.

Si trovava a Cirano Ionica quasi per caso, ospite di una coppia di amici che avevano insistito perché trascorresse il ferragosto con loro. Aveva accettato sia per la compagnia, sia nella speranza di trovar sollievo dai ricorrenti pensieri che ogni giorno, dopo la recente morte della moglie per quel maledetto berillio radioattivo, incombevano su di lui come macigni. Ma purtroppo il tentativo era miseramente fallito: l'indomani sarebbe rientrato nella sua casa in Toscana e si sentiva più o meno come prima.

Il dolore che ancora provava per la tragica perdita di Simona, il conseguente senso di vuoto che avvertiva ogni giorno, aggiunti allo stress accumulato durante le recenti avventure a bordo della nave Portoria, dov'era stato a un pelo dal rimetterci la pelle, gli rendevano difficile pensare a qualcos'altro; ancora non si faceva ragione di come una disgrazia del genere fosse capitata proprio a lui.

Assorto com'era in questi flashback mentali non s'era neppure accorto che, nel frattempo, due surfisti erano rientrati a terra: quando fra un pensiero e l'altro li cercò distrattamente con lo sguardo, erano già a riva con le loro tavole. Il terzo stava invece spingendosi sempre più al largo, correndo sul filo dell'ultima brezza.

Sebbene continuasse a provarci, Fiorani non riusciva proprio a togliersi dalla mente gli interrogativi sollevati da quel berillio radioattivo che aveva contaminato Punta Falconiere e causato la repentina morte della sua compagna.

Dal poco che aveva scoperto decrittando gli archivi dell'Ilvatom, l'azienda che sottobanco riprocessava le scorie nucleari per estrarne il plutonio e che poi in buona parte scaricava in fondo al mare, s'era convinto di aver scalfito solo la superficie di un problema che travalicava i confini nazionali.

D'altronde, cosa avrebbe potuto fare di più? Non era suo compito continuare le ricerche. Bruno Malpigi, il sostituto procuratore di Grosseto che coordinava l'inchiesta denominata "Operazione Berillio", lo aveva ammonito dicendogli chiaramente di lasciar perdere, perché alle indagini ci avrebbero pensato lui e Caputo, il commissario di Polizia di Corniano Marina. Tuttavia Enrico nutriva molti dubbi al riguardo convinto che, se davvero fossero andati a fondo nella questione, la pista delle scorie nucleari li avrebbe condotti chissà dove, e a pestare i piedi chissà a chi. E non credeva che nelle alte sfere se lo potessero permettere, come d'altronde avevano dimostrato ignorando per decenni un traffico di navi e di scorie di tale portata.

Soprattutto, era preoccupato per la propria incolumità, poco convinto dalle rassicurazioni di Antonio Caputo secondo cui non aveva più nulla da temere dall'inafferrabile Pluto, il burattinaio che a livello internazionale teneva le fila di quei traffici clandestini e al quale Enrico aveva rotto diverse uova nel paniere.

Ma era anche stanco di arrovellarsi sempre sugli stessi pensieri e si era ripromesso che durante questa vacanza avrebbe provato a non pensarci più. Perciò fece uno sforzo per distogliere la mente e con lo sguardo cercò l'ultimo surfista rimasto in acqua; tuttavia, nonostante scrutasse con attenzione la superficie del mare di fronte alla baia, non riusciva più a vederlo.

"Chissà dov'è finito" borbottò perplesso dopo aver attentamente scandagliato la distesa tremolante, che incupiva a vista d'occhio essendo ormai prossimo il tramonto.

A riva non era tornato: sulla spiaggia c'erano solo i due compagni intenti a smontare le loro tavole.

"Sarà caduto in acqua" pensò, fatto abbastanza normale per quello sport.

Aguzzò la vista in quegli ultimi riverberi di luce, certo che presto lo avrebbe scorto risalire sulla tavola e raddrizzare la vela, ma inutilmente.

Si domandava in quale altro luogo sarebbe potuto approdare ma, a parte la spiaggia là sotto, nei dintorni non sembravano esserci altre possibilità: lungo la costa era improbabile, dato che per chilometri c'erano solo ripide scogliere; neppure poteva essere salito su qualche imbarcazione, perché in quel tratto di mare non se ne vedevano. Incuriosito, decise allora di scendere in spiaggia per chiedere notizie agli altri due.

Giunto di sotto, oltrepassò alcuni ragazzi che approfittavano dell'arenile ormai deserto per scambiarsi pallonate sul bagnasciuga e si diresse all'estremità della spiaggia, dove i due surfisti stavano scrutando il mare con evidente apprensione.

«Complimenti per le vostre tavole, sono davvero belle» esordì Enrico per attaccar bottone, rivolgendo un sorriso amichevole ai due surfisti, un ragazzo e una ragazza sulla ventina.

«Prima vi osservavo filare sull'acqua e devo dire che siete bravi».

«Grazie» ricambiò la ragazza con un sorriso forzato.

Il compagno si limitò invece a lanciargli un'occhiata di sfuggita e, senza risponder parola, tornò a scrutare il largo.

«Toglietemi una curiosità» proseguì Enrico notando che avevano già riposto le vele nei sacchi ed erano pronti ad andar via. «Ho notato che quando siete rientrati il vostro compagno è rimasto in mare. Lo stavo osservando da sopra la terrazza, poi a un certo punto è come sparito… ma dov'è finito?».

«Non sei l'unico che vorrebbe saperlo» rispose il giovane continuando a guardare corrucciato verso l'orizzonte. «Ce lo stiamo chiedendo anche noi dove s'è cacciato… ormai si sta facendo buio e dovrebbe essere di ritorno».

«Fra l'altro siamo venuti con la sua auto, quindi deve tornare qui per forza» continuò la ragazza. Dopo una breve pausa, aggiunse con voce flebile: «Non vorrei che gli fosse capitato qualcosa».

Che il loro amico potesse essere nei guai non ci voleva molto a capirlo. Purtroppo da così lontano e con le ombre della sera che avanzavano confondendo la visuale, era praticamente impossibile distinguere la sua testa che affiorava dall'acqua, poco più di un puntino sulla cupa superficie del mare.

Le ricerche delle squadre di soccorso si protrassero per tutta la notte, senza risultati.

Guardia Costiera e Capitaneria di Porto erano prontamente intervenute quando i due surfisti, dopo aver atteso inutilmente sulla spiaggia per un'altra mezz'ora, vedendo che era buio pesto e il compagno non tornava, avevano chiamato col cellulare il numero del soccorso in mare, come Enrico aveva suggerito prima di lasciarli sulla battigia.

Alla luce dei potenti riflettori, due motovedette avevano perlustrato il tratto di mare davanti a Cirano Ionica, spingendosi oltre la baia per diverse miglia, casomai le correnti lo avessero trascinato al largo. Ma purtroppo ogni tentativo di ritrovare il giovane fu inutile.

Quando alle imbarcazioni impegnate nella ricerca si aggiunse la mattina dopo un elicottero dei Carabinieri, fu rinvenuta a galleggiare sull'acqua la tavola da surf con la vela ancora innestata. Infine alcuni giorni dopo, durante uno dei consueti pattugliamenti al limite delle acque territoriali, una motovedetta recuperò a dodici miglia dalla costa un giubbotto di salvataggio sfilacciato e corroso, identificato dai compagni come appartenente all'amico disperso.

E così svanirono le ultime speranze di ritrovarlo vivo.

Nei giorni seguenti l'episodio venne riportato dai media ma passò piuttosto in sordina, confuso nel mucchio di notizie simili, tipiche di ogni stagione balneare: un disperso in mare non era poi un fatto così raro, anche se le circostanze erano comunque strane e non si era potuto ritrovare il corpo.

Enrico nel frattempo era rientrato nella sua casa in Toscana. Udendo la notizia al telegiornale ne rimase piuttosto dispiaciuto, visto che in qualche modo era stato spettatore della disgrazia. Ben presto però, etichettato l'episodio come uno dei soliti incidenti di mare imputabili alla scarsa prudenza, preso da altre preoccupazioni dimenticò l'accaduto.

Di quel giovane nessuno ne avrebbe saputo più nulla: nessuno aveva potuto scorgere il terrore del suo viso sconvolto dal dolore mentre sprofondava nell'acqua scura.

4

Sica Investigazioni

Alle nove di venerdì mattina, l'ingegner Corrado Marra suonò alla porta di un modesto ufficio al primo piano di Viale Trastevere, a Roma. Sul battente di legno scrostato faceva bella mostra una targhetta d'ottone, con inciso "Sica Investigazioni". Dovette suonare ripetutamente prima che dall'interno qualcuno gli prestasse attenzione, finché venne ad aprirgli una ragazzotta sui vent'anni, palesemente contrariata per l'intrusione mattiniera.

Dopo averlo squadrato con scarsa simpatia, l'apostrofò imbronciata: «Desidera?». Masticava una gomma e dava l'impressione di essersi appena alzata dal letto.

«Ho un appuntamento con l'investigatore Vito Sica. C'è?».

Se fosse stata la sua segretaria, pensò Marra, l'avrebbe mandata a spasso già da un bel pezzo.

«Chi devo dire?» domandò l'altra, mentre con una certa indolenza si scansava per farlo entrare. Aveva i capelli in disordine e il trucco sfatto. Evidentemente era sua abitudine far toeletta in ufficio e non si aspettava un cliente la mattina così presto.

«Ingegner Marra. Il signor Sica mi aspetta».

«Aspetti qui un momento, vado a sentire».

La giovane scomparve lungo un corridoio, lasciandolo in piedi all'ingresso.

L'ingegnere Corrado Marra si trovava lì in via ufficiosa e per un incarico alquanto delicato. Come funzionario addetto al contenzioso marittimo presso la Compagnia di Assicurazioni Lloyd Mediterraneo, era stato incaricato di trovare un investigatore che, in maniera discreta, effettuasse per conto della Direzione di Roma alcune indagini riservate. La Compagnia aveva già i propri canali investigativi, ma qui si trattava di una questione da sbrogliare usando anche metodi meno ortodossi del consueto, e i dirigenti non volevano correre il rischio di rimanere coinvolti in uno scandalo che poteva rovinare la loro reputazione.

Le indagini in questione riguardavano due casi di affondamenti avvenuti negli ultimi anni, che avevano interessato navi assicurate presso la Compagnia. Gli accertamenti fatti a suo tempo per appurare le cause dei sinistri avevano fatto emergere alcuni sospetti, purtroppo insufficienti a motivare un respingimento delle richieste d'indennizzo, e così avevano dovuto sborsare all'armatore un mucchio di quattrini di risarcimento.

In seguito era arrivata la denuncia di un gruppo di ambientalisti che aveva spinto diverse Procure della Repubblica, da La Spezia a Reggio Calabria, ad avviare indagini per verificare l'esistenza o meno di presunti traffici illegali di rifiuti tossici e radioattivi provenienti dal Nord Europa. Secondo alcune soffiate, e soprattutto grazie alle confessioni di alcuni pentiti della malavita organizzata, sembrava che a partire dalla fine degli anni Settanta fossero state volutamente affondate nei mari del sud d'Italia più di una trentina di navi cariche di quella robaccia.

Al Lloyd Mediterraneo ne erano venuti a conoscenza solo da pochi giorni, ascoltando appunto i vari telegiornali che ne davano notizia, e in Direzione volevano capire se erano emerse prove concrete a dimostrazione di una truffa perpetrata a loro danno, tali da motivare una rivalsa nei confronti dell'armatore. Ma era una faccenda delicata, da portare avanti senza che ufficialmente risultassero indagini da parte loro. Altrimenti, se non fossero riusciti a dimostrare il dolo, oltre a fare un buco nell'acqua avrebbero rischiato di rovinare la propria credibilità sul mercato assicurativo marittimo.

Durante la riunione del giorno precedente, l'ingegner Marra si era quindi offerto di provvedere personalmente a trovare qualcuno adatto a quel tipo di lavoro, pensando appunto a Vito Sica, l'investigatore romano che aveva già lavorato per lui mesi addietro. Si era dimostrato un tipo in gamba, capace di tenere la bocca chiusa: bastava pagarlo bene.

Marra stava ripensando a tutto questo mentre attendeva impaziente il ritorno della poco solerte segretaria. Com'era possibile tenere in ufficio una sfaticata del genere? Unica attenuante per lei sarebbe stato il fatto di lavorare lì gratis, oppure l'essere addetta anche ad altri tipi di prestazioni. Ma come segretaria, no... proprio non era il caso: sulla scrivania il computer era ancora spento, ma in compenso vi torreggiava un beauty-case spalancato e pieno di creme, spazzole e rossetti alla rinfusa.

Quando finalmente la giovane ricomparve e con la solita flemma lo invitò a seguirla, ubbidì taciturno. Alcuni metri di corridoio disadorno e si trovò davanti a una porta spalancata.

«Salve ingegnere, come va? Entri pure, sono proprio contento di rivederla» lo accolse calorosamente l'investigatore, andandogli incontro e porgendogli sorridente la mano. Non era solo cortesia: Sica sapeva che di clienti come lui ce n'erano pochi, clienti che pagavano bene e senza fiatare.

«Tutto bene, grazie. Come al solito vado di corsa e ho solo pochi minuti a disposizione. Veniamo quindi subito al punto che le ho accennato ieri sera per telefono».

«Ma certamente, ingegnere. Prego, si accomodi» lo assecondò prontamente l'altro, indicandogli una poltroncina di fronte alla scrivania vecchiotta e stracolma di cartelle sparse un po' dappertutto. Spostò di lato quelle che gli impedivano di vedere l'interlocutore e, dopo essersi seduto a sua volta, lo invitò:

«Mi esponga pure il problema e vedrò di fare del mio meglio anche questa volta».

Vito Sica, investigatore privato da oltre dieci anni, a giudicare dalle apparenze non sembrava aver fatto molta strada. D'altronde i suoi clienti erano in prevalenza mogli abbandonate o tradite, spesso a corto di mezzi per poterlo pagare adeguatamente. Così, anche per colpa del suo buon cuore, doveva accontentarsi di tirare avanti in quell'ufficio di terza categoria che attirava solo clienti squattrinati come lui.

Raramente gli capitavano buone occasioni: l'ultima era stata appunto quando l'ingegner Marra si era rivolto a lui mesi addietro perché scoprisse le prove di una truffa perpetrata a danno della Compagnia da un funzionario infedele. Non volendo creare uno scandalo rivolgendosi alle autorità, e rifuggendo per lo stesso motivo dagli studi investigativi di maggior grido, in Direzione avevano deciso di risolvere il problema senza dare troppo nell'occhio. Sica aveva fatto un buon lavoro e in maniera discreta: per non finire in galera il dipendente corrotto si era convinto a togliere il disturbo dando le dimissioni, ovviamente dopo la restituzione del maltolto.

All'apparenza Vito Sica sembrava uno qualunque: quarantacinque anni, basso di statura e minuto di corporatura, baffetti grigi appena accennati sotto due occhi vispi da furetto. Dava l'impressione di voler sempre scherzare, con quell'aria scanzonata e la voce un po' stridula e strascicata dall'accento romanesco. Tipo alla mano che non badava troppo alle apparenze, caratteristica più che ovvia visto il generale squallore del suo ufficio disadorno, segretaria compresa, all'occorrenza sapeva però agire con destrezza e riusciva a intrufolarsi ovunque fosse necessario.

In pochi minuti l'ingegner Marra gli riassunse i fatti. Si trattava di indagare sulle due navi, la Righel e la Jolly Mare, a suo tempo assicurate dal Lloyd Mediterraneo e successivamente colate a picco in circostanze non del tutto chiare, soprattutto alla luce degli ultimi sviluppi. Alla fine della breve esposizione gli consegnò due fascicoletti, ciascuno contenente informazioni a suo tempo raccolte dal loro ufficio sinistri: le ipotesi sulle cause del naufragio, le dichiarazioni del comandante e dell'ufficiale di guardia, le testimonianze e il recapito di quei pochi membri d'equipaggio ancora reperibili, nonché le coordinate geografiche stimate e annotate sul giornale di bordo al momento del disastro.

«Come lei capirà, signor Sica, la Compagnia teme una perdita di immagine qualora le indagini venissero collegate a un mandato ufficiale da parte nostra, sia per i metodi che lei riterrà utile seguire e che non vogliamo neppure conoscere, sia nel caso non riuscisse a trovare le prove a conferma dei nostri sospetti».

«Comprendo la vostra preoccupazione, ingegnere, e sarò muto come una tomba, non si preoccupi» rispose annuendo con la testa. «Immagino che per una Compagnia di assicurazioni marittime come la vostra non sarebbe vantaggioso se si venisse a sapere che continuate a tallonare gli assicurati anche dopo averli indennizzati. Preferirebbero rivolgersi a qualcun altro».

«Vedo che ha afferrato il punto. Potrà contattarmi al cellulare, e anch'io mi farò sentire ogni tanto per essere aggiornato, ma tutto in via strettamente riservata. Se quindi accetta l'incarico, dovrà indagare in maniera indipendente e scoprire cosa realmente trasportavano le due navi al momento dell'affondamento».

«Non sarà tanto semplice» commentò l'investigatore. Fare il difficile era un piccolo stratagemma per rendere più accettabile l'importo della parcella. Dopo aver riflettuto sulle parole da usare con un cliente tanto prezioso, aggiunse: «Da quello che ho sentito in tv sulle cosiddette "navi a perdere", a gestire i traffici c'è sicuramente di mezzo la malavita organizzata. Fra l'altro mi pare di aver sentito che di recente il Procuratore di Paola ha riaperto l'inchiesta sul caso di quei giornalisti uccisi anni fa in Somalia, con l'imputazione di omicidio su commissione proprio correlata a questo tipo di traffici. Penso quindi che in pochi saranno disposti a sbottonarsi… ammesso che ne trovi qualcuno, dovrò ungerlo ben bene».

«Non è un problema, di questo non si deve preoccupare» ribatté prontamente Marra, consapevole fin dalle prime battute di dove il discorso sarebbe andato a parare. «Oltre al suo onorario, le rimborseremo tutte le spesa extra».

«D'accordo, allora» annuì Sica con un sorrisetto d'intesa. «Spero solo che le indagini avviate dalla Magistratura non mi creino troppi intoppi. Comunque ho qualche aggancio qui a Roma e vedrò se posso sapere a che punto stanno…».

«Proprio per questo è necessario far presto, per arrivare alle risposte prima che altri ci chiudano tutte le porte. Lei parte avvantaggiato perché conosce le navi su cui deve concentrare le ricerche, mentre gli inquirenti staranno ancora cercando di completare l'elenco delle navi affondate in circostanze sospette negli ultimi trent'anni in Mediterraneo. Quindi, se accetta, deve cominciare immediatamente».

Questa era un'altra occasione da non perdere: l'urgenza andava adeguatamente remunerata. Per cui, con la consueta aria furbesca, Sica disse: «Capisco il vostro problema, ingegnere, ma siamo nel mese di agosto… e poi dovete darmi almeno qualche giorno per sistemare gli affari che ho in sospeso, altrimenti quei clienti non mi pagano più».

Marra non era abituato a essere contraddetto. Sapendo tuttavia che ogni cosa ha il suo prezzo, tagliò corto: «Le ho detto che abbiamo fretta. Noi sapremo ricompensarla adeguatamente, ma lei deve dirmi se questo lavoro le interessa, oppure no… c vediamo di non perdere altro tempo».

Così dicendo si alzò innervosito, per far capire all'altro che si trattava di prendere o lasciare.

«D'accordo ingegnere, ha vinto lei» cedette l'altro. Era meglio non tirare troppo la corda. «Lascerò ai miei collaboratori i lavori che ho in piedi qui a Roma e mi metterò subito in moto. Voi però dovreste versarmi un anticipo, visto le spese che dovrò affrontare».

«Non c'è problema, restiamo d'accordo così» acconsentì Marra, annuendo. Tirò fuori dal portafogli un biglietto di visita plastificato e, porgendolo all'investigatore, disse: «Oggi è venerdì. Lei inizierà le indagini lunedì mattina e noi lo stesso giorno le accrediteremo presso una banca di sua fiducia un acconto di… facciamo cinquemila euro, tanto per cominciare. Lei ci potrà addebitare il tempo impiegato come abbiamo fatto la volta precedente, a cinquanta euro all'ora. Inoltre le rimborseremo le spese a piè di lista, più gli extra. L'eventuale premio finale lo concorderemo più avanti, in base ai risultati conseguiti. Penso che debba ritenersi soddisfatto dell'offerta, non le pare?».

«Certamente, ingegnere, tanto per cominciare può andar bene. Più avanti magari ne riparleremo».

«Bene, signor Sica. Ero sicuro di poter contare su di lei. Sia chiaro che pretendiamo la massima discrezione e l'assoluta riservatezza sul nostro incontro di oggi. Ogni elemento nuovo che scoprirà dovrà riferirlo a me soltanto. Sul mio biglietto di visita è riportato il numero del mio cellulare: per qualsiasi evenienza mi contatti utilizzando esclusivamente questo numero».

«E questo è il mio. Dietro ho anche indicato le coordinate del mio conto» ribatté Sica ammiccando, mentre gli porgeva a sua volta un biglietto con annotati i riferimenti bancari. «Lunedì non dimentichi di fare il bonifico».

«Stia tranquillo» annuì l'altro infilando il biglietto nel taschino della giacca. «Lei piuttosto pensi a non deludermi».

«Si fidi di me, ingegnere» lo assicurò l'investigatore alzandosi a sua volta e facendogli un largo sorriso. «Al più presto le farò avere notizie».

«Bene, ci conto. Ora devo proprio andare».

Marra lo salutò in fretta e uscì dalla stanza, guadagnando a passo svelto l'uscita.

La ragazzotta stava alla scrivania, china a un palmo dallo specchietto appoggiato al monitor del computer ancora spento, tanto assorta a passarsi un'abbondante dose di rimmel sulle ciglia che quasi non si accorse di lui. Trasalì un attimo al rumore della porta che si richiudeva, ma subito si rituffò nel suo rituale mattutino.

5

Capo Rizzato

Una domenica d'estate come tante. A fine agosto il solleone incombeva sulla superficie quasi immobile del mare con la sua cappa appiccicosa e senza un alito di vento, arrossando le schiene dei due pescatori.

Per trovare sollievo dalla calura Marco, il nipote appena sedicenne del proprietario della barca, finito di pescare pensò bene di farsi una nuotatina al largo. A bordo del vecchio gozzo in vetroresina era rimasto lo zio, intento a sistemare le canne da pesca prima di levare l'ancora e rientrare a terra per il pranzo.

Aveva appena finito di legare i remi negli scalmi quando un urlo strozzato risuonò dal mare, scuotendo l'uomo dal torpore afoso.

Il ragazzo, che fino a pochi istanti prima aveva nuotato a una decina di metri dalla barca, e di tanto in tanto chiamava lo zio invitandolo a tuffarsi pure lui, d'un tratto prese a gridare terrorizzato e annaspare nell'acqua col viso stravolto. Il suo giovane corpo era percorso da un fremito convulso, incontrollabile, come fosse incappato nei cavi dell'alta tensione.

«Marco! Cosa succede?» urlò lo zio dopo un attimo di smarrimento, non appena realizzò che non si trattava di uno dei soliti scherzi del nipote.

«Arrivo… tieni duro!».

Recuperare l'ancora incagliata sul fondo, a oltre trenta metri di profondità, avrebbe richiesto troppo tempo. Così srotolò la sagola dell'ancoraggio dal resto della matassa e la lasciò filare fuori bordo. Poi, con la fune in bando, si mise ai remi e affannosamente tentò di accorciare la distanza dal nipote, ma non ci riuscì. In preda a convulsioni simili a una crisi epilettica, col viso stravolto e gli occhi sbarrati, il giovane si stava invece allontanando, trascinato via da una forza misteriosa.

Lo zio allora si rizzò in piedi e prese a remare con maggior vigore, spasmodicamente, sollevando con i remi schizzi d'acqua mentre cercava di accorciare la distanza dal nipote, nel vano tentativo almeno di non perderlo di vista. Ma il povero Marco, ammutolito per la paralisi progressiva che s'era ormai impadronita del suo giovane corpo, lentamente stava scivolando sott'acqua. Negli ultimi spasimi della straziante agonia solo i suoi occhi urlavano muti, tanto che parevano schizzargli dalle orbite.

Prima che scomparisse del tutto alla vista, trascinato verso il fondo da quel groviglio diafano e fluttuante di filamenti che l'aveva ghermito, lo zio capì il dramma che si stava consumando. Se in circostanze diverse gli avessero raccontato ciò che stava vedendo coi propri occhi, avrebbe stentato a crederci: quasi a pelo d'acqua, fluttuante nella trasparenza cristallina del mare a pochi metri dalla barca, vide ciò che sarebbe stato impensabile anche soltanto immaginare, e rabbrividì.

Quando poi, solo e straziato dal dolore, tornò a terra e corse in Capitaneria a riferire l'accaduto, com'era prevedibile il suo racconto sollevò notevole scalpore e la notizia si sparse velocemente lungo tutto il litorale, dove a memoria d'uomo non s'era mai verificato niente di simile.

Nei giorni successivi il tam-tam mediatico amplificò la notizia e il caso ricevette ampio spazio nei notiziari, rimbalzando da una costa all'altra del Mediterraneo.

Enrico ne sentì parlare per la prima volta al telegiornale e visto che un paio di settimane prima aveva trascorso da quelle parti alcuni giorni di vacanza presso una coppia di amici, udendo la notizia e ascoltando l'intervista dell'affranto pescatore si preoccupò.

«Può raccontarci quello che le è accaduto ieri mattina?» aveva appena chiesto la cronista all'uomo, avvicinandogli il microfono. «È vero che quando è successa la disgrazia lei e suo nipote stavate pescando in barca, un miglio al largo di Capo Rizzato?».

«Purtroppo sì. Avevamo finito di pescare e ci stavamo preparando a rientrare per pranzo» prese a spiegare l'uomo, con gli occhi arrossati dal pianto. «Mentre io finivo di sistemare gli attrezzi in barca, Marco ha avuto l'infelice idea di tuffarsi... e in pochi minuti s'è consumata la tragedia».

«Può dirci cos'è successo?».

«Una cosa terribile, ancora non riesco a crederci!» gemé l'uomo, cercando di vincere il magone. S'interruppe un attimo per asciugarsi gli occhi dalle lacrime che avevano ripreso a rigargli il volto, quindi continuò il racconto: «Marco stava nuotando a pochi metri dalla barca quando improvvisamente ha cominciato a lanciare urla strazianti: invocava aiuto, si dibatteva nell'acqua, tremava in modo spasmodico, quasi fosse colto da una crisi epilettica. Alla fine neppure riuscì più a gridare e restò come paralizzato, a parte un fremito orrendo che lo percorreva in tutto il corpo… e quei suoi occhi che imploravano aiuto. Ho cercato di raggiungerlo remando a più non posso, ma purtroppo non ce l'ho fatta: prima che potessi arrivargli abbastanza vicino da soccorrerlo l'ho visto sparire sott'acqua, trascinato verso il fondo da quell'essere mostruoso!».

«Siamo davvero rattristati per il povero Marco e ci rendiamo conto di pretendere molto chiedendo allo zio di raccontare altri particolari su questa disgrazia… ma siamo davanti a un fatto straordinario» commentò la cronista in primo piano parlando alla telecamera, che nel frattempo aveva cambiato inquadratura. Appena l'uomo riprese il controllo dei propri sentimenti smettendo di singhiozzare, gli rivolse nuovamente il microfono e chiese: «Quando poco fa ha parlato di un essere mostruoso, a cosa si riferiva?».

«Ogni volta che lo racconto, non mi credono… anche a me sembra ancora impossibile» sospirò l'uomo scuotendo il capo e stringendosi nelle spalle. «Anch'io farei fatica a crederci, se me lo dicesse qualcun altro… ma io quell'animale orrendo l'ho visto coi miei occhi!».

«Visto cosa?».

«Una medusa gigantesca, con un enorme cappello azzurrognolo che fluttuava a pelo d'acqua davanti alla barca, più largo di un lenzuolo matrimoniale… e quei tentacoli, lunghissimi, che avevano avvinghiato Marco fino a paralizzarlo e trascinarlo sott'acqua… che fine tremenda!».

Ripensando alle sofferenze del povero ragazzo nelle spire velenose del mostro marino, l'uomo si azzittì e non riuscì a trattenersi dal singhiozzare, mentre nascondeva il viso dietro le mani tremanti.

Per rispetto a quel dolore quasi palpabile la telecamera cambiò inquadratura, spostandosi su un primo piano della cronista. Anche l'intervistatrice appariva visibilmente turbata all'idea di un simile incontro ravvicinato con una medusa di quel genere.

Ringraziò lo zio per aver trovato la forza di raccontare e invitò quindi i telespettatori a seguire con attenzione la successiva intervista, registrata la stessa mattina da un collega.

«Sulla vicenda del giovane pescatore da ieri disperso in mare, a quanto è stato riferito per l'attacco di una medusa gigante, abbiamo interpellato il comandante Guido Esposito, responsabile della Capitaneria di Porto Rizzato» iniziò il secondo cronista, parlando alla telecamera da una banchina del porto. «Il comandante Esposito, la cui giurisdizione marittima si estende da Cirano Ionica fino a Capo Rizzato, ci ha confermato che da quando è stato lanciato l'allarme ieri pomeriggio, una motovedetta sta perlustrando il tratto di mare al largo di Capo Rizzato, alla ricerca del disperso».

Rivolgendosi quindi all'uomo in divisa che aveva di fianco, chiese: «Comandante, cosa può dirci sulle cause? Le pare credibile la storia della medusa gigante?».

«Al momento è presto per dirlo» rispose l'altro pensieroso. «Certo, sarebbe la prima volta che dalle nostre parti accade qualcosa del genere, ma sa... in mare tutto è possibile».

«Vuol dire che esiste la possibilità che ci siano davvero meduse del genere, capaci cioè di attaccare l'uomo?».

«Come ho detto, nelle nostre zone non è mai stato documentato niente di simile. D'altronde conosco bene quel pescatore, lo zio del ragazzo, e mi sembra impossibile che si sia inventato di sana pianta tutta questa storia».

«Quindi potrebbe essere vero?» lo interruppe l'intervistatore, immedesimandosi nelle preoccupazioni che quelle parole avrebbero destato in chi stava ascoltando».

«Diciamo che non è impossibile... al di fuori del Mediterraneo sono già stati segnalati casi simili, ma di solito accade negli oceani» rispose il comandante alzando le spalle. «Tuttavia in questo modo si spiegherebbe un'altra sparizione avvenuta di recente più a nord, anch'essa avvolta nel mistero».

«Allora questo non è il primo caso! Ci sono stati altri episodi anche qui da noi?».

«Forse un altro, ma non posso affermarlo con certezza» rispose titubante l'ufficiale. «Più a nord, a una trentina di miglia da qui, lo scorso mese è sparito in mare un surfista davanti a Cirano Ionica, e nessuno sa perché... o che fine abbia fatto. Abbiamo ritrovato al largo la sua tavola, ma non il corpo».

«Sta allora dicendo che dobbiamo aver paura di fare il bagno in mare?».

«Questo no» lo tranquillizzò il comandante, che però aggiunse in tono paternalistico: «Tuttavia, in via prudenziale, sarebbe meglio non farlo troppo al largo, dove l'acqua è profonda, almeno finché non avremo elementi per capire cosa sta succedendo».

«Sicuro che più a riva non corriamo rischi?».

«Certamente. Dove il fondale è basso non c'è da preoccuparsi» rispose l'altro rassicurante, e spiegò: «Se davvero esistono meduse del genere, con un cappello di tre metri di diametro come quella descritta dal pescatore, allora deve avere tentacoli lunghi almeno dieci metri, se non anche venti o trenta a seconda della specie. Pertanto l'animale, per non arenarsi, deve tenersi al largo dai bassi fondali...».

Il comandante però non disse che la sua raccomandazione andava oltre la semplice cautela.

Quando infatti alcune settimane prima avevano recuperato anche il giubbotto di salvataggio dello scomparso, mentre navigavano a velocità ridotta per accertare che non vi fossero altri oggetti del naufrago, gli uomini a bordo della motovedetta avevano visto scorrere lungo la murata un banco di enormi meduse, che fluttuavano in fila indiana a pelo d'acqua.

Sapeva inoltre che in Corsica era appena stata segnalata un'invasione di meduse. Era scattato l'allarme per uno strano colore del mare, scambiato sulle prime per una macchia di petrolio, ma quando il rimorchiatore Abeille della Capitaneria di Santa Manza si era avvicinato alla chiazza argentea, spessa ed estesa, che andava alla deriva galleggiando al largo di Capo Corso, avevano constatato che si trattava invece di un immenso banco di meduse, lungo una dozzina di chilometri e profondo in alcuni punti più di cento metri.

Secondo un responsabile del Centro operativo regionale di monitoraggio e salvataggio di Ajaccio, il banco era costituito da due specie differenti: la cosiddetta "barchetta di san Pietro" considerata poco urticante, e la "caravella portoghese" molto più pericolosa.

Gli esperti facevano risalire tale invasione al vuoto creatosi nel Mediterraneo per l'eccessiva attività di pesca, in particolare nei confronti di predatori naturali delle meduse quali tartarughe marine, tonni e pesce azzurro. Ma anche se non era uno scienziato, il comandante Esposito navigava da trent'anni e aveva molti dubbi che la presenza di meduse così enormi si potesse spiegare solo in quella maniera.

6

Allarme Meduse

La raccomandazione di non fare il bagno troppo al largo per evitare spiacevoli incontri con qualche medusa killer aveva destato notevole preoccupazione, non solo nella popolazione balneare ma anche fra gli studiosi e gli addetti ai lavori.

La Capitaneria di Porto dell'Isola d'Elba aveva inoltre ricevuto da un gruppo di velisti in navigazione dal Mar Ligure all'Arcipelago Toscano la segnalazione di enormi meduse, tanto da indurli a cambiare rotta per non incappare nei fitti banchi lattiginosi che fluttuavano a pelo d'acqua.

Di conseguenza, dopo l'aggressione di Capo Rizzato e sulla scia dell'interesse suscitato dall'avvenimento, furono organizzati diversi incontri e talk show. Vennero interpellati biologi marini, ecologisti ed esperti del settore per discutere l'argomento meduse e il loro pericolo, nonché cercar di capire se attacchi del genere potessero ripetersi.

Una sera di inizio settembre Enrico Fiorani si trovava per l'appunto a seguire uno di quei programmi televisivi, una tavola rotonda indetta al termine dell'annuale Convegno internazionale di oceanografia ed ecologia marina, dove furono intervistati alcuni ecologi marini e studiosi di celenterati di fama internazionale.

E fu in questa occasione che per la prima volta Fiorani sentì parlare di un "allarme meduse".

«Effettivamente stiamo assistendo a un proliferare abnorme di celenterati marini un po' dappertutto, inclusi alcuni tipi di meduse killer» stava spiegando il dottor William Poe, capo ricercatore a Portland presso il Centro di Oceanografia del Pacifico settentrionale, convenuto a Genova in occasione del congresso appena concluso. «Il fenomeno del gigantismo fin'ora sembrava limitato ad alcune zone oceaniche a nord del Tropico del Cancro».

«Grazie per la precisazione, dottor Poe» lo interruppe con un sorriso l'intervistatrice televisiva. «Se non le spiace, torneremo fra breve su questo argomento. Prima di parlare di quelle giganti, vorrei che il professor Papadopulos illustrasse ai telespettatori le principali caratteristiche delle meduse comuni nel Mediterraneo» continuò la moderatrice del talk show rivolgendosi allo studioso seduto alla destra di Poe.

In qualità di capo ricercatore del Cunep, il Comitato di Ricerca Ambientale Europea delle Nazioni Unite con sede ad Atene, Papadopulos aveva studiato a fondo l'argomento ed era una delle personalità più accreditate in materia.

«Lo faccio volentieri» rispose il professore. «Come molti sanno le meduse sono animali planctonici, vale a dire nuotano in sospensione trasportate dalle correnti marine. In Mediterraneo ce ne sono circa duecento specie, dalle molto piccole a quelle più grandi, ma non si era ancora avuto notizia della presenza di meduse giganti, tipo quella che ha aggredito quel povero pescatore nello Ionio».

«Fra l'altro, non sembra essere l'unico episodio... nella stessa zona pare ci sia stato un altro caso, quello di un surfista sparito in mare a ferragosto» precisò la moderatrice, aggiungendo: «Ma mi scusi se l'ho interrotta, professore. Continui, la prego».

«Le meduse sono animali dal ciclo di vita piuttosto complesso, che passa attraverso metamorfosi e diversi stadi» riprese Papadopulos in tono accademico. «Dopo la fecondazione delle uova, i nuovi embrioni si fissano sul fondo e iniziano lo stadio bentonico, formando un banco di polipi simili alle attinie. Costituita la colonia, ognuno di tali polipi comincia a sezionarsi trasversalmente, come tanti dischetti impilati uno sull'altro: a turno ogni dischetto si stacca dall'organismo centrale, si capovolge e assume la tipica forma di medusa fluttuante. Un polipo non produce quindi una sola medusa, ma decine, centinaia, a volte migliaia di piccole meduse. Inoltre la colonia di polipi ancorata al fondale non muore e può continuare a produrre meduse per decenni. Si può quindi solo immaginare quale enorme potenziale di meduse esista in mare, anche se diversi aspetti ci sono ancora ignoti: di molte specie non conosciamo neppure i luoghi di riproduzione, né quali siano le condizioni favorevoli affinché l'evento possa ripetersi».

«Un meccanismo davvero particolare» osservò l'intervistatrice con stupore, aggiungendo un'ovvia riflessione: «Stando così le cose, le meduse dovrebbe aumentare a dismisura di anno in anno…».

«L'aumento sarebbe davvero esponenziale se non intervenissero eventi moderatori a ridurle drasticamente: anche i loro predatori naturali sono numerosi, per lo più animali marini che se ne cibano e quindi assolvono la funzione di mantenerle nel giusto numero… a patto che quelli non diminuiscano a loro volta, magari vittime di noi umani che turbiamo l'equilibrio naturale delle cose».

«Sta dicendo che l'attuale proliferazione dipende da un'alterazione nella catena alimentare dell'ambiente marino?».

«Certamente è una delle cause principali, ma non possiamo affermare con certezza che sia l'unica».

La moderatrice della tavola rotonda si rivolse ora a Denise Massei, biologa del Cem, il Centro di Ecologia Marina di Bari, fino a quel momento rimasta in silenzio alla sinistra di Poe, e le chiese: «Dottoressa Massei, lei cosa può dirci in proposito?».

«Come spiegava il professor Papadopulos, quando sono piccole le meduse si nutrono di zooplancton, oltre che di uova e larve dei loro futuri predatori. Da adulte possono mangiare anche i pesci, che da predatori diventano quindi prede» spiegò la biologa. «Nel Mediterraneo sta ad esempio proliferando la "Mnemiopsis levidi", la cosiddetta medusa "mangia pesci", che ha già fatto notevoli danni nel Mar Nero durante gli anni Ottanta».

«Proprio così. Per questo l'Istituto di Scienze Marine di Barcellona ha di recente messo in guardia contro lo spopolamento ittico delle nostre acque, soprattutto di un mare chiuso com'è il Mediterraneo» confermò Papadopulos. «E ha più volte lanciato l'allarme, secondo l'inconfutabile assioma: meno pesci, più meduse».

«Parliamo della loro pericolosità» interloquì la moderatrice, desiderosa di tornare al principale motivo dell'intervista. «Prima, dottor Poe, cosa ci stava dicendo? Davvero è possibile morire per il loro morso?».

«Le specie al mondo sono numerosissime e con diversi gradi di pericolosità… pensi che ogni anno a livello mondiale vengono denunciati oltre cinquanta milioni di punture, alcune molto velenose e qualcuna anche mortale» spiegò. Poi con l'espressione fattasi seria, continuò: «Finora gli episodi a esito letale erano però stati registrati soprattutto nei mari più caldi, ad esempio in Australia. Da quelle parti si trova una medusa non esageratamente grande, con tentacoli lunghi anche tre metri, chiamata "vespa di mare". Il contatto con questo animale può essere fatale, anche se è già morto, e ogni anno effettivamente muoiono diverse persone per causa sua. Nei mari tropicali esiste poi la medusa "Physalia Phisalis" che ha un veleno molto tossico. E non bisogna neppure farsi ingannare dalle dimensioni, perché ce n'è una grande come un'unghia, ma la cui puntura è mortale…».

«Anche nel Mediterraneo?» chiese la moderatrice, allarmata.

«No, quella si trova nei mari australi. Da noi esistono solo un paio di specie potenzialmente letali: la più diffusa è la "caravella portoghese", che dall'Oceano Atlantico entra attraverso lo Stretto di Gibilterra» intervenne Papadopulos. «Ma una medusa gigantesca come quella descritta dal pescatore di Porto Rizzato, non mi sembra di nessuna specie conosciuta… al momento resta un mistero».

«Se mi è permesso vorrei fare un'importante precisazione» disse la dermatologa Elisa Marino, ricercatore presso la clinica dermatologica dell'Università di Palermo, intervenendo nella conversazione. «Per quanto riguarda le meduse non si tratta di un "morso" bensì di una "puntura", dovuta a cellule molto complesse che sono presenti sul corpo dell'animale».

«Volevo proprio chiederle questo, dottoressa Marino» commentò la moderatrice rivolgendosi alla donna, finora rimasta in disparte. «Come mai ci prendono tanto gusto a pungerci?».

«Non è che ci prendono gusto» ribatté l'altra sorridendo. «Ma fa parte del loro meccanismo, diciamo… alimentare. Infatti le meduse si nutrono attraverso miriadi di microcellule che al loro interno hanno un filamento urticante ornato da uncini. Quando entra in contatto con un essere vivente il filamento scatta srotolandosi, diventa rigido come l'ago di una puntura e si infila nella pelle; quindi la cellula si spreme e inietta una serie di tossine che hanno lo scopo di uccidere e digerire la preda. Alcuni celenterati hanno tali cellule lungo tutto il corpo ma i più le hanno soprattutto sui tentacoli, con cui catturano le prede».

«Quali sono le conseguenze?».

«Alcune punture, come quelle procurate dalle cubomeduse, sono pericolose per l'uomo perché possono causarne la morte per shock anafilattico».

«E si trovano anche in Mediterraneo?».

«Un tipo soltanto. Tra le specie note di cubomeduse l'unica presente da noi è la "Carybdea marsupialis", potenzialmente letale. Gigantismo a parte, potrebbe essere stata una di queste a causare la morte di quel ragazzo».

«Detto così terrorizzerebbe chiunque!» esclamò la moderatrice, visibilmente impressionata.

«Per fortuna, nella quasi totalità dei casi le conseguenze di una puntura si limitano a manifestazioni dolorose caratterizzate da rossore e rilievo della superficie cutanea, che riflette la forma dei tentacoli come per un colpo di frusta».

«Parliamo allora di quelle giganti, come nel nostro recente caso di cronaca» la interruppe l'intervistatrice per tornare all'argomento principale, notando che mancavano pochi minuti alla fine. «Dov'è che vivono di solito?».

«Nel Mar del Giappone sta proliferando la medusa "Nomura", che arriva a due metri di diametro e qualche quintale di peso» rispose il professor Poe intervenendo nella conversazione. «Da qualche anno se n'è poi scoperta una tra le più grandi, la "Cyanea artica", con tentacoli lunghi anche quaranta metri e un cappello del diametro di due metri, in grado di uccidere un uomo».

«Secondo questo articolo di "Science Daily", gli ecosistemi dei mari sarebbero sul punto di virare, di passare cioè dal prevalente dominio dei pesci a quello delle meduse» disse la moderatrice mostrando la rivista. «Secondo lei, dottoressa Massei, qual è il rimedio?».

«Smetterla col saccheggio del mare, istituire riserve sottocosta e al largo, non inquinare... molto più facile a dirsi che a farsi».

«Oppure possiamo metterci tutti a mangiar meduse» commentò con una battuta il professor Papadopulos, strappando un sorriso divertito ai presenti. «Quando non ci saranno più pesci a sufficienza, dovrà pur farlo qualcuno…».

«Come già succede in Giappone, col sushi» aggiunse sorridendo William Poe, stando alla battuta. «Magari dovremmo cominciare a chiedere se le nostre piacciono in Oriente…».

«Vedo che il tempo a nostra disposizione sta per scadere e so che avete tutti un aereo da prendere» intervenne la moderatrice, avendo notato che alcuni guardavano l'orologio con apprensione. «Prima di concludere vorrei però chiedere al dottor Poe se sono stati documentati altri casi di aggressione, sul tipo di quella di Capo Rizzato».

«Purtroppo sì, soprattutto lungo le coste statunitensi del Pacifico e dell'Atlantico. Ma notizie preoccupanti stanno giungendo anche dal Nord Europa, in particolare dalla Novaja Zemlja. Nel Mar di Kara, ad esempio, è stato di recente segnalato un caso piuttosto insolito: un peschereccio russo è stato rinvenuto mentre andava alla deriva con due cadaveri a bordo, morti in un groviglio di cubomeduse giganti che evidentemente avevano pescato e issato in coperta. Del capitano, invece, non se ne sa più nulla».

«Davvero preoccupante!» esclamò la moderatrice, scossa all'idea della morte straziante che i due dovevano aver fatto. Quindi chiese: «Ma non si può fare proprio niente?».

«Questo del gigantismo è ancora un mistero e non sappiamo in quale stadio del loro sviluppo scatta la crescita abnorme».

«C'è chi ipotizza che sia la conseguenza di mutazioni genetiche avvenute durante il complesso ciclo riproduttivo» disse Papadopulos. «Quindi non di un'intera specie, ma di singoli animali… anche se nessuno sa poi spiegarne le cause».

«In conclusione, cosa vi proponete di fare?».

«In collaborazione col Cunep e sotto l'egida delle Nazioni Unite, al Centro di Oceanografia di Portland stiamo preparando con i colleghi canadesi una spedizione nel Pacifico settentrionale. La nave oceanografica Deneb salperà da Vancouver con una nutrita équipe di ricercatori, oltre a un batiscafo Alvin e un robot

Jason di ultima generazione. Ci proponiamo di monitorare la fascia di mare davanti a Stati Uniti, Canada e Alaska» spiegò Poe, che ne era il coordinatore. «Vogliamo indagare sulla drastica diminuzione riscontrata quest'anno nel plancton e nei banchi di aringhe, ma anche sui numerosi avvistamenti di meduse giganti. Con un po' di fortuna speriamo di catturarne qualche esemplare, per capire come mai ne stanno spuntando fuori così tante».

«Come ha fatto notare il mio esimio collega, al Cunep stiamo ultimando i preparativi per una spedizione parallela in Mediterraneo» intervenne Papadopulos. Le due équipe avrebbero operato in contemporanea; con Poe aveva concordato degli obiettivi comuni e un costante scambio di informazioni, grazie a un sofisticato sistema satellitare che consentiva alle due navi di comunicare in videoconferenza.

«A giorni salperemo da Atene con la nave idrografica Altair e, anche se non disponiamo di un batiscafo, potremo comunque contare su un ottimo ROV...»

«Un ROV?» chiese incuriosita la moderatrice.

«Sì, è l'acronimo di Remotely Operated Vehicle, un veicolo robotizzato in grado di trasportare diversi strumenti a notevole profondità. Il nostro è un Victor6000, uno dei più potenti, capace di scendere fino a 6000 metri. Dato che verrà teleguidato dalla stazione di controllo di bordo, potremo visionare in tempo reale i fondali e seguire tutte le operazioni sui monitor. Sarà molto utile per la ricerca che intendiamo fare sui cicli riproduttivi delle meduse nel Mar Mediterraneo. Ci proponiamo di trovare e mappare i loro principali luoghi di riproduzione, in particolare le colonie di polipi allo stadio bentonico, nella speranza di trovare una spiegazione alla loro crescita abnorme».

«Questa è una notizia confortante» commentò la giornalista. Il tempo a disposizione stava per scadere, per cui aggiunse: «Prima di concludere, c'è qualcosa che chi ci sta ascoltando dovrebbe fare?».

«Sarebbe molto utile alle ricerche se chi avvista una medusa gigante ci segnalasse le coordinate geografiche» aggiunse Papadopulos.

«E come?».

«Inviando una e-mail al nostro Centro di Ricerca di Atene: poi ci penseranno i miei collaboratori, se sarà ritenuta attendibile, a inoltrarmela ovunque mi trovi, anche fossi in mezzo al mare. Più informazioni avremo, meglio sarà: dov'è avvenuto l'avvistamento, una descrizione su forma, colore e dimensioni della medusa, e cose simili»

Ribadito agli ascoltatori l'invito a collaborare in tal senso, la moderatrice ringraziò i presenti e il programma si concluse, mentre in sovrimpressione scorreva l'indirizzo e-mail a cui inviare le eventuali segnalazioni.

Enrico riuscì ad appuntarselo nella sua agenda, prima che venisse sostituito dai soliti titoli di coda. Quindi se ne andò a dormire e non ci pensò più.

7

Sulle tracce della Jolly Mare

Sica arrivò a Corniano Marina il martedì mattina intorno alle dieci, fece colazione al bar di fronte al Commissariato, quindi con passo deciso si diresse verso il luogo dell'appuntamento.

Dalla guardiola all'ingresso un agente in divisa lo bloccò scrutandolo sospettoso e chiedendogli cosa desiderava.

«Ho un appuntamento col commissario Caputo» rispose con un largo sorriso che voleva dimostrarsi il più rassicurante possibile. «Sono l'investigatore Vito Sica».

Il commissario era al momento impegnato e quindi fu invitato ad attendere nell'attigua saletta d'aspetto, sempre sotto il vigile sguardo del poliziotto. All'interno le poche sedie erano tutte occupate, per lo più da stranieri alle prese col rinnovo del permesso di soggiorno, e data la confusione che vi regnava Sica preferì aspettare fuori. Nell'attesa, approfittò per riepilogare mentalmente quello che era riuscito a scoprire fino a quel momento indagando sulle navi Righel e Jolly Mare per conto del Lloyd Mediterraneo, la Compagnia con cui erano assicurate al momento del naufragio.

Dopo il conferimento dell'incarico da parte dell'ingegner Marra era subito partito per Reggio Calabria, poiché appunto al largo di Capo Spartivento risultava essere affondata in modo sospetto una delle due navi, la Righel. Aveva sperato di trovare qualcuno che fosse stato imbarcato sulla nave e potesse raccontargli cosa trasportava al momento del sinistro, qualche coraggioso disposto a sbottonarsi. Voci di corridoio negli ambienti giudiziari parlavano nientemeno che di scorie radioattive e altre sostanze tossiche gestite dalle cosche della 'ndrangheta, imbarcate di straforo prima che la nave colasse a picco durante una tempesta. Ma il muro di omertà, diffidenza, paura, contro cui aveva subito cozzato gli aveva fatto capire che quella non era una strada percorribile.

Non riuscendo a cavare un ragno dal buco, si era trattenuto solo pochi giorni ed era tornato a Roma.

Qui aveva sfruttato i suoi agganci e ottenuto alcune informazioni utili, ad esempio la conferma che da poco era stato costituito un pool di magistrati per indagare sulle cosiddette "navi dei veleni", nel cui elenco sembrava figurassero anche la Righel e la Jolly Mare, e che le Procure interessate si sarebbero scambiate informazioni sui risultati delle indagini di propria competenza territoriale.

Offrendo il pranzo a un commesso che lavorava in Pretura era poi venuto a sapere che il Ministero degli Interni aveva imposto il segreto di Stato su uno strano caso di contaminazione da berillio radioattivo avvenuto a Corniano Marina, dove quattro mesi prima erano morti una donna e un ragazzo.

Si vociferava anche riguardo al dossier di un anonimo informatore che, partendo da quel caso in Toscana, aveva denunciato l'esistenza di un traffico internazionale di scorie nucleari e plutonio da parte di una azienda piemontese, l'Ilvatom, attualmente sotto sequestro e al vaglio degli inquirenti. La cosa poteva interessarlo perché, a detta del loquace commesso, nel dossier si faceva riferimento alla motonave Portoria e all'affondamento in alto mare di numerosi fusti contenenti scorie radioattive.

Dato che il dossier menzionava altri cargo di cui non ricordava il nome, ma anch'essi probabilmente affondati con robaccia del genere nelle stive, forse valeva la pena seguire questa traccia e vedere se c'era un filo che collegava tali avvenimenti alle navi su cui lui stava indagando. Piste migliori al momento non ne aveva, così decise di tentare questa strada.

Motivo della sua attuale visita a Corniano Marina era quindi la speranza di trovare altri elementi interessanti per l'indagine.

Partito in auto da Roma tre ore prima, era qui per incontrare Antonio Caputo, il Commissario di Pubblica Sicurezza che seguiva l'inchiesta sul berillio radioattivo e che già aveva arrestato gli ufficiali della motonave Portoria. Un amico che lavorava in un commissariato romano, dopo non poca insistenza, gli aveva fatto il favore di telefonare a Caputo per annunciare la visita e chiedergli se poteva dargli una mano.

«Il commissario si è liberato, può salire» disse a un certo punto l'agente di guardia rivolgendosi a Sica, dopo che una telefonata lo aveva avvertito al riguardo. Quindi chiese al collega di accompagnarlo di sopra nell'ufficio del commissario.

Entrato nella stanza e accomodatosi di fronte alla scrivania di Caputo, dopo alcuni brevi preliminari l'investigatore spiegò in modo conciso il motivo della sua visita.

«Come le ha accennato quell'amico di Roma, ho ricevuto in via strettamente riservata l'incarico di effettuare alcune verifiche intorno a un paio di naufragi sospetti. La Compagnia di Assicurazioni che mi ha incaricato delle indagini ha già versato agli armatori parte del risarcimento, ma di recente sono emerse novità che non convincono e quindi, prima di saldare tutto, in sede vogliono sapere come stanno effettivamente le cose».

«Capisco... ma non vedo come io potrei aiutarla» ribatté sbrigativo Caputo, che aveva già le sue grane da sciropparsi senza che da Roma gliene aggiungessero delle altre. «Io non ne so niente di naufragi e fatti simili».

«Lo so, commissario» acconsentì Sica. «Forse però può dirmi qualcosa intorno a quel traffico di scorie radioattive via mare su cui ho saputo che state indagando».

«Cosa c'entra questo col vostro problema?».

«Potrebbe c'entrarvi, se ad esempio si scoprisse che le due navi in questione trasportavano scorie radioattive, come sembra. Se fossero finite in fondo al mare con le stive piene di robaccia simile, per di più non dichiarata sul piano di carico, qualche dubbio per rimandare come minimo il pagamento sarebbe più che giustificato, non le pare?» rispose l'investigatore con fare sornione. Quindi aggiunse: «So di un dossier che avete ricevuto via e-mail da un informatore, dove sarebbero elencati affondamenti di materiali radioattivi, nonché di intere navi. Così mi chiedevo se era possibile avere una copia del dossier, per vedere se contiene qualche indicazione sui due naufragi che m'interessano».

«Mi spiace, ma non mi è proprio possibile accontentarla» rispose Caputo fattosi improvvisamente serio. Dopo una pausa di riflessione, ne spiegò il motivo: «Quello che mi sta chiedendo riguarda documenti allegati agli atti di un'inchiesta in corso, che sono quindi strettamente riservati. Per di più, la questione è tuttora vincolata dal segreto di Stato, imposto a suo tempo dal Ministero degli Interni. Se mi azzardo a divulgare informazioni del genere come minimo perdo il posto, oltre probabilmente a guadagnare un po' di anni di galera… non posso proprio, mi creda».

«Non può aiutarmi in nessun modo?» insistette Sica in tono quasi implorante per non indispettirlo, ma non essendo neppure disposto ad arrendersi. «Se non posso avere il dossier completo, può almeno darmi l'elenco delle navi che sono implicate nel traffico delle scorie, così da vedere se menziona le mie due?».

«Suvvia Sica, non insista. Non posso dirle niente sul contenuto del dossier» ribatté spazientito il commissario. Rendendosi però conto che anche lui dopotutto faceva quel lavoro per campare, in un moto di empatia decise di aiutarlo senza violare la legge: «La posso però indirizzare a chi potrebbe darle una mano, forse anche più di me. Provi a sentire Enrico Fiorani, il marito di quella donna morta per la contaminazione nucleare di Punta Falconiere… abita poco distante da qui. Gli ripeta il discorso che mi ha appena fatto e sono sicuro che sarà in grado di aiutarla».

E così si apprestò a fare Sica, senza farselo dire due volte.

Uscito dal commissariato, entrò nel bar di fronte e trovò sull'elenco telefonico il numero a Corniano Marina di Enrico Fiorani. Lo chiamò immediatamente e per fortuna era in casa.

Dopo aver premesso che era stato Caputo a fare il suo nome, accennò genericamente al motivo della telefonata, limitandosi a dire che si trattava di un problema che aveva relazione con la disgrazia che aveva colpito sua moglie.

Al che Enrico si mostrò subito disponibile e presero accordi per incontrarsi di lì a mezz'ora, approfittando del fatto che sarebbe rimasto in casa tutto il giorno a finire un lavoro per conto di un cliente.

«Davvero è stato il commissario Caputo a mandarla da me?» chiese Fiorani allo sconosciuto visitatore, appena si furono accomodati in salotto. Era piacevolmente sorpreso che il commissario lo stimasse a tal punto da inviargli qualcuno a suo nome.

«E cosa dovrei fare questa volta?».

«Mi servono alcune informazioni sul contenuto di un dossier che parla di traffici internazionali di scorie radioattive, in particolare sui trasporti effettuati via mare. Il commissario dice che non può fornirmele perché sono allegate agli atti di un'inchiesta giudiziaria, ma mi ha fatto capire che lei ne sa parecchio su questa storia e potrebbe aiutarmi».

«Mi dica cosa vuol sapere esattamente e farò del mio meglio per darle una mano» lo assicurò Enrico assentendo col capo. «Ho anch'io un conto in sospeso con certa gente».

Non era solo spirito di collaborazione, ma desiderio di giustizia. Giustizia primariamente per la sua Simona, stroncata tragicamente dall'avido e ottuso egoismo di un manipolo di delinquenti; giustizia per il suo amato mare, preso a calci e ferito da quelli che esso stesso nutriva.

Alcuni dei colpevoli avevano già pagato, riequilibrando la bilancia della giustizia a prezzo della propria stessa vita: Davide Cortis, l'insospettabile professore, eliminato dai suoi stessi compari quando si era fatto troppo ingombrante; il capitano North, il comandante del Portoria che da anni inabissava in mare le scorie radioattive, morto suicida per evitare ritorsioni nei confronti della famiglia; e infine Carlo Iorio, lo scriteriato autista che aveva sparso il berillio radioattivo sulla scogliera di Punta Falconiere, colpito da un sarcoma galoppante a causa delle stesse micidiali polveri radioattive che aveva maneggiato senza le dovute precauzioni... che scia di morte seguiva quel fiume di denaro sporco!

Altri invece erano stati arrestati nell'ambito delle indagini in corso, e attendevano il processo. Primi fra tutti i tre soci dell'Ilvatom, l'azienda che riprocessava le scorie radioattive per estrarre il plutonio da vendere ai trafficanti di armi; quindi gli ufficiali e il nostromo della Portoria. Tutti quanti in galera, con la pesante incriminazione di associazione a delinquere finalizzata al disastro ambientale e al contrabbando di materiali fissili.

Era un inizio incoraggiante, anche se all'appello mancavano ancora in molti... soprattutto mancava il principale burattinaio di quei traffici di morte, il fantomatico Pluto, il capo dei capi.

Tuttavia, pur nel doloroso tunnel in cui si trovava dopo la perdita della sua compagna, i risultati finora conseguiti gli avevano fatto intravedere uno spiraglio, dimostrando che chi fa torto riceve torto, in base all'immutabile legge suprema che reclama giustizia e impone a ciascuno, prima o poi, di raccogliere quello che semina.

E finché c'è giustizia, Enrico se lo ripeteva spesso per farsi coraggio, c'è speranza.

Soprappensiero rifletteva su tutto questo mentre Sica, seduto davanti a lui in poltrona, ripeteva il discorso fatto a Caputo sulle ricerche che stava compiendo in relazione alle due navi colate a picco in circostanze poco chiare.

«Come ho spiegato al commissario» infine concluse l'investigatore andando al punto, «vorrei verificare se il famoso dossier contiene un riferimento alle mie navi, la Righel e la Jolly Mare, e in caso affermativo se fa qualche accenno a un carico di scorie radioattive al momento del naufragio».

«Ti darò volentieri una mano» assentì col capo Enrico, sorridendo amichevolmente. Data un'occhiata all'orologio al polso, si rese conto che era ormai mezzogiorno e quindi aggiunse: «Sarà comunque una faccenda piuttosto lunga, dato che il materiale da esaminare è parecchio. Propongo di mangiare prima qualcosa, se ti accontenti di un piatto di spaghetti e due uova al tegamino… come chef non vado oltre. D'accordo?».

«Volentieri signor Fiorani, ma non vorrei approfittare troppo della sua disponibilità…».

«Nessun problema, ma ad una condizione».

«Quale?».

«Che ci diamo del tu, come farebbe qualunque buon compagno di viaggio».

Dopo pranzo Sica s'era appisolato in poltrona guardando il telegiornale, stanco per la levataccia e il viaggio di trecento chilometri della mattina.

Enrico ne approfittò per recuperare i cd con gli archivi segreti dell'Ilvatom, che teneva al sicuro nella piccola cassaforte murata nel sottotetto, nascosta dietro un mobiletto. Ne fece al volo una copia e ripose al loro posto gli originali, al riparo da occhi indiscreti. Da quando aveva ricevuto la sgradita visita degli emissari di Pluto, che avevano tentato di recuperare tutti gli archivi in formato elettronico mettendogli a soqquadro l'appartamento, non si fidava a lasciarli in giro un minuto più del necessario.

Erano mesi che non li toccava, esattamente da quando aveva preparato il dossier per Caputo, e provò una certa emozione a riprenderli in mano. Più di una volta s'era proposto di farlo, ma non ne aveva avuto il coraggio. Ora questo investigatore piovuto dal cielo gli stava fornendo la motivazione necessaria a riprendere la battaglia che, sulla tomba della sua Simona, aveva promesso di portare avanti finché tutti i responsabili non avessero saldato il conto.

«Dai Vito, è ora di iniziare!» lo esortò battendogli sulla spalla mentre quello ancora russava. Posò sul tavolino una tazza di caffè bollente e aggiunse:

«Ho preso il dossier che mi hai chiesto… manchi solo tu per cominciare».

«Cosa c'è?» bofonchiò l'altro, svegliandosi di soprassalto. Quando realizzò dove si trovava e cosa stava facendo, imbarazzato come un ragazzino colto con le dita nella marmellata, si scusò: «Mi dispiace, ma stamattina mi sono alzato prima delle cinque… arrivo subito».

«Abbiamo tutto il tempo» lo rassicurò. Indicando la tazza fumante, aggiunse: «Se vuoi riprenderti un po' butta giù quel caffè… vedrai che dopo ti sentirai meglio. Quando poi hai fatto, vieni di là nello studio. Io intanto finisco di preparare il materiale».

Meno di due minuti dopo che s'era seduto al computer, Sica, abituato nel suo lavoro ai veloci sonnellini quanto ai bruschi risvegli, gli era già a fianco e osservava il documento che velocemente scorreva sul video.

«Come puoi vedere, ci sono diversi riferimenti alle navi che l'Ilvatom ha usato negli anni per trasportare le scorie radioattive» spiegò Enrico additando l'elenco visualizzato sul monitor. «Qui per esempio fa riferimento alla motonave Portoria, che di recente ha fatto parecchie volte scalo anche da noi, nel porto di Corniano Marina. Si è scoperto che l'Ilvatom la usava sottobanco sia per il contrabbando di plutonio che per smaltire in mare i rifiuti nucleari.

Vedi poi questi numeri, a fianco di ogni registrazione? Sono le coordinate geografiche di dove, durante la traversata, hanno affondato buona parte delle scorie… però mai intere navi, come quello che stai cercando tu. Qui i punti indicano ad esempio alcune fosse marine del Mediterraneo, dal Bacino dello Ionio alla Fossa Ellenica».

«Cos'è quell'annotazione in fondo al documento?» chiese Sica additandola. «Dice che per le navi bisogna vedere l'allegato… di quale allegato parla?».

«Non lo so, non ci avevo mai fatto caso. Magari potrebbe anche riferirsi alle navi colate a picco col carico, ma dove sia questo allegato non ne ho proprio idea».

«Forse sta su qualcuno degli altri file» insisté Sica, non disposto ad arrendersi. «Perché non proviamo a riguardare meglio?».

Anche se poco convinto, Enrico lo accontentò. Ma dopo un'ora di inutili tentativi erano al punto di partenza.

«I casi sono due» rifletté allora l'investigatore, poco esperto di trucchi informatici ma alquanto perspicace quando si trattava di scovare anche i nascondigli più impensabili. «O quando all'Ilvatom hai copiato gli archivi quello te lo sei dimenticato, oppure ti è sfuggito mentre li passavi al decifratore».

Quella semplice osservazione fece riflettere Fiorani su un'ulteriore possibilità: «L'unico dubbio che mi viene in mente è che in origine i file crittografati fossero divisi in più sezioni, ciascuna sottoposta a un differente metodo crittografico… ma dato che io li ho decifrati usando un unico sistema è possibile che nella decodifica alcune sezioni siano state ignorate».

Sica lo guardò e chiese perplesso: «Vuoi dire che dobbiamo riprendere gli archivi originali cifrati e sottoporli a tutti i possibili sistemi di decifrazione?».

«In teoria sì, ma così rischiamo di non venirne più fuori» ribatté Enrico, ricordando quanto tempo aveva speso mesi addietro prima di trovare il sistema giusto. Battendo con la matita sul monitor, azzardò: «Per logica direi però di provare almeno su questo qui. Magari l'allegato a cui fa riferimento si trova sullo stesso file, ma crittato con un metodo diverso dallo XOR».

«Diverso… da cosa?».

«Dal sistema di cifratura basato sulla funzione XOR, il metodo con cui sono stati cifrati tutti gli archivi dell'Ilvatom, a eccezione di due» spiegò Enrico al perplesso interlocutore. «Era il metodo in auge fino alla metà degli anni Novanta, semplice ed efficace, e veniva usato normalmente negli schemi di crittazione digitale dei dati. Consiste nello scegliere una password segreta piuttosto lunga, che poi viene applicata al testo originale mediante un'operazione di matematica booleana, quella appunto dello OR esclusivo, o XOR. Il risultato ottenuto è un testo cifrato molto ermetico, perché gli schemi di frequenza delle ricorrenze risultano spianati dall'operazione».

«Non ci ho capito molto, ma mi fido» si arrese Sica con un'alzata di spalle. «Quindi cosa pensi di fare?».

«Devi sapere che quando mesi addietro avevo provato a decifrarli, senza riuscirci, mi ero poi rivolto a un hacker di Las Vegas, un certo Mills. Fu appunto lui a suggerirmi il metodo dello XOR, oltre ad allegarmi all'e-mail un programmino per decrittare il file campione che gli avevo inviato e che era stato trattato con un differente metodo di cifratura. Grazie a quel programma sono riuscito a decrittare gli unici due archivi che non erano stati sottoposti allo XOR... ma forse non erano così unici come ritenevo. Quindi direi di rielaborare col programmino di Mills anche questo archivio... e speriamo che la nostra intuizione ci porti da qualche parte».

Enrico inserì quindi la copia della versione originale crittata e avviò la procedura di decifratura, utilizzando la procedura di Mills anziché quella dello XOR.

«Eureka!» esultò a un certo punto, rendendosi conto che il tentativo stava funzionando. Il decifratore di Mills infatti aveva saltato a piè pari la prima parte del file, quella con lo XOR, ma si era messo a tradurre la sezione successiva. A video cominciò a scorrere un elenco di nomi, quello delle navi a cui faceva riferimento la precedente annotazione. Oltre a vari numeri e sigle, al nome di ciascuna nave seguiva una data e una coppia di coordinate geografiche: erano sicuramente quelle dell'affondamento.

«Accidenti quante sono!» esclamò Sica non appena si rese conto di cosa si trattava.

«Ben trentanove!» precisò Enrico contandole. «Quelle che interessano a te le vedi?».

«Eccole lì, ci sono tutte e due» esclamò Sica rianimandosi, mentre allungava il braccio e puntava il dito sul monitor. «Secondo le informazioni dell'ufficio sinistri la Righel era salpata da Marina di Carrara, poi aveva fatto un misterioso scalo a Palermo per caricare chissà cosa, e poco dopo era affondata nel Mar Ionio, al largo di Capo Spartivento. Ma le coordinate stimate del punto del naufragio erano approssimative e poco attendibili… qui invece cosa risulta?».

«Possiamo verificarle facilmente» rispose Enrico picchiettando il monitor con la matita sulla riga relativa alla Righel.

Quindi prese dallo scaffale un Atlante geografico e lo aprì sull'Italia meridionale. Facendo una x con la matita sull'azzurro del Mar Ionio, poco sotto la punta estrema della Calabria, da buon capitano di marina che non aveva dimenticato la sua materia, spiegò: «Le coordinate annotate qui dicono 37° 58' Nord e 16° 59' Est, vedi? E corrispondono a questo punto, una cinquantina di miglia a est di Capo Spartivento… direi che si tratta proprio della tua nave, Vito».

«Dice anche cosa trasportava?».

«Non saprei… qui ci sono solo dei numeri e delle sigle».

«Magari in qualche parte del documento ci sarà la spiegazione… prova a dare un'occhiata più avanti».

Sica era elettrizzato: aveva finalmente qualcosa di concreto da comunicare all'ingegner Marra, che la sera precedente lo aveva minacciato di revocargli il mandato se non si fosse sbrigato a scoprire qualcosa di utile.

«Complimenti, ci hai azzeccato di nuovo!» esclamò Enrico dopo aver scorso il documento e trovato la tabella di corrispondenza delle sigle.

«Secondo questo specchietto, la sigla "FR" si riferisce ai fusti di scorie radioattive, "CR" ai blocchi di cemento con inglobate scorie radioattive di elevata intensità, "VE" a scorie vetrificate, "LQ" a scorie liquide, "CO" ai container di rifiuti medici e ospedalieri, "FT" ai fusti di rifiuti tossici… ce n'è davvero per tutti i gusti. Se le cose stanno così, da queste sigle risulta che la Righel al momento del naufragio era piena zeppa di rifiuti tossici e scorie radioattive vetrificate ancor più pericolose».

«Altro che navigare quasi scarica, come era annotato sul piano di carico» commentò Sica col suo tipico sorriso da furetto. «E l'altra, la Jolly Mare? Vedo scritto 38°55' Nord e 17°58' Est. A che punto corrisponde?».

«Qui sopra, vedi?» e gli indicò la zona corrispondente nel Mar Ionio, poco più di una quarantina di miglia a sudest di Capo Rizzato. «Anche questa sembra contenesse un bel po' di robaccia quando è colata a picco, almeno secondo le sigle che vedo indicate. FR e CR indicano fusti di scorie radioattive e blocchi di cemento con inglobate scorie ad alto tasso di radioattività… un bel bocconcino per i pesci!».

A questo punto Enrico si bloccò soprappensiero, mentre le sue sinapsi erano improvvisamente percorse da un sorprendente quanto inaspettato ragionamento.

«Che c'è?» chiese Sica, apprensivo.

«Mi sono appena ricordato che quest'estate ero in vacanza proprio da quelle parti, a poche miglia da dove è colata a picco la Jolly Mare».

«Cosa vuoi che signifîchi, sarà solo un caso» ribatté l'altro facendo spalluccia, come a minimizzare.

«Il fatto che io fossi là, niente» concordò Enrico. «Lo strano semmai è che nella stessa zona pare siano misteriosamente sparite in mare due persone. Ne parlavano qualche sera fa anche in tv… e sembra che almeno uno di loro sia incappato nei tentacoli di un'enorme medusa».

«Non so che dirti… sarà solo un insieme di coincidenze» tagliò corto l'altro, non volendo distrarsi dal suo primario interesse. «Ora il mio problema è trovare una conferma a quello che dicono queste registrazioni».

«D'accordo Vito, vediamo di andare avanti» commentò Enrico stringendosi nelle spalle.

Anche se non riusciva a vedere alcun nesso fra quegli episodi, non era propenso a credere alla semplice coincidenza.

«Cos'è che ti serve ancora?».

«Prima che io possa chiudere il caso e consegnare un rapporto al Lloyd Mediterraneo, devo avere delle prove concrete. Non vorrei che queste coordinate si riferissero solo a dove hanno affondato un carico scomodo» rifletté Sica a voce alta, dopo averci pensato su. Non era certo il caso di rovinarsi la reputazione col miglior cliente che aveva passandogli informazioni sballate.

«Prima di darle per buone, devo esserne assolutamente certo».

«Su questo dossier non credo che ci sia altro» rispose Enrico allargando le braccia, come per desistere. «A parte questo elenco di navi che, dalle coordinate, mi pare si riferisca solo al Mediterraneo».

«E allora, dove dici di cercare?».

«Possiamo provare su Internet. Con un po' di pazienza, lì sopra si riesce a trovare di tutto».

Pertanto, accantonati gli archivi elettronici, iniziarono una ricerca metodica sul web.

Come primo tentativo Enrico provò a immettere il nome "Ilvatom" nei principali motori di ricerca. Sperava che, a parte il sito ufficiale dell'azienda, avrebbe trovato indicazioni dei loro trasporti di scorie via mare e, se particolarmente fortunato, degli eventuali naufragi. Ricordando che i viaggi della Portoria non erano esclusivamente locali, ma attraverso il Canale di Suez arrivavano fin in Somalia, non escludeva che i suoi traffici si estendessero anche in altre direzioni. In particolare sperava di trovare un legame fra l'azienda di Saluggia e le cosiddette "navi a perdere" affondate in Mediterraneo negli ultimi trent'anni, dato che le confidenze raccolte da Sica negli ambienti giudiziari parlavano di un collegamento fra quei naufragi e i traffici di scorie col nord Europa. Purtroppo i tentativi andarono a vuoto.

Allora provò a immettere la parola "Jolly Mare". Sulle prime venne fuori di tutto tranne quello che cercavano: pescherie, società legate alle attività di mare, ristoranti, e simili, ma niente che riguardasse la nave in questione. Poi finalmente spuntò fuori qualcosa di interessante.

Scorrendo infatti le migliaia di esponenti messi a disposizione dal motore di ricerca, a un certo punto la sua attenzione fu attratta da un riferimento ipertestuale alla Jolly Rosso, nome evidenziato per assonanza digitale con Jolly Mare.

Puntando la matita sul link in questione, Enrico borbottò: «Questa mi pare di averla già sentita...» e vi cliccò sopra: immediatamente si visualizzò la relativa pagina, con tanto di foto del relitto.

Descriveva il naufragio della Jolly Rosso, avvenuto nel Mar Tirreno nel lontano 1990 davanti a Serra d'Aiello, in Calabria. Il naufragio era collegato all'inchiesta riaperta dalla Procura di Paola per investigare sugli inspiegabili livelli di radioattività riscontrati nell'entroterra limitrofo, col notevole aumento di casi di leucemia e tumori fra gli abitanti della zona, e decine di decessi. L'Agenzia regionale per la protezione ambientale aveva individuato nel terreno un'elevata presenza di radionuclidi, come cesio e stronzio, tanto da ipotizzare una correlazione con la nave.

Voci non confermate parlavano infatti di un carico di bidoni di materiale radioattivo trasportati dalla nave al momento del naufragio. Si diceva che avessero intenzione di smaltirli in alto mare, inabissandoli con tutta la nave, e che invece, a causa di una burrasca, erano finiti sul litorale per poi sparire sepolti nell'entroterra. Ora si voleva indagare sull'attendibilità o meno di tali voci e sull'eventuale correlazione degli eventi.

«Fortuna che non è una delle mie navi» commentò Sica mentre leggeva sul monitor le conclusioni che un precedente Gip aveva dovuto trarre dalle indagini: già una volta il giudice aveva infatti archiviato, per insufficienza di prove, l'inchiesta aperta nei confronti degli armatori, sospettati di naufragio doloso e truffa alle compagnie assicuratrici.

«Evidentemente il mio non è l'unico caso dove risulta difficile dimostrare come sono andate effettivamente le cose».

«Ma neppure rare sono le navi zeppe di robaccia che un po' dappertutto colano a picco misteriosamente» aggiunse Enrico, rammaricato. Notando un riferimento a voci correlate all'argomento, aggiunse: «E il problema non è solo nel Mediterraneo... vedi qui, ad esempio? Questo link rimanda a un elenco delle discariche nucleari nei vari oceani... vediamo cosa dice».

Appena cliccato, a video comparve un planisfero con evidenziate le zone di mare dove erano stati inabissati i più disparati materiali radioattivi, oltre a dove giacevano decine di relitti a propulsione nucleare, conseguenti a reali naufragi o alla deliberata intenzione di liberarsene senza tanti scrupoli, una volta dismessi.

Una didascalia spiegava i vari simboli utilizzati per segnalare tutti gli affondamenti avvenuti fra il 1946 e il 1982, anno della moratoria internazionale con cui le nazioni nuclearizzate avevano finalmente messo al bando questo metodo poco ortodosso di smaltimento delle scorie. Dopo il 1982 mancavano dati ufficiali, non perché il problema dello smaltimento fosse stato risolto, ma perché le discariche marine radioattive erano diventate appannaggio esclusivo della criminalità organizzata, che si era arricchita facendo il lavoro sporco per conto, o con la connivenza, di alcune multinazionali del settore.

«Accidenti, quanta schifezza c'è in fondo agli oceani!» esclamò con disgusto Fiorani, che dopo Punta Falconiere era molto più sensibile a questo tipo di problematiche. Con la povera Simona aveva purtroppo toccato con mano le sofferenze che derivano dall'esporsi alle radiazioni senza neppure accorgersene.

«Hai visto cosa dice qui, Vito? Secondo questa mappa, solo al largo di Stati Uniti e Inghilterra sono state inabissate migliaia di tonnellate di scorie, oltre a un numero imprecisato di relitti di navi e sottomarini nucleari. C'è proprio di che stare allegri».

«Vedi niente sulla Jolly Mare o sulla Righel?».

«Qui sopra non è possibile... la didascalia dice che i simboli sulla cartina evidenziano le discariche marine radioattive attive fino al 1982, quelle ufficialmente denunciate dalle nazioni nuclearizzate e registrate a suo tempo dall'Aiea, l'Agenzia Internazionale per l'Energia Atomica. Le tue navi qui sopra non ci possono essere, perché sono affondate di recente».

«Guarda quanti punti sono segnati appena fuori di Gibilterra, sia a sud che a nord, fino all'Irlanda» osservò Sica additandoli sul monitor. «È un mucchio di roba!».

«Secondo la didascalia si riferiscono alle 75.000 tonnellate di scorie che la Gran Bretagna ha gettato in mare prima della moratoria del 1982, quantità che le fa detenere un glorioso primato. Poi, seguono le 10.000 tonnellate della Svizzera, le 5.000 del Belgio, e via dicendo. Non c'è che dire... l'Atlantico settentrionale è stato per decenni la pattumiera nucleare d'Europa!».

«Però anche la Russia non scherza... anche lì ci sono un bel po' di quei simboli».

«Quelli russi sono soprattutto intorno a questa enorme isola, la Nuova Zemlja» spiegò facendo uno zoom dell'isola. Nei mari di Barents e di Kara ci sono migliaia di fusti di scorie al massimo livello radioattivo, oltre a un mucchio di relitti di navi e sottomarini nucleari colati a picco coi relativi reattori e combustibili. Vedi poi qui sotto, all'estremità sud dell'isola, di fronte alla Baia Nera? La didascalia dice che è proprio là che furono fatti i primi esperimenti nucleari sottomarini... un primato di cui essere davvero orgogliosi».

«Comunque sulle mie navi ne sappiamo quanto prima, cioè niente» borbottò Sica, che del resto del discorso poco s'interessava. «Se davvero le hanno mandate a picco intenzionalmente, temo che nessuno scoprirà mai cosa trasportavano veramente».

«Però almeno ora conosci il punto esatto dove sono state affondate».

«Vero, però, come ti ho spiegato prima, per far causa all'armatore abbiamo bisogno di qualcosa di più di una semplice registrazione sui tuoi archivi di provenienza, diciamo, non esattamente legale» obiettò Sica. «Alla mia Compagnia servono prove concrete e utilizzabili in tribunale».

«Vediamo di non perdere subito la speranza, non è ancora detta l'ultima parola» ribatté Enrico, mentre con un click comandava la stampa del planisfero visualizzato. E aggiunse: «Questa mappa mi ha fatto balenare un'idea che di primo acchito potrebbe anche sembrare stramba».

«Sarebbe a dire?».

«Mi sto chiedendo se c'è una relazione fra quanto hanno detto l'altra sera in tv a proposito delle meduse giganti e tutte queste discariche radioattive» rispose Enrico osservando il planisfero appena stampato. «Potrebbe essere solo una coincidenza, Vito, ma direi che si riferiscono alle stesse zone».

«Non capisco di cosa parli» dissentì l'altro scrollando la testa, non riuscendo a vedere il nesso fra le meduse e le loro ricerche.

«Secondo i biologi intervistati in tv, nell'emisfero settentrionale ci sono zone dove negli ultimi anni sono avvenute ripetute aggressioni di meduse giganti, le cosiddette meduse killer» spiegò Enrico mentre col pennarello rosso, una dopo l'altra, cerchiava sulla mappa le zone degli attacchi che s'era appuntato durante la trasmissione. «Guarda qui, Vito… le ho riportate sulla mappa delle discariche nucleari: noti niente di particolare?».

«Che sono più o meno coincidenti».

«Esatto. Guarda caso gli attacchi sono avvenuti più o meno dove da decenni giacciono sui fondali montagne di scorie radioattive» concluse Enrico. Indicando una dopo l'altra le zone sulla mappa, aggiunse: «Come puoi vedere, sono di fronte alle coste del Pacifico orientale, fra Stati Uniti e Alaska, e lungo quelle dell'Atlantico settentrionale; altri avvistamenti sono poi stati segnalati nel Mar Glaciale Artico, soprattutto intorno alla Nuova Zemlja… e non dimentichiamoci che hanno cominciato a comparire anche nel Mar Ionio…».

«Ammettiamo che sia come dici tu… questo discorso dove ci porta?».

«Ancora non lo so esattamente Vito. In ogni modo, direi che c'è proprio poco da stare allegri».

8

Echelon: il Grande Fratello

Le ricerche che Enrico stava compiendo su Internet avevano prodotto una specie di effetto eco nei meandri segreti di Echelon, la rete di sorveglianza globale ideata durante gli anni della Guerra Fredda. Nonostante la guerra fosse ormai un lontano ricordo, questo supersegreto sistema di controllo delle comunicazioni era rimasto in piedi e continuava a essere amministrato da un pool misto di crittoanalisti di Stati Uniti, Gran Bretagna, Canada, Nuova Zelanda e Australia.

L'attività spionistica di questo ingombrante "grande fratello" veniva tutt'ora ritenuto uno dei più efficaci metodi di contrasto preventivo al terrorismo, ragion per cui la rete occulta era stata potenziata dopo l'attacco del 2001 alle Twin Towers di New York. Ma ovviamente il sistema poteva essere impiegato anche per scopi meno nobili.

Di fatto era in grado di intercettare qualsiasi comunicazione, messaggio, telefonata, e simili che viaggiava in formato elettronico attraverso i cavi sottomarini o l'etere. Il sistema vagliava tutte le trasmissioni ricercando minuziosamente parole chiave, e relative varianti, anche solo lontanamente sospettate essere di matrice terroristica e che quindi richiedevano ulteriori approfondimenti. L'enorme quantità di informazioni che vi transitavano veniva via via sfoltita da sofisticati programmi elettronici che vagliavano i dati con un sistema di filtraggio a cascata. Ciò che alla fine rimaneva dei brani intercettati e ritenuti sospetti, era poi esaminato personalmente dagli specialisti di Echelon.

Nel portare avanti le sue ricerche Enrico Fiorani, senza preoccuparsene più di tanto, aveva immesso nei vari motori di ricerca alcune parole chiave che dal punto di vista dei filtri di Echelon erano suonate potenzialmente sovversive, parole tipo "scorie nucleari", "plutonio", "depositi radioattivi", "affondamenti dolosi" e simili. I risultati di questi suoi approfondimenti multimediali erano stati immediatamente intercettati dalla rete, filtrati e trasferiti di volta in volta al successivo livello di controllo, fino a giungere sul tavolo del crittoanalista incaricato delle valutazioni finali.

Nel dubbio, gli analisti di Echelon avevano deciso che bisognava saperne di più intorno alle intenzioni dello sconosciuto internauta e avevano quindi avvisato i servizi segreti italiani, onde verificassero che non si trattasse di attività eversiva.

Di fronte alla possibilità di trovarsi davanti al risveglio di una cellula dormiente di qualche movimento estremista, i servizi segreti avevano immediatamente allertato l'Unità Antiterrorismo, che a sua volta si era attivata per identificarne la provenienza. Dall'indirizzo IP delle trasmissioni intercettate, i tecnici di Echelon erano risaliti al provider Internet che forniva il collegamento a larga banda e questi aveva estratto dal proprio database clienti i dati dell'intestatario, appunto Enrico Fiorani, e li aveva comunicati all'autorità giudiziaria che ne aveva fatto richiesta.

La nota segnaletica, trasmessa al magistrato di competenza nel cui territorio operava il computer sospetto, era stata infine rigirata al commissariato di Polizia di Corniano Marina, la cittadina da dove appunto partiva il collegamento Internet sospetto.

Quando il commissario Antonio Caputo lesse il fax del sostituto procuratore Bruno Malpigi che lo informava al riguardo, non poté fare a meno di sorridere.

Quel Fiorani non smetteva di stupirlo.

«Lei ha idea di come mai abbiamo di nuovo fra i piedi questo Fiorani?» aveva chiesto Malpigi non appena Caputo l'aveva chiamato al telefono. «Non abbiamo ancora chiuso il caso per quella dannata faccenda del berillio radioattivo di Punta Falconiere, che ci rispunta fuori con questa storia del terrorismo... ma cosa sta combinando quello là?».

«Non so proprio che dirle, dottor Malpigi, ma senza dubbio sarà un malinteso. Anche lei conosce Fiorani, che non è certo un terrorista».

«Voglio sperare che sia così, commissario!» esclamò il magistrato sbuffando. «Comunque per rispondere a quelli dell'Antiterrorismo bisogna almeno che lo interroghi... sono proprio curioso di sapere cos'ha combinato questa volta, per metterli così in allarme».

«Vuole che lo convochi qui da me?».

«Per forza, commissario. Io però devo assentarmi qualche giorno per un convegno a Roma... quindi dobbiamo rimandare alla prossima settimana» sospirò, Malpigi, più avvezzo a rincorrere delinquenti che a far da scolaro in una noiosa conferenza di tecnocrati. «Vediamoci lunedì mattina alle dieci. Dovrò anche passare in Tribunale, ma cercherò di arrivare prima possibile. Se ritardo, lei cominci pure... e sentiamo che storia ha da raccontarci Fiorani questa volta».

Echelon effettuava le intercettazioni di primo livello sulla base di un elenco di parole chiave contenute in una tabella elettronica supersegreta, aggiornabile secondo necessità. Alcune parole o espressioni presenti in tabella erano di carattere permanente, ad esempio quelle direttamente collegabili alle possibili attività eversive o terroristiche, mentre altre di secondaria importanza potevano essere modificate o aggiunte.

Tutte le comunicazioni intercettate erano inizialmente vagliate da potenti elaboratori elettronici che o le ignoravano, non riscontrando alcuna correlazione con una delle chiavi in tabella, oppure trovando una corrispondenza le passavano alla seconda fase, per l'ulteriore elaborazione.

Le comunicazioni così intercettate seguivano due differenti procedure elaborative. Quelle relative agli esponenti permanenti della tabella di controllo venivano immediatamente elaborate. Dopo la registrazione su file distinti, a seconda della tipologia della parola chiave, ciascun messaggio passava al successivo vaglio a cascata mediante programmi di analisi, per un totale di sei livelli di filtraggio sempre più stringenti. L'ultimo filtro era quello umano, cioè l'esame da parte di un analista in carne e ossa.

Le intercettazioni che invece risultavano meno urgenti o di importanza secondaria, perché relative agli esponenti contenuti nella parte transitoria della tabella, venivano anch'esse caricate su file separati, ma restavano accantonate per essere elaborate in seguito a richiesta di un superiore in grado o a discrezione degli analisti.

Conoscendo bene l'importanza delle informazioni che transitavano nella rete di Echelon, Pluto era riuscito ad allungare i suoi tentacoli anche qui e, con qualche mazzetta, aveva convinto uno degli analisti di Echelon a fargli da talpa.

Di nascosto aveva quindi fatto aggiungere le due parole chiave che più lo interessavano, da monitorare a livello internazionale: "Pluto" e "Ilvatom". Le chiavi erano state inserite nella sezione transitoria della tabella di controllo in modo che, ogni qualvolta il sistema intercettava un messaggio che le conteneva, lo passava alla talpa analista, che provvedeva a registrarlo su un cd che poi spediva a una determinata casella postale. Contemporaneamente lasciava presso un centro servizi di segreteria telefonica un avviso anonimo per segnalare l'avvenuta spedizione, in modo che un emissario di Pluto sapesse quando andare a ritirarlo.

Infine, nel giro di una settimana, l'informatore riceveva un cospicuo accredito sul proprio conto estero cifrato. L'importo variava di volta in volta, a seconda dell'importanza del materiale inviato, ma il suo anonimo cliente era generoso e la somma sempre a quattro cifre.

In tal modo Pluto teneva sotto controllo le comunicazioni praticamente del mondo intero, almeno per ciò che lo concerneva e più lo preoccupava. Dopo l'uscita di scena del professor Cortis, unico anello di collegamento fisico fra lui e i traffici dell'Ilvatom, voleva esser sicuro che non ci fossero altri pericoli in agguato, visto che era ancora aperta l'inchiesta sull'Ilvatom, la fabbrica che da anni riciclava le scorie radioattive per estrarne il plutonio che lui piazzava sul mercato clandestino.

Inoltre Pluto sapeva che varie magistrature italiane avevano avviato indagini per verificare l'attendibilità di certe voci che circolavano su certe navi inabissate in Mediterraneo cariche di scorie nucleari, e voleva esser sicuro che il suo nome, anche se era solo uno pseudonimo, non comparisse in relazione a tali inchieste.

Perciò, quando sull'ultimo cd ricevuto dal suo informatore vide le intercettazioni di Echelon relative alle ricerche web fatte da Enrico sull'Ilvatom, si innervosì parecchio.

Quel rompiscatole continuava a frugare nelle sue cose e c'era il rischio che gli procurasse altri guai, come se non bastassero quelli che già gli aveva causato.

Così decise che era arrivato il momento di togliorselo di torno una volta per tutte.

9

Esplosioni silenziose

Sica era rientrato a Roma per riferire al Lloyd Mediterraneo gli ultimi risultati delle indagini. Ovviamente gli sarebbe bastata una telefonata per informarli di quanto scoperto intorno ai naufragi della Righel e della Jolly Mare, ma incontrandosi di persona con l'ingegner Marra era riuscito a convincerlo dei progressi fatti e a farsi versare un altro acconto.

Aveva poi trascorso il resto della settimana a sbrigare alcune faccende di lavoro lasciate in sospeso al momento della sua repentina partenza per la Calabria; infine, la domenica mattina, era tornato a Corniano Marina per incontrarsi con Fiorani.

Si erano dati appuntamento per mezzogiorno direttamente nel salone ristorante dell'Esperanto, l'albergo sul lungomare dove Enrico aveva alloggiato mesi addietro per sfuggire agli emissari di Pluto. Sica aveva insistito per offrire lui, con la scusa di festeggiare il recente successo e l'acconto che aveva rimpinguato le sue scarse finanze, ma soprattutto per sdebitarsi in qualche modo della preziosa collaborazione del suo ospite.

Terminato l'ottimo pranzo a base di spaghetti allo scoglio e grigliata mista di pesce di giornata, abbondantemente annaffiati con un Vermentino ghiacciato, seduti uno di fronte all'altro nel luminoso salone prospiciente il mare, stavano facendo il punto della situazione e discutevano sulle prossime mosse da fare.

«L'altro giorno, mentre davo un'occhiata su Internet alle rotte per i trasporti dei materiali nucleari via mare, ho fatto una scoperta interessante» disse a un certo punto Enrico, sorseggiando il caffè.

«Qualcosa sulle mie navi?».

«No... almeno non direttamente» rispose scuotendo il capo. «Comunque credo di aver trovato un'altra tessera per completare il nostro puzzle».

Sica lo fissò con aria interrogativa. «Spiegati meglio».

«Mentre cercavo qualcosa che potesse indirizzarci alle navi colate a picco con un carico radioattivo, per caso ho letto delle informazioni riguardo a un sito militare dell'ex Unione Sovietica chiamato Majak, dove da decenni sorgono impianti industriali per la produzione di plutonio per testate atomiche...».

Sica, che fino a quel momento aveva ascoltato incuriosito, lo interruppe sospirando: «Prima le meduse... ora le bombe atomiche! Non è che voli un po' troppo di fantasia?».

«Se hai pazienza, vedrai che riesci anche tu a capire cosa c'entra col nostro discorso».

«D'accordo. Ti ascolto».

«Devi sapere che Majak sorge negli Urali meridionali, a circa centocinquanta chilometri da Chelyabinsk, in una regione di laghi attraversata dal fiume Techa. Nel suo comprensorio sono ospitati i principali complessi industriali russi per la produzione di combustibili nucleari. Forse hai sentito parlare di Chelyabinsk-40, Chelyabinsk-65 e del laboratorio sperimentale Chelyabinsk-70» continuò Enrico paziente guardando il dubbioso interlocutore, rammentandosi che le stesse perplessità le aveva provate lui stesso quando, mesi addietro, aveva cominciato a interessarsi dell'argomento. «Immagino saprai che il plutonio non si trova in natura, ma viene estratto dal combustibile esausto dei reattori nucleari, attraverso il riprocessamento delle scorie. La prima bomba atomica sovietica, esplosa nell'agosto del 1949, fu costruita utilizzando proprio il plutonio prodotto a Majak».

«E a noi interessa?».

«Certo. Quelle attività hanno reso il territorio intorno a Majak la zona più contaminata della Terra, dato che per diversi anni le scorie liquide radioattive sono state scaricate nel fiume Techa, unica risorsa idrica per i molti villaggi che sorgono lungo il fiume. Il risultato è che più di centomila abitanti sono stati gravemente contaminati...».

«Mi spiace per loro» lo interruppe l'investigatore mentre continuava a giocherellare sulla tovaglia con la tazzina vuota, «ma continuo a non capire cosa c'entra con la nostra storia».

«Ti ho detto di portare pazienza, Vito, e vedrai che ci arrivi da solo» insisté l'altro, sospirando. «Solo dopo diversi anni gli ingegneri sovietici si accorsero che la contaminazione radioattiva, dal fiume Techa, aveva raggiunto zone anche a migliaia di chilometri di distanza, nonostante il materiale radioattivo fosse stato depositato nei primi trentacinque chilometri dalla centrale di Majak. Questo indusse un tardivo cambiamento nella politica di smaltimento delle scorie: fu proibito l'uso dell'acqua del fiume e dei suoi affluenti, e diversi abitanti furono anche evacuati; vennero costruite dighe e riserve artificiali, in modo da evitare che la radioattività dilagasse altrove; inoltre, gli scarichi radioattivi furono riversati nel vicino lago Karachai che, almeno in apparenza, non ha sbocchi in mare».

«Quale mare?».

«Domanda intelligente, vedo che hai afferrato il senso del discorso» si complimentò Enrico, annuendo soddisfatto. «Il mare in questione è appunto il Mar di Kara... ti ricorda niente?».

«È dove hanno trovato quel peschereccio che andava alla deriva con dei cadaveri a bordo, dopo che aveva pescato delle meduse giganti?».

«Proprio quello Vito» rispose Enrico con un enfatico cenno di assenso. «E, se ricordi, quello è anche il mare che bagna le coste della Nuova Zemlja, in fondo al quale da decenni giacciono innumerevoli tonnellate di scorie radioattive. Comunque c'è dell'altro... una particolarità che porterebbe, per così dire, a far quadrare il cerchio».

«Cioè?».

«Si è riscontrato che la contaminazione radioattiva di Majak, oltre a espandersi per migliaia di chilometri fino a raggiungere il Mar di Kara, causando la morte di animali e uomini, ha prodotto in diversi superstiti delle gravi malformazioni di carattere genetico. Purtroppo questo è ciò che sta accadendo in quel territorio da cinquant'anni a questa parte».

«Spiegati meglio».

«Dalle poche statistiche ufficiali che sono trapelate risulta che coloro che hanno lavorato nell'impianto di Majak, ma anche gli ignari abitanti della zona, sono stati esposti a una dose totale di radiazioni davvero incredibile, superiore a quella assorbita dai superstiti di Hiroshima e Nagasaki. Di recente il ministero della salute in Russia ha compilato un rapporto dove dichiara ad esempio che ventottomila persone sono state severamente irradiate e di queste più di ottomila sono già morte come diretta conseguenza delle radiazioni, oltre a un migliaio che soffrono di gravi malattie croniche dovute alle stesse. Inoltre si è riscontrato un aumento del settantotto per cento nei malati di leucemia e un aumento consistente di morti per cancro: al sistema digestivo, alla pelle, alle ossa, ai polmoni».

«Hai proprio deciso di rovinarmi la digestione» protestò Sica udendo il macabro resoconto. Fatta una breve pausa, ammise: «Anche se è tragica, non mi pare che la situazione ci riguardi più di tanto, no?».

«Se però ti dico che in quelle zone il trenta per cento dei bambini ancor oggi nasce con gravi difetti e malformazioni genetiche, o con malattie congenite del sistema nervoso o del cuore; se aggiungo che il cinquanta per cento degli uomini e delle donne sono sterili… tu cosa capisci, Vito?».

«Mah, come hai già detto tu, che le radiazioni possono produrre malformazioni».

«Esatto. Quando le radiazioni ionizzanti colpiscono il sistema riproduttivo degli esseri viventi possono causare alterazioni del codice genetico, che quindi saranno trasmesse a tutte le successive generazioni» precisò con enfasi Enrico, picchiettando sul bicchiere col cucchiaino che teneva fra le dita.

Il cameriere fraintese il tintinnio e si affrettò ad accorrere. Scambiandosi un sorriso per il malinteso, i due ne approfittarono per ordinare un bourbon.

Quando il cameriere si fu nuovamente allontanato, sorseggiando con gusto il morbido scotch aromatico, ripresero l'argomento.

«Capisci quale legame potrebbe esserci fra questi fatti?».

«Preferisco che me lo spieghi tu, anche perché, se devo essere sincero, non ho mai capito bene perché la radioattività sia tanto pericolosa».

«Ti faccio allora un semplice esempio che penso possa aiutarti a capirlo» continuò Enrico, mentre prendeva dal centro tavola un tovagliolo di carta, su cui con la penna schizzò la struttura di un atomo. Accompagnando la spiegazione con ulteriori tratti di penna, poi aggiunse: «Immagina questo atomo di materiale radioattivo come una minuscola bomba a orologeria: ne senti il ticchettio, ma non sai quando esploderà. Quando però lo farà, fra una frazione di secondo o fra migliaia di anni, scaglierà all'intorno schegge impazzite sotto forma di potenti particelle subatomiche, le cosiddette radiazioni alfa e beta, insieme a emissioni energetiche fra cui fotoni, un tipo di radiazione elettromagnetica molto potente. Sono in particolare queste radiazioni gamma a produrre gli effetti più dannosi mentre colpiscono le cellule viventi, perché interagiscono con la loro struttura molecolare causando ustioni, cancro e mutazioni genetiche. Ho parlato di un'esplosione, ma più propriamente il fenomeno è chiamato decadimento radioattivo. Il momento esatto in cui un singolo atomo radioattivo, instabile per natura, decadrà in uno più stabile è del tutto casuale e sconosciuto, ma il meccanismo a orologeria peculiare di ogni radioisotopo rispetta una precisa legge statistica, una costante chiamata vita media, che rappresenta appunto la media aritmetica della vita di tutti gli atomi dello stesso tipo. Da tale costante ne deriva un'altra, detta periodo di dimezzamento, che ci dice dopo quanto tempo saranno decaduti metà di tutti gli atomi di quell'isotopo presenti nel materiale in questione. Quest'ultimo è fondamentale in tutto il nostro discorso».

«Sarà anche come dici, ma io continuo a non capirci molto» commentò Sica, mentre sollevava gli occhi dallo schizzo e guardava con espressione perplessa il suo interlocutore.

«Torniamo allora per un attimo all'esempio dell'esplosione» aggiunse paziente Enrico, rivolgendogli un sorriso comprensivo e puntando la penna sullo schizzo. «Tutti gli isotopi radioattivi, i cosiddetti radionuclidi o radioisotopi, sono instabili per un eccesso di protoni o di neutroni all'interno del nucleo e quindi tendono per natura a una condizione di maggiore stabilità. Ciò innesca una specie di esplosione, di disintegrazione o decadimento radioattivo, che li trasforma in atomi più leggeri e, in base alla famosa legge di conservazione dell'energia, libera contemporaneamente l'equivalente del peso perduto sotto forma di schegge di energia, le temute radiazioni nucleari. L'effetto biologico più rilevante è dovuto alle proprietà ionizzanti di tali schegge, cioè alla capacità che hanno di interagire a livello subatomico scindendo gli elettroni dagli atomi colpiti, distruggendo così i legami chimici delle molecole nelle cellule viventi. La prima conseguenza è il moltiplicarsi dei cosiddetti radicali liberi, causa di un invecchiamento precoce dell'intero organismo, tanto più marcato quanto maggiore sarà la dose totale delle radiazioni assorbite in un certo arco di tempo, dato che i suoi effetti sono cumulativi».

«Bene, almeno ho capito perché invecchio ogni giorno di più» esclamò l'altro con un sorrisetto ironico, poco abituato ai lunghi discorsi scientifici.

«Ma ancora non vedo cosa c'entra col nostro discorso».

«Oltre ai radicali liberi, se i raggi gamma colpiscono gli organi riproduttivi in età fertile, oppure un embrione in formazione, con la loro energia sono in grado di alterare le macromolecole del codice genetico, causando danni somatici e aberrazioni genetiche» continuò Enrico per concludere il ragionamento, nonostante l'insofferenza dell'altro.

«Nel caso in cui la struttura del DNA così lesa non venisse riparata correttamente dai meccanismi cellulari, potrebbe inoltre dar vita a una progenie di cellule geneticamente modificate che, dopo un periodo di latenza anche di molti anni, sfoceranno in patologie come tumori o leucemie. E poi c'è il discorso della durata del pericolo. I radionuclidi residui, pur dimezzati dopo un certo periodo più o meno lungo, restano comunque radioattivi e ugualmente pericolosi, come fossero appunto bombe inesplose, e questo fino a quando non decadrà l'ultimo atomo. Quindi le scorie radioattive non diverranno inoffensive se non dopo molti cicli di dimezzamento: il plutonio 239 ad esempio, oggi ammassato a centinaia di tonnellate negli arsenali nucleari, col suo periodo di dimezzamento di oltre ventiquattromila anni sarà una minaccia costante per i futuri duecentocinquantamila anni, all'incirca diecimila generazioni umane. E pensa che ne basta respirare un microgrammo per morire di cancro ai polmoni».

«D'accordo, Enrico. Siamo tutti d'accordo che le scorie nucleari sono un pesante fardello che ci stiamo caricando sulle spalle» acconsentì quasi esausto Sica, mentre scolava le ultime gocce di bourbon dal bicchiere. «Ma quale sarebbe il nesso con le mie navi e con le tue meduse giganti?».

«Ricapitoliamo la situazione di questi ultimi cinquant'anni, da quando cioè siamo entrati nell'era nucleare» continuò Enrico guardandolo dritto negli occhi e numerando con le dita, per dare enfasi al ragionamento: «Primo: c'è una stretta corrispondenza geografica fra presenza di meduse killer e discariche radioattive marine. Secondo: anche gli studiosi ipotizzano che il loro gigantismo sia conseguenza di un'improvvisa mutazione genetica. Terzo: l'esperienza di Majak suggerisce che i due aspetti potrebbero essere collegati fra loro».

«Che c'entra Majak con le meduse?».

«Da una parte ha dimostrato che le scorie nucleari producono mutazioni genetiche negli esseri viventi anche a distanza di tempo, dall'altra che potrebbe essere stata proprio l'elevata radioattività del Mar di Kara a causare lo sviluppo di meduse giganti, come conseguenza di un'alterazione genetica nel corso del loro complesso ciclo riproduttivo». Fece una breve pausa per accertarsi di aver tutta l'attenzione dell'investigatore, quindi chiese: «Secondo te, Vito, guardando a un futuro neppure troppo remoto, cosa se ne può dedurre?».

«Dimmelo tu, visto che non vedi l'ora di farlo».

«Che quando tutte quelle migliaia di fusti e vari apparati arrugginiti che giacciono in fondo al mare si corroderanno, liberando nell'acqua innumerevoli tonnellate di scorie radioattive che si spargeranno ovunque seguendo le correnti sottomarine, potremo dire addio al nostro bel pianeta blu».

«Esagerato!» esclamò Sica poco convinto. «Il mare è troppo grande… cosa vuoi che possa fare un po' di radioattività diluita in una massa d'acqua così enorme».

«E chi lo può dire?» dissentì energicamente Enrico. «Chi aveva previsto quello che è successo a Majak e dintorni, a decine di anni di distanza? Chi immaginava che la radioattività si sarebbe sparsa non solo in superficie, ma anche lungo le falde freatiche? Eppure oggi a piangere laggiù sono in molti, e non li aiuta di certo la nostra indifferenza».

«Non te la prendere, Enrico, non è che io sia così insensibile alle sofferenze altrui… il fatto è che anche se ci affliggiamo pensando a tutto quello che può accadere domani, non possiamo comunque fermare la gestione ottusa di questo mondo».

«Qualcosa però la possiamo fare anche noi».

«Ad esempio?».

«Dobbiamo essere realistici Vito. Noi da soli non possiamo fare molta strada. Le ipotesi che abbiamo fatto vanno innanzitutto suffragate da prove certe, e questo richiede la disponibilità di mezzi che noi non abbiamo. Dobbiamo quindi chiedere la collaborazione di altri».

«Hai già qualcuno in mente?».

«Per adesso è solo un'idea, ma vale la pena di tentare» rispose Fiorani meditabondo, mentre si accarezzava il mento. «Appena rientro in ufficio voglio spedire un'e-mail a Papadopulos, il ricercatore del Cunep, un'organizzazione dell'Onu che opera in Mediterraneo. Giorni fa l'ho sentito parlare di meduse giganti in quel programma tv. Voglio provare a chiedere la sua opinione sulla mia ipotesi, se cioè ritiene possibile una correlazione fra il gigantismo delle meduse e la radioattività delle discariche marine».

«Non vedo cosa speri di ottenere, praticamente».

«Se sarà d'accordo nel ritenerla realistica, ho intenzione di offrirgli la nostra collaborazione. In questa maniera lui potrà verificare la mia teoria, e tu forse riuscirai a trovare le prove che ancora ti mancano sull'affondamento delle due navi».

«Pensi davvero che uno scienziato accetti di farsi aiutare da degli emeriti sconosciuti… per di più privi di titoli e lauree, come siamo noi?».

«Non saremo scienziati, Vito, ma abbiamo un'arma vincente, che lui non ha».

«Quale?».

«Noi conosciamo le coordinate geografiche di più di trenta navi affondate in Mediterraneo negli ultimi trent'anni, quasi sicuramente con carichi tossici o radioattivi nelle stive. Se quel Papadopulos è davvero interessato alla salute dei nostri mari, come più volte ha affermato durante la trasmissione, capirà di sicuro il valore di un'informazione del genere. Gli dirò che saremo felici di rivelare le posizioni esatte di quei relitti, a patto che ci prendano con loro nelle prossime ricerche... e stiamo a vedere cosa risponde».

10

Commissariato di Corniano Marina

Il lunedì mattina, prima di incontrarsi nuovamente con l'investigatore romano per proseguire le ricerche, Enrico Fiorani si presentò puntuale all'appuntamento con Caputo, che lo aveva convocato in Commissariato per delle informazioni.

Come al solito il piantone di guardia gli si parò davanti con cipiglio inquisitorio. Era un agente diverso dalle volte precedenti per cui, non avendolo mai visto prima d'ora, lo sottopose alla solita prassi con una sfilza di domande indagatrici. Dopo la consueta identificazione il poliziotto si tranquillizzò e chiese al collega di accompagnarlo di sopra, nonostante Enrico ripetesse che conosceva la strada. Ma non ci fu modo di convincerlo a lasciarlo salire da solo.

Fu quindi scortato alla solita squallida anticamera adiacente all'ufficio del commissario e lasciato ad attendere che Caputo lo chiamasse.

Dall'ultima volta che era stato lì, circa quattro mesi prima, ne era passata di acqua sotto i ponti. Seduto sulla stessa scomoda panca di metallo scrostato, a far anticamera in quella stanza disadorna, la cui unica attrattiva consisteva in una sfilza di stampe sbiadite pretenziosamente appese alle pareti a mo' di quadri e a un vecchio tavolo stracolmo di fascicoli ammonticchiati in apparente stato di abbandono, Enrico rifletteva su come la sua esistenza era stata stravolta in così poco tempo, tanto da apparirgli sbiadita come quelle stampe e confusa come quei mucchi di carte.

Da quando Simona era morta lui era sprofondato in uno sconforto senza fine e la sua esistenza, un tempo allegra e spensierata, s'era incupita. Riteneva impossibile che l'opprimente dolore per la perdita della compagna di vita potesse mai sparire del tutto dal suo cuore, ma almeno sperava che, diluito nel fiume del tempo e addolcito dai ricordi, sarebbe infine arrivato ad accettarlo. Magari ne sarebbe anche uscito raffinato, in base al principio che ciò che non riesce a ucciderti alla fine può renderti più forte. Ma perché ciò potesse davvero accadere, i responsabili dovevano pagare per le loro colpe, perché solo con la giustizia si alimenta la speranza che conduce alla guarigione.

Era quindi pieno di aspettativa per questa convocazione in commissariato, immaginando che Caputo avesse da comunicargli qualche novità sulle indagini.

«Signor Fiorani, si può sapere cosa mi sta combinando?» invece lo apostrofò il commissario, appena gli si fu seduto di fronte.

«Sarebbe a dire, commissario?» ribatté Enrico, spiazzato da quelle parole. S'era aspettato ben altra accoglienza, considerando che qualche mese prima aveva rischiato la pelle per dargli una mano. «Cos'è che avrei combinato?».

«Sta per arrivare anche il sostituto procuratore di Grosseto, il dottor Malpigi. Desidera dei chiarimenti su un suo presunto interesse per certe attività sospettate di avere finalità terroristiche».

«Terrorismo?» esclamò Enrico esterrefatto. Una breve pausa e poi, incredulo, chiese: «Che cos'è... uno scherzo?».

«Proprio per niente, non potrei essere più serio».

«Con tutti i problemi che ho passato, come lei commissario sa molto bene» lo interruppe irritato, «non penserà mica che vada in cerca di altri guai, non le pare?».

In quel momento entrò Malpigi. Dopo i convenevoli andò a sedersi di lato alla scrivania, senza usurpare il posto del commissario come invece faceva di solito. La conversazione era già avviata e nessuno dei due ritenne necessario fare un cambio di postazione.

«Continui pure, commissario» lo invitò il magistrato.

«Stavo appunto chiedendo al signor Fiorani le ragioni del suo interesse per argomenti che potrebbero far pensare a delle attività di natura eversiva, tipo qualche attentato terroristico».

«E io ho risposto se state scherzando... cosa volete che c'entri io col terrorismo!».

«Guardi, signor Fiorani, che le nostre informazioni sono attendibili, altro che scherzi» intervenne Malpigi, fissandolo con severità con quei suoi penetranti occhi di ghiaccio da sopra il solito paio di occhialetti tondi, che mal s'intonavano col suo faccione da mastino napoletano.

Malpigi era abbastanza convinto, come lo era il commissario, che Fiorani non corrispondesse neppure lontanamente all'identikit che gli avevano fatto quelli dell'Antiterrorismo. Conosceva bene le peripezie che aveva affrontato per far assicurare alla giustizia quei trafficanti e, anche se provava una certa stizza al pensiero che poteva esser stato solo lui a spedire ai mass media il famoso memorandum sui traffici dell'Ilvatom, fatto che gli aveva guadagnato un'immeritata strigliata dal procuratore capo, in fondo lo stimava.

«Fiorani, vediamo di rendere costruttivo, e breve, questo nostro incontro» continuò Malpigi. «Dalle informazioni che abbiamo ricevuto sembra che lei abbia mostrato una particolare curiosità per certe attività terroristiche, o almeno interpretabili come tali. Gradiremmo quindi alcune delucidazioni in proposito».

«Informazioni ricevute da chi?» lo interruppe Fiorani.

«Spiacente, ma non posso dirglielo» ribatté Malpigi, respingendo la richiesta con un deciso cenno di diniego. «Ci risulta però che lei sta facendo ricerche su Internet intorno a certi soggetti piuttosto inconsueti, almeno per un normale cittadino. Scorie nucleari, depositi radioattivi, affondamenti dolosi, e cose simili, come lei capirà, sono argomenti che possono essere fraintesi da chi è preposto alla sorveglianza sulla sicurezza nazionale».

«Spiato dalla rete!» esclamò Enrico, dopo una rapida riflessione su come potevano essere al corrente delle sue ricerche sul web. «Mi avete messo la linea telefonica sotto controllo!».

«Niente affatto, signor Fiorani» lo rassicurò il magistrato. «Però ci sono altri che potrebbero averlo fatto in modo diverso e che poi ce lo hanno riferito... ma sono questioni che riguardano la sicurezza nazionale e quindi non posso dirle di più. Provi invece lei a darci una spiegazione plausibile di questo suo strano interesse».

Così Fiorani espose il motivo delle sue ricerche, spiegando che collaborava alle investigazioni di Sica per conto di una compagnia di assicurazioni marittime, allo scopo di rintracciare le prove di certi affondamenti ritenuti dolosi. Accennò inoltre alla sua curiosità per le meduse giganti, aggiungendo che aveva voluto condividere alcune sue ipotesi mandando una e-mail a uno specialista del settore, dal quale attendeva una risposta.

«Nessuna attività terroristica, dunque?» chiese Malpigi abbozzando un sorriso, rassicurato dalla spiegazione.

«Spiacente di averla delusa» ribatté Enrico. «Ho già abbastanza guai così, senza che me ne vada a cercare degli altri. E poi il commissario sa che questo investigatore esiste davvero, dato che è stato proprio lui a mandarlo da me».

«Cos'è questa storia?» ribatté Malpigi rivolgendo un'espressione interrogativa a Caputo, preso in contropiede.

«Ma niente… dottore» rispose l'altro.

Rendendosi conto che la cosa poteva essere fraintesa, cercò di minimizzare: «Da Roma mi avevano chiesto di dare una mano a quell'investigatore, e dato che non potevo rivelargli niente sulle indagini, mi sono limitato a indirizzarlo al signor Fiorani».

«Io non ho fatto altro che aiutarlo a trovare su Internet le informazioni che lo interessavano, ma di certo niente che avesse a che fare col terrorismo».

«D'accordo, signor Fiorani, ne siamo convinti» intervenne bonario il commissario. «Il dottor Malpigi doveva sentirselo dire da lei. Ora che ce lo ha chiarito, non si deve più preoccupare… ci sentiamo tutti più sollevati».

«Piuttosto, siete riusciti a prendere quella volpe di Pluto?» chiese Enrico di rimando.

«Ancora no, ma le indagini proseguono» ammise il magistrato con una punta di rammarico. «Dopo la morte del professor Cortis, che gli reggeva il gioco in questa zona, e del comandante della Portoria, North, che ha preferito farsi un buco in testa piuttosto che parlare, ne abbiamo perso le tracce».

«E tutti gli altri arrestati: gli ufficiali della nave, quelli dell'Ilvatom…» ribatté Fiorani, fissando il magistrato con aria interrogativa, «possibile che nessuno sappia qualcosa?».

«Sembra proprio così. Comunicavano con Pluto solo tramite telefoni satellitari, di sicuro reperiti al mercato nero e riprogrammati nei numeri di identificazione, in modo da risultare anonimi qualora fossero intercettati».

«Sono bene organizzati, non c'è che dire» riconobbe Enrico.

«Comunque bisogna acchiapparlo, prima che faccia altri danni».

«Certo, signor Fiorani; tuttavia non dimentichi quello che già le dissi mesi addietro» precisò Malpigi interrompendolo. «Lasci a noi le indagini su questa faccenda e si dedichi pure alle sue meduse».

La battuta piacque poco a Enrico, ma evitò di controbattere per non peggiorare la situazione.

D'altronde non era l'ammonizione di Malpigi a preoccuparlo, ma piuttosto la consapevolezza di essere stato spiato, come gli avevano fatto capire.

La cosa più urgente era quindi capire come era stato possibile che degli sconosciuti, senza che lui se accorgesse minimamente, fossero riusciti a intercettare la sua navigazione sul web.

11

Un «cavallo di Troia» informatico

Enrico non vedeva l'ora di mettersi al lavoro per scovare lo spione che aveva informato Malpigi delle sue ricerche su Internet. Ma quando arrivò a casa e accese il computer dello studio per effettuare i controlli, il sistema gli segnalò l'arrivo di una e-mail: era la risposta di Papadopulos.

Il ricercatore del Cunep aveva apprezzato la sua proposta di collaborazione e si diceva disponibile a ospitarlo qualche giorno a bordo della nave idrografica Altair insieme a Sica, in occasione della nuova spedizione che stava per iniziare. Promosso sotto l'egida delle Nazioni Unite, il programma di ricerca aveva il compito di effettuare alcune indagini di carattere scientifico per monitorare lo stato di salute del Mediterraneo e poiché sarebbero partiti da Atene a metà settimana con destinazione Mar Ionio, i due ospiti si sarebbero potuti imbarcare all'arrivo della nave a Porto Rizzato, probabilmente già il prossimo lunedì. Sarebbe stata una buona opportunità per verificare se le cosiddette "navi dei veleni" di cui tanto si parlava giacevano davvero su quei fondali, e questo grazie alle coordinate geografiche che Enrico diceva di conoscere.

In merito poi all'ipotesi di una possibile correlazione fra meduse giganti e radioattività marina, a cui Enrico aveva accennato nella sua e-mail, il discorso richiedeva del tempo e quindi ne avrebbero discusso con calma a quattr'occhi una volta a bordo.

Enrico era elettrizzato all'idea di parteciparvi: non solo perché gli stava particolarmente a cuore la salute del suo amato mare, ma anche perché, imbarcandosi nuovamente dopo più di vent'anni, in qualche misura avrebbe potuto rivivere l'esperienza di gioventù quando, terminati gli studi al Nautico, aveva calcato come ufficiale di coperta il ponte di molte navi.

E non vedeva l'ora di dirlo anche al suo scettico investigatore, che non l'aveva creduto possibile.

Poiché con Sica aveva appuntamento solo nel pomeriggio, gli restavano diverse ore a disposizione e così decise di approfittarne per mettersi sulle tracce dell'intruso. L'idea era che, tramite Internet, fossero riusciti a introdursi nel computer del suo studio, visto che il portatile, che era solito usare presso i clienti, da diversi giorni giaceva inutilizzato nel bagaglio della sua auto.

Acceso il computer, per prima cosa verificò che nel sistema operativo fossero disattivate certe funzioni tipo la condivisione dei file, la via più facile per un hacker che avesse voluto intrufolarsi nel suo computer. Un'altra misura di sicurezza sarebbe stata quella di disattivare il Visual Basic Scripting, noto come WSH, per proteggersi da futuri attacchi di virus del tipo Love Bug. Ma entrambi i blocchi risultavano già impostati correttamente.

Allora sottopose il disco rigido alle procedure di controllo di alcuni programmi firewall e antivirus, per verificare che non vi fossero sgraditi ospiti informatici installati di nascosto da qualche parte, ma anche così sembrava tutto in ordine.

Se avesse saputo di Echelon e della sua rete globale di intercettazioni delle comunicazioni, che nulla aveva a che fare con gli strumenti piuttosto comuni dei pirati informatici, si sarebbe potuto risparmiare la fatica. Ma dato che ne ignorava l'esistenza, perse tutto quel tempo a ricontrollare il suo software.

Quando dopo alcune ore gli sembrò di aver verificato ogni cosa e si convinse che il computer era a posto con le procedure standard di sicurezza, perlomeno entro i normali limiti della ragionevolezza, dedusse giustamente che la navigazione web doveva essere stata intercettata a monte, forse tramite lo stesso provider Internet, contro cui nulla poteva se non inviargli una inutile e-mail di protesta. Ma decise di lasciar perdere.

In quel mentre arrivò Sica a distoglierlo da indagini informatiche più approfondite e quindi non gli venne in mente di controllare che fossero anche disattivate le opzioni di scarico automatico dei controlli ActiveX e di esecuzione automatica degli script attivi. Restando operative tali funzioni, il sistema avrebbe per così dire prestato il fianco a eventuali attacchi di virus particolarmente astuti incorporati in e-mail scritte in formato html.

Ma nell'euforia della novità per l'invito di Papadopulos tralasciò il problema e si mise invece a discutere con Sica, riluttante ad accettare l'offerta con un così breve preavviso, su come prepararsi per l'avventura che li attendeva.

«Anche se manca solo una settimana alla partenza della nave, è un'occasione da non perdere» stava insistendo Enrico per convincere l'altro. «Sono d'accordo che c'è poco tempo, ma non è che dobbiamo fare grandi preparativi».

«Questo forse vale per te» ribatté l'altro, preoccupato. «Io però ho un'attività da mandare avanti, giù a Roma. Se sparisco per troppi giorni, lasciando l'ufficio in balia della segretaria, rischio che vada tutto all'aria».

«Allora chiudi un paio di settimane per ferie, o inventati qualcos'altro, ma ricorda che è un'opportunità unica, che non ti si ripresenterà, Vito» sentenziò Enrico. «Hai la possibilità di verificare se le navi che cerchi sono davvero colate a picco piene di scorie radioattive e avere finalmente le prove che ti mancano. Se perdi questa occasione irripetibile, rinunci all'unico modo che hai di venirne a capo una volta per tutte».

«D'accordo, mi hai convinto» acconsentì dopo un po' l'altro, accarezzandosi i baffetti grigi. Pensandoci bene, imbarcandosi ne avrebbe potuto trarre un ulteriore guadagno. Così, con la solita espressione da furetto, concluse sornione: «Ma dovrò chiedere al Lloyd Mediterraneo un extra, se vogliono che salga su quella nave… con tanto di mal di mare assicurato».

Pluto non era un impulsivo e ragionò che, prima di toglierlo di mezzo, sarebbe stato meglio scoprire perché quel Fiorani continuava a ficcare il naso negli affari dell'Ilvatom e, soprattutto, cosa sapeva esattamente e con chi ne aveva parlato.

Così, servendosi di un telefono satellitare crittato come usava fare ogniqualvolta voleva mantenere l'incognito, incaricò un hacker già utilizzato in passato di escogitare un sistema per mettere sotto controllo il computer di Enrico, così da conoscere le sue mosse senza dover aspettare le tardive segnalazioni di Echelon. Questi, da pirata informatico smaliziato, predispose allora un virus ad hoc da inserire nel pc di Fiorani, ovviamente a sua insaputa.

Il virus non era altro che un programmino che si sarebbe incollato a un altro preesistente sul computer ospite, più o meno come farebbe una zecca al cane, e che sarebbe entrato automaticamente in esecuzione ogni volta che partiva quello originale. La particolarità era che si sarebbe inserito nel boot sector, il settore di avvio del disco fisso, così da attivarsi appena Enrico accendeva il computer. Dal lì il virus si sarebbe trasferito nella memoria RAM per eseguire le istruzioni programmate, che consistevano nel copiare e inviare via web i dati rastrellati nel computer di Fiorani.

Per evitare di duplicare dati sottoposti ai programmi di crittazione, intelligentemente l'hacker aveva programmato il virus come monitor di tastiera, così da intercettare e memorizzare ogni tasto premuto da Enrico prima che eventuali sistemi di cifratura o altre strategie simili rendessero incomprensibili le informazioni.

Il virus avrebbe catturato a intervalli regolari anche ciò che compariva sullo schermo del pc di Fiorani e tali informazioni, registrate man mano su un file nascosto, sarebbero state trasmesse in stile ET via web al gestore dell'operazione. Inoltre, per non essere scoperto e bloccato in fase di trasmissione, avrebbe furbescamente sfruttato il registro di sistema, così da nascondersi fra le applicazioni abilitate dal sistema operativo a spedire i dati via web senza ulteriore autorizzazione, in barba a firewall e antivirus.

Ma come avrebbe fatto lo scaltro hacker a contagiare col virus il computer di Fiorani, cioè a inserirvi la zecca informatica senza farsene accorgere? La soluzione migliore era di occultarlo nel testo formato html di una e-mail inviata a nome di un mittente fasullo.

Sapendo che il destinatario aveva esperienza informatica, e che quindi non si sarebbe fidato ad aprire una e-mail di provenienza sconosciuta contenente allegati, preparò una e-mail dall'apparenza innocua che simulava un messaggio pubblicitario inventato di sana pianta e inserì nel testo html un invisibile elemento di controllo ActiveX: alla semplice lettura del messaggio il virus si sarebbe attivato e poi installato sul disco rigido dello stesso computer che aveva aperto la posta.

Per l'indirizzo a cui spedire il "cavallo di Troia" informatico il pirata ricorse a un meta-motore di ricerca Ferret. Fu sufficiente passargli nome, cognome e luogo dove abitava Enrico Fiorani, per ricevere in pochi secondi il suo indirizzo di posta elettronica.

Così quando la sera di lunedì gli arrivò una e-mail senza allegati sul computer di casa, Enrico non si insospettì e senza pensarci su l'aprì. Anche se poi la spostò subito nel cestino, non essendo interessato a ciò che diceva, ormai il danno era fatto: il virus si era intrufolato nel sistema.

Enrico non poteva immaginare che qualcuno avesse architettato una maniera tanto sofisticata per spiare ogni sua mossa informatica, e quindi l'hacker da quel momento non ebbe difficoltà a seguire le tracce di ciò che Enrico faceva al computer.

Ma l'astuta trappola si sarebbe dimostrata anche un'arma a doppio taglio.

12

La Deneb

Salpata da Vancouver a metà settembre, la Deneb aveva risalito per un breve tratto il Fraser River prelevando campioni sia d'acqua che di fondale lungo i banchi di sabbia dell'estuario, nella zona dove in luglio si erano arenate le megattere. Sam Kelly aveva infatti preteso che Lax accertasse, al di là di ogni ragionevole dubbio, che la causa della loro morte non dipendesse da qualche sostanza scaricata nel fiume abusivamente ricordandogli che solo qualche anno prima, a causa della rottura di un serbatoio contenente l'acido usato per estrarre cellulosa in una delle molte cartiere dislocate a monte, si erano riversate in acqua tonnellate di quella micidiale sostanza, col risultato che la popolazione ittica del Fraser era stata decimata.

Messo a capo della sezione canadese della spedizione, con malcelata stizza da parte di Lorna Sherry che si era dovuta accontentare di fargli da vice, per non irritare il superiore Lax si era ben guardato dal sollevare obiezioni, anche se fermamente convinto che fosse fatica sprecata. E infatti, dopo che le analisi dei campioni raccolti sul Fraser River avevano dato risultati negativi, con valori degli inquinanti tutti entro i normali parametri di tolleranza, il giorno dopo la Deneb era tornata indietro e si era diretta verso l'Oceano Pacifico.

L'avviso meteo preannunciava una forte burrasca in avvicinamento da ovest ma il comandante Davon, che non era certo il tipo da intimorirsi per così poco, non aveva voluto aspettare che passasse la buriana. Così il martedì i nuovi imbarcati avevano salutato con una punta di nostalgia i grattacieli di Vancouver che svanivano da lontano nelle nebbie mattutine e a notte inoltrata la Deneb, dopo aver percorso lo stretto Juan de Fuca, era entrata in pieno oceano. Poi, dopo aver doppiato Capo Flattery, aveva puntato a sud e fatto rotta per il Banco di Cobb, dove era previsto l'arrivo il martedì successivo. Con grande preoccupazione di quella decina di componenti l'équipe scientifica, poco avvezzi ai movimenti di rollio e beccheggio che continuavano ad aumentare d'intensità finché uno dopo l'altro avrebbero cominciato a dare di stomaco.

Condizioni fisiche permettendo, durante la navigazione avrebbero dovuto continuare coi soliti prelievi di routine. Il programma prevedeva anche la posa in punti stabiliti di alcune boe radar, dotate di strumenti fissati a differenti profondità ai rispettivi cavi d'ancoraggio: galleggianti di Swallow per misurare l'intensità delle correnti marine, batitermografi che registravano le temperature dell'acqua nei vari strati, e bottiglie di Nansen in grado di rilevare, oltre al tenore in sali e ossigeno disciolti nell'acqua, anche l'eventuale presenza di radioattività. Le boe registravano i dati e li inviavano a un satellite geostazionario, che li ritrasmetteva al Centro di Oceanografia di Portland.

Una di queste boe era già stata ancorata sul Banco di Cobb una decina di giorni prima, proprio al centro di quel buco blu segnalato dalle ultime foto satellitari dove sembrava esser sparito il plancton. E poiché nello stesso punto la boa stava rilevando una concentrazione di isotopi radioattivi superiore alla norma, si voleva capire se le due situazioni potevano essere correlate.

La nutrita équipe imbarcata sulla Deneb era formata da un gruppo misto di ricercatori di Stati Uniti e Canada, coordinata da William Poe per la parte statunitense e dal suo vice, Jerry Lax, per la parte canadese. Organizzata in tutta fretta per approfittare della stagione ancora propizia, la spedizione si prefiggeva di dare risposta agli interrogativi sorti di recente a proposito della sparizione di plancton e aringhe, nonché del corrispondente aumento di megattere trovate morte. Tuttavia, nell'ambito di un programma di collaborazione col Cunep, avevano anche in mente di catturare qualche medusa killer da poter studiare.

Oltre a Lax e alla sua assistente Lorna Sherry, il gruppo canadese includeva due tecnici, la dottoressa Zelda Russo e il dottor Mike Chrysler, addetti alle comunicazioni coi mezzi sottomarini e alle analisi di laboratorio dei campioni prelevati in mare: tutti e quattro provenivano dal Centro di Oceanografia ed Ecologia Marina di Vancouver.

Il gruppo statunitense si avvaleva di William Poe, ricercatore capo al Centro di Oceanografia del Pacifico settentrionale di Portland, dell'ingegner Bruce Materson e di altri quattro esperti, fra tecnici e analisti chimici. Materson era pilota del batiscafo Alvin e responsabile delle relative strumentazioni per le rilevazioni sottomarine, in particolare delle sofisticate sonde multiparametriche in dotazione sia del batiscafo che del robot.

Fra le molte attrezzature la Deneb ne aveva alcune peculiari, tipiche di una nave oceanografica specializzata in prospezioni geofisiche del fondale marino.

Era equipaggiata con un carotatore a gravità, montato su aste di perforazione capaci di effettuare prelievi dai fondali fino a un chilometro e mezzo sotto il livello del mare. Inoltre possedeva due sofisticati tipi di ecoscandaglio: un sonar cosiddetto "passivo", per l'ascolto dei suoni provenienti da sotto il mare, ad esempio quelli emessi dalle megattere, e un altro di tipo "attivo", che poteva cioè misurare le profondità oceaniche con grande precisione e quindi veniva utilizzato per cartografare i fondali.

Completavano le dotazioni scientifiche della Deneb svariati strumenti di misurazione: termometri, misuratori di pressione idrostatica e di flusso, sismografi, e via dicendo, tutti apparecchi che potevano essere calati a varie profondità tramite cavi, oppure fissati a boe che emettevano segnali Gps rilevabili da satellite.

Su insistenza di Poe, il Centro di Oceanografia di Portland aveva prestato per la spedizione sia un batiscafo di classe Alvin che un robot telecomandato modello Jason. Entrambi erano dotati di una sonda multiparametrica di fabbricazione italiana, che in contemporanea alle riprese video raccoglieva dati su profondità, temperatura, salinità, ossigeno, grado di acidità e livello di radioattività dell'acqua.

Il robot era in grado di muoversi agilmente nelle regioni più impervie, essendo dotato di cinque motori con cinque eliche e capace di un brandeggio verticale di 240°. Poteva navigare in modo autonomo fino alla velocità di sei nodi, oppure essere trainato, e operare fino a seimila metri di profondità effettuando riprese subacquee di elevata qualità, grazie alla telecamera incorporata e ai due potenti proiettori per illuminare gli oggetti nelle tenebre abissali. Era una versione recente del tipo utilizzato nel 1986 dal dottor Ballard per ispezionare il relitto del Titanic, il transatlantico tristemente famoso per essere colato a picco nel 1912 in pieno Oceano Atlantico, dopo la collisione con un iceberg.

Era comunque l'Alvin a costituire l'elemento chiave della spedizione dato che avrebbe portato negli abissi, oltre al pilota, due dei ricercatori canadesi che non vedevano l'ora di fare la loro prima immersione. Una ghiotta occasione che ben valeva un po' di mal di mare.

«Signori, stiamo per entrare in pieno Oceano Pacifico. In nottata faremo rotta verso sud diretti al Banco di Coob, che si trova ai limiti della Piana Abissale Alascana, a un centinaio di miglia a ovest di Portland. Prima però di arrivare a destinazione dovremo affrontare qualche giorno di burrasca, ma sono certo che siete tutti lupi di mare e non temete qualche onda un po' più grossa del solito» aveva esordito martedì, a cena appena terminata, il capitano Harry Davon, sfoggiando un largo sorriso dal suo posto a capotavola. Nel dire questo guardò i commensali e non poté fare a meno di osservare l'espressione preoccupata della maggioranza, che già accusava i primi sintomi di mal di mare, dopo la navigazione nel precedente tratto di mare interno relativamente tranquillo. Per minimizzare e non metterli in ulteriore apprensione, lasciò cadere l'argomento e passò a qualcosa di più positivo: «Comunque lunedì prossimo dovremmo essere in posizione per dare inizio alle esplorazioni sottomarine, come da programma. Il batiscafo Alvin si immergerà sul Banco di Cobb, con Bruce Materson ai comandi... la ciurma sarà invece costituita dai nostri Jerry Lax e Lorna Sherry, al loro battesimo sottomarino. Vogliamo augurare a tutti loro buon viaggio?».

I commensali seduti al lungo tavolo in sala mensa ufficiali, udendo l'annuncio e condividendo l'entusiasmo, applaudirono euforici, accompagnando l'applauso con una sonora risata per l'espressione "ciurma" riferita ai due studiosi.

«Spero solo che almeno là sotto non dovremo soffrire troppo il mal di mare, comandante» disse Lax ricambiando la battuta e guardando con preoccupazione il viso palesemente sofferente di

Lorna Sherry, la collega seduta di fronte alla quale rivolse un sorriso di fraterna comprensione.

«Questo dannato rollio sta cominciando a rivoltarmi le budella».

«Allora si prepari per stanotte» ribatté il comandante. «Ancora non ha idea di cosa sia il vero mal di mare».

«Perché, che previsioni ci sono?» chiese allarmata la giovane biologa, pallida di nausea per l'estenuante sballottamento che aumentava di minuto in minuto.

«Come stavo dicendo, dottoressa, stiamo per entrare in oceano e ci sta venendo incontro una burrasca che ci prenderà al traverso e quindi ci farà ballare un pochino» rispose Davon facendo spallucce, come se fosse un problema da niente. Vedendo quel viso così affascinante sbiancare ancora di più, tentò di rimediare: «Comunque le posso assicurare che quando arriveremo sul Banco di Cobb ci sarà tempo bello e mare calmo. Inoltre, quando si è in immersione non c'è rischio di mal di mare... quindi potrà fare la sua prima esperienza in tutta tranquillità».

«Grazie per la consolazione, comandante» commentò Lax rispondendo al posto della collega, avendo notato che la Sherry s'era ormai ammutolita. «Basta arrivarci vivi, a lunedì prossimo».

«Ancora una raccomandazione, signori» aggiunse il comandante in tono conclusivo, ignorando l'esagerazione di Lax. «Chiudete bene gli oblò nelle vostre cabine, se non volete svegliarvi sott'acqua».

Augurata a tutti la buona notte, il comandante salì come di consueto a dare un'occhiata in plancia dove il primo ufficiale, che durante la cena era rimasto di guardia sul ponte di comando insieme al nocchiero al timone, stava per terminare il turno.

«Come va, Nick?» chiese al vice, che in quel momento era intento a scrutare il mare a diritta. «Di sotto i nostri ospiti già scalpitano all'idea di farsi un giro in batiscafo, anche se, a dir la verità, sono ancor più preoccupati del mal di mare... soprattutto la nostra bella dottoressa, che sembra alquanto delicata di stomaco... a proposito, cosa dice l'ultimo bollettino?».

«Niente di buono, ho paura che stanotte non si dormirà molto, col mare previsto fino a forza otto» rispose Duncan, ignorando il commento del comandante sulla biologa.

«Forza otto?» esclamò di rimando Davon. «Ma le previsioni non l'avevano dato a sei-sette?».

«Cosa vuoi che ti dica, Harry; così almeno è scritto sull'ultimo bollettino: si vede che la burrasca s'è caricata durante la giornata».

Posò il binocolo e, indicando l'orizzonte che rosseggiava minaccioso, aggiunse: «Ormai è questione di poco, poi ci sarà addosso e avremo un problema in più».

«D'accordo, Nick, allora prepariamoci ad affrontarla» aggiunse il capitano fattosi serio.

Data un'occhiata al cielo sopra di loro, terso nel crepuscolo della sera ma sempre più invaso dagli alti cirri fitti e fiammeggianti all'orizzonte, premonitori di ciò che stava per arrivare, aggiunse: «Sono quasi le otto e penso che mi ritirerò in cabina a riposare un poco. Prima di andare a cena chiedi al nostromo di controllare rizze e ancoraggi dell'Alvin, così da non farcelo portare via dalle onde. Digli anche di dare un'occhiata al robot nella stiva, che sia assicurato e bloccato come si deve. Quando poi sei a mensa, chiedi a quel furbacchione del piccolo di camera di darti una fetta di torta prima che se la mangi tutta: è stata offerta dai nostri ospiti per festeggiare la spedizione».

Davon stette ancora qualche istante a osservare il mare lungo al traverso, precursore della burrasca che si approssimava. Poi, nel lasciare la plancia, ripeté la sua raccomandazione: «Nick, accertati che il nostromo controlli tutto per bene, gli americani ci hanno prestato quei due mezzi a malincuore, e li rivogliono indietro senza neppure un graffio».

13

Primo indizio: le scorie di Majak

Dovendo ancora rispondere a Papadopulos, il martedì mattina dal pc di casa, Enrico inviò al Cunep di Atene una e-mail a conferma della disponibilità sua e di Sica per l'imbarco a Porto Rizzato all'inizio della prossima settimana. Ovviamente non sapeva che, di lì a poco, qualcun altro ne avrebbe ricevuto una copia, come conseguenza del virus che gli si era attivato accendendo il computer.

Fatto questo riprese le ricerche, per prepararsi all'incontro nel quale avrebbe discusso la sua ipotesi sulle meduse killer.

La settimana precedente aveva trovato alcuni resoconti sugli effetti delle radiazioni ionizzanti a Majak e dintorni, dove negli ultimi cinquant'anni era stata contaminata la popolazione di un vasto territorio e migliaia di abitanti avevano subito, oltre a visibili danni fisici, anche alterazioni nel loro patrimonio genetico. Ne aveva già parlato con Sica in maniera superficiale, ma se voleva usare quelle informazioni anche con Papadopulos doveva avere le idee più chiare.

Decise quindi di ripartire da lì con le ricerche e su Internet ritrovò l'archivio che parlava di Majak.

Chelyabinsk-40, meglio nota come Majak, era descritta come la zona più contaminata del pianeta. Oltre a ospitare una delle prime centrali nucleari sovietiche, attiva da oltre quarant'anni, era anche il centro nevralgico sia per il riprocessamento delle scorie nucleari dell'intera Russia che per lo smaltimento dei reattori obsoleti, via via smantellati dalla sua vecchia flotta atomica.

Il resoconto che scorreva davanti agli occhi di Enrico citava in proposito il problema dei vecchi sommergibili nucleari abbandonati dai russi in sperdute rade segrete dell'Artico, rottami contaminati che non si sapeva come neutralizzare. Poiché costituivano una seria minaccia anche per le nazioni confinanti, oltre ovviamente che per l'ecosistema marino dell'intero Circolo

Polare Artico, americani e norvegesi si erano accordati per finanziare un programma di demolizione controllata di centosessanta sottomarini atomici russi, da effettuare appunto nel comprensorio di Majak.

Diretta conseguenza dell'effetto contaminante di quei relitti era l'ingombrante presenza di enormi mine vaganti, quali sono appunto gli iceberg radioattivi. A causa del surriscaldamento globale e del conseguente scioglimento dei ghiacci contaminati, si stavano infatti moltiplicando i banchi galleggianti alla deriva nel Mar di Kara, nelle cui acque l'ex Urss per decenni aveva scaricato tonnellate di scorie radioattive, oltre a interi reattori e relativo contenuto. Un rischio sottostimato dagli esperti, che non avevano previsto l'eventualità che tali montagne di ghiaccio radioattivo potessero dirigersi verso zone abitate.

A lanciare poi l'allarme era stata l'Autorità di Radioprotezione della Norvegia, sulla base di recenti foto satellitari che evidenziavano in modo inconfutabile come gli iceberg staccatisi dalle coste russe erano già arrivati in Norvegia attraverso il Mare di Barents. La faccenda aveva colto di sorpresa gli esperti dell'ex Unione Sovietica, secondo i quali le correnti avrebbero dovuto muoversi verso est, portando lontano il potenziale carico radioattivo. Invece gli iceberg si erano diretti a ovest e avevano raggiunto il Nord Atlantico, contaminando l'ecosistema marino man mano che si scioglievano.

«E probabilmente anche le meduse» borbottò Enrico, comprendendo uno dei modi con cui la radioattività penetra nella catena alimentare marina.

Secondo le stesse informazioni, un'altra fonte contaminante era costituita dalle acque dei fiumi Yenisey e Ob, che apportano circa un terzo dell'acqua dolce dell'intero bacino idrico dell'Artico. Provenendo infatti dal Bassopiano Siberiano Occidentale, dove si trovano sia Majak che le centrali nucleari di Chelyabinsk, Tomsk e Krasnoyarsk, i fiumi trasportano enormi quantità di materiale che scaricano ogni anno nel Mar di Kara: quasi trenta milioni di tonnellate di sedimenti, contaminati dai diversi radionuclidi raccattati durante un viaggio di oltre quattromila chilometri.

E la situazione non era purtroppo destinata a migliorare, anzi, il comprensorio di Majak per diverse ragioni sarebbe divenuto ancora più contaminato in futuro. Innanzitutto sarebbe rimasto il centro di lavorazione del plutonio russo, estratto dal combustibile esausto, le cui scorie andavano poi stoccate in enormi magazzini, se prima non finivano nel vicino lago Karachai, dove oggi basterebbe fermarsi sulle rive un'ora per rimanere contaminati mortalmente. Inoltre, dato che riciclare tutte quelle scorie era un'operazione costosa che i russi non erano in grado di sostenere da soli, era in corso un nuovo progetto finanziato dagli Stati Uniti, per costruirvi un deposito per cinquanta tonnellate di plutonio, man mano che veniva recuperato dalle vecchie testate nucleari smantellate in base agli accordi Salt.

Il rapporto che Enrico stava leggendo spiegava che nel 2001 era anche stata avanzata l'ipotesi di trasformarlo in un centro di stoccaggio internazionale, grazie al Ministero dell'Industria Atomica della Russia che aveva proposto Majak per accogliere le scorie provenienti anche dall'estero, cioè dalle nazioni benpensanti che preferivano non tenerle in casa propria. Il piano ne prevedeva venti milioni di tonnellate, a fronte di un compenso di venti miliardi di dollari, cifra che faceva di certo gola a molti. Ma poi l'ente russo preposto alla sicurezza nucleare aveva respinto la proposta.

Preoccupazioni più che comprensibili, ma tardive, commentava l'editoriale web, visto che nei passati decenni si era fatto poco o niente per bonificare il territorio intorno a Majak. Sopra i suoi campi verdeggianti e in apparenza innocui dovranno infatti passare duecentoquarantamila anni, prima che sia del tutto svanito il pericolo di contaminazione da plutonio. Questo, almeno, se qualcuno non interverrà prima.

«Davvero una bella ipoteca per le generazioni future!» sbottò Enrico. Non riusciva neppure a immaginare quanti fossero duecentoquarantamila anni, considerato che dal tempo delle piramidi egizie ne erano trascorsi meno di cinquemila. "Ma come ha fatto quel plutonio a contaminare un territorio così grande?" si chiedeva.

Era bastato un incidente, diceva l'articolo, un'esplosione che nel 1957 aveva mandato in pezzi un serbatoio di sedimenti radioattivi nel comprensorio militare di Majak. Una deflagrazione che aveva sparso letali particelle radioattive su una regione estesa quanto la Toscana. Al sesto livello della scala Ines, la scala che misura la gravità di un incidente nucleare fino a un massimo di sette livelli, era stato il più grande incidente nucleare della storia dopo Chernobyl, ma per motivi militari era passato in sordina trattandosi di un sito segreto. Anche gli abitanti della zona ne erano venuti a conoscenza solo una decina di giorni dopo, quando di fronte alle evidenze le autorità erano state costrette a interdire l'intera area ed evacuare la popolazione.

Il risultato di tutto ciò, rimarcava il rapporto, era che la regione di Chelyabinsk, con 32 milioni di abitanti e dove appunto si trova Majak, poteva vantare almeno un milione e mezzo di abitanti colpiti dalle radiazioni.

Particolarmente toccante fu per Enrico leggere la poesia di una testimone oculare, un'insegnante che viveva nella zona.

> *«Nessuno sa niente di noi.*
> *C'è stato Chernobyl, ma lì è Europa.*
> *Le radiazioni raggiunsero l'Europa,*
> *e tutto il mondo fu in subbuglio.*
> *Ma noi, qui nelle foreste sconosciute della Russia?*
> *Nessuno sa niente di noi,*
> *nessuno, nel mondo, si interessa del destino*
> *che ha chiuso le nostre vite in questo luogo...»*

> *Farida Shaimardanova*
> *(insegnante di Muslyumova)*

Muslyumova si trova appunto a quaranta chilometri da Majak e vanta il triste primato di essere il villaggio più contaminato della Terra. Gli abitanti non sono mai stati evacuati, col risultato che la maggior parte di loro soffre di malattie da radiazioni e oltre il cinquanta per cento di uomini e donne sono sterili. Anche i pesci sono scomparsi dal vicino fiume, tanto l'acqua è radioattiva.

Andarsene? E dove?

Unico lato positivo, si fa per dire, è che così gli scienziati di mezzo mondo possono studiare sul campo gli effetti delle radiazioni sulla vita umana nel corso di mezzo secolo.

"Cavie umane, ecco cosa sono…" borbottò Enrico ripensando a quello che aveva letto di certi medici nazisti, che giustificavano i loro spietati esperimenti sugli internati nei lager col cinico ragionamento: "Visto che dovranno morire… possono intanto ben servire".

Consultare altri riferimenti ipertestuali citati nell'archivio su Majak saltando da un click all'altro l'avrebbe portato a divagare troppo, ma non era questo il momento di smarrirsi nei meandri della rete. Così decise di attenersi al suo obiettivo, quello di capire fino a che punto le mutazioni genetiche indotte dalle radiazioni ionizzanti avrebbero potuto alterare il processo riproduttivo, o lo sviluppo, delle meduse.

Gli era già chiaro che chi è stato contaminato dalla radioattività non muore necessariamente in tempi brevi, ma può ugualmente trasmettere geni modificati alla prole. Allora cliccò un collegamento che rimandava a questa tipologia di effetti.

Si trattava della registrazione di un programma televisivo sulle conseguenze genetiche del fallout radioattivo di Chernobyl nel 1986, quando saltò in aria il reattore numero quattro, paradossalmente durante l'esecuzione di alcuni test di sicurezza. Sebbene prima dell'incidente fosse considerata emblema dello sviluppo tecnologico sovietico, per una concatenazione di eventi imprevisti e decisioni critiche prese in pochi secondi la centrale era esplosa causando il peggior incidente nella storia del nucleare, catalogato dall'Aiea al settimo e ultimo livello della scala Ines.

Menzionando l'eredità genetica del dopo Chernobyl, uno dei relatori aveva pronosticato una temibile profezia che incombeva sull'Ucraina: un milione di bambini destinati a nascere deformi, o comunque affetti da gravi malattie congenite, come paralisi cerebrale, spina bifida, sindrome di Dawn, e altre terribili malattie genetiche che Enrico non aveva neppure mai sentito nominare. Oltre a un considerevole aumento di morti per cancro nei decenni seguenti non solo in Ucraina, bensì in tutta quella parte d'Europa colpita dal fallout radioattivo.

"Destinati un corno!" sbuffò indispettito leggendo un'affermazione del genere, al pensiero di tutto il dolore in serbo per quei poveri bambini e tutti gli altri. "Qui il destino non c'entra, semmai è l'arroganza dei tecnocrati che dovremmo incolpare".

Mentre rimuginava su questi pensieri, Enrico si chiedeva perché mai l'umanità sembra ricadere continuamente nel comportamento masochistico tipico della sua storia, quasi un potere occulto le facesse perversamente anelare al proprio definitivo annientamento.

Sollecitata da tali riflessioni, un repentino flashback della mente lo riportò indietro di quattro mesi, e lui rivide la povera Simona esangue in quel letto d'ospedale, strappata alla vita per l'ottuso egoismo e la superficialità di gente senza scrupoli. Distogliendosi a forza da tali pensieri che gli causavano una stretta al petto, per una strana associazione di idee ripensò all'intercettazione telefonica che aveva udito in una trasmissione tv sulle cosiddette "navi dei veleni", vecchie carrette del mare colate a picco col loro carico radioattivo al largo delle coste italiane.

Riguardava un brano della conversazione fra un capo cosca e un suo accolito, che provava a sollevare un'obiezione.

«Ma che ne sarà del nostro bel mare?» aveva chiesto perplesso, quando gli era stato comandato di affondare la nave al largo delle coste calabre.

«Che te ne frega» aveva risposto il capo. «Con tutti i soldi che facciamo con questo affare, il mare ce lo andiamo a trovare dove ci pare…».

"Il solito ragionamento ottuso" rifletté Enrico disgustato, mentre sul video si susseguivano alcune immagini delle vittime di Muslyumova e Chernobyl. Davanti ai suoi occhi, insieme al futuro, scorreva l'amara realtà del presente.

A riprova del fatto che non si trattava delle fosche previsioni di una scomoda Cassandra sotto l'effetto di incontrollabili paturnie, ma di fatti veri e attuali, il programma televisivo citava uno degli orfanotrofi di Minsk, una struttura specializzata per i nati malformati del dopo Chernobyl.

«Anche se i bambini ucraini che vengono alla luce in maggioranza sono sani» faceva notare il commentatore televisivo, «per alcuni purtroppo non è così. Di questi ultimi, i più fortunati non nascono neppure, ed è meglio così, visto che dei tanti aborti spontanei i più presentano anomalie talvolta aberranti».

Spiegava poi che alcuni nati avrebbero dovuto subire interventi chirurgici a braccia e gambe, e sarebbero restati comunque impediti. A rendere l'idea bastarono le immagini del piccolo Igor, con un solo braccio e due moncherini al posto delle gambe: vedendolo, Enrico provò una stretta al cuore.

"Quanti altri dovranno soffrire e morire, come Igor o come Simona, prima di fermare questa folle corsa?" mormorò Enrico. Il ricordo della sua compagna, straziata da quel maledetto berillio radioattivo che in pochi giorni l'aveva portata alla tomba, gli si riaffacciò alla mente in tutta la sua cruda realtà: anche lei ignara vittima immolata sull'altare dell'avidità umana. "Se il progresso è questo, chi ce lo fa fare? Non dovrebbe un minimo di lungimiranza, o solo il principio della cautela, impedirci di rovinare per secoli il nostro unico nido? O ci illudiamo davvero di poter fare come gli Avatar?".

Con un moto di stizza si alzò dalla sedia e andò in cucina a bere un bicchiere d'acqua, tanto per allentare la tensione. Quelle immagini lo avevano turbato, al pensiero delle migliaia di tonnellate di scorie radioattive disseminate in terra e sotto i mari.

Uscito in veranda, respirò a pieni polmoni l'aria frizzante che scendeva dalla collina odorosa. "Dopotutto il cielo è ancora azzurro" pensò, con lo sguardo oltre la fitta macchia mediterranea, quasi a consolarsi che forse non era ancora tutto perduto. Sulla tettoia del vicino, un gatto sonnacchioso dal pelo fulvo si allarmò vedendolo comparire all'improvviso, e andò a nascondersi.

Non che fosse contrario a tecnologia e progresso, lui che era un informatico esperto e non certo un sognatore. Ma proprio perché faceva il programmatore da una vita ed era abituato a prevedere l'imprevedibile, si chiedeva se non sarebbe stato meglio imparare a disattivare quelle micidiali bombe a orologeria, quali sono appunto le scorie radioattive, prima di imbarcarsi in un'avventura che potrebbe annientarci.

Enrico non riusciva ad accettare che si alimentasse l'illusione di energia a basso prezzo senza curarsi minimamente del fardello da lasciare sul groppone ai posteri. Fra l'altro aveva letto che il combustibile nucleare era comunque destinato a esaurirsi in pochi decenni, a differenza delle scorie praticamente eterne, che invece avrebbero dovuto essere meticolosamente accudite per migliaia di anni e a costi stratosferici.

"Chissà se le generazioni avvenire ci ringrazieranno di tanto altruismo!" borbottò. Più rimuginava l'argomento, più si convinceva che non c'erano soluzioni: troppi erano gli interessi coinvolti perché si potesse sperare in un'improvvisa inversione di rotta.

Dopo essersi arrovellato il cervello per un po' e concluso che non dipendeva certo da lui risolvere un problema di tale portata, decise di tornare alle sue meduse.

"Quello che è successo a Majak e a Chernobyl non potrebbe ripetersi anche in mare?" si chiedeva mentre rientrava nello studio. "Il gigantismo delle meduse non potrebbe dipendere da una mutazione genetica innescata dalle radiazioni?".

Tutto sommato, non era un'idea da scartare.

14

Punta Sparviero

Alla guida di una cabriolet blu notte Carlo Linke, rampante ingegnere informatico di trentaquattro anni, alle dieci meno un quarto di mercoledì stava percorrendo la provinciale, diretto all'appuntamento col suo più importante cliente.

Laureatosi a pieni voti all'università di Pisa, Linke aveva poi frequentato un master a Las Vegas specializzandosi in procedure di sicurezza contro la pirateria informatica, attività che svolgeva in maniera riservata a favore di alcuni committenti che lo pagavano lautamente per essere protetti dagli attacchi di hacker e cracker. Tuttavia a richiesta, e sempre a patto di una buona remunerazione, era anche disposto a saltare dall'altra parte della barricata e trasformarsi lui stesso in abile hacker. Come appunto aveva fatto questa volta, allorché era stato incaricato di mettere sotto controllo il computer di Enrico Fiorani.

Al bivio per Punta Sparviero svoltò sulla destra e imboccò la strada asfaltata che taglia la pineta. Percorsi alcuni chilometri all'ombra di pini secolari svettanti contro l'azzurro del cielo, dopo un ultimo tratto di macchia mediterranea si trovò infine di fronte alla prestigiosa residenza toscana del suo cliente.

Nell'aria tersa del mattino, la villa del comandante Martin Leggio emergeva dalla macchia mediterranea come un enorme uccello in procinto di spiccare il volo dal suo nido. Situata ai piedi del promontorio digradante verso il mare, consisteva in una costruzione color crema a due piani, protetta da una recinzione metallica ormai inglobata in una muraglia di alte siepi di alloro profumato. Al riparo da occhi indiscreti, il giardino interno ospitava sul davanti un ampio solarium, pavimentato a listoni di teak massiccio e con una grande piscina a sfioro incassata nel mezzo. Dalla terrazza al primo piano prospiciente la piscina, fra chiome di palme e pini domestici s'intravedeva il porticciolo esclusivo di Punta Sparviero, un centinaio di metri più avanti, da dove salivano incessanti i tintinnii delle sartie di acciaio che sbattevano contro gli alberi dei lussuosi yacht ormeggiati lungo la banchina.

Linke posteggiò l'auto sullo spiazzo esterno antistante la villa, sotto una pensilina in ferro battuto ricoperta di cannucce che riparava dal sole ancora caldo di settembre. Quindi prese dal bagagliaio il computer portatile nuovo di zecca e un raccoglitore a fogli mobili, e con quelli si diresse a piedi verso l'ingresso.

L'abbigliamento del giovane ingegnere era del tipo yuppy rampante: completo estivo di lino bianco, con camicia di seta blu notte e cravatta di tonalità più chiara, su cui risaltava il viso abbronzato; ai piedi, un paio di morbidi mocassini da barca di camoscio chiaro. Gli occhi azzurri e i capelli biondissimi rivelavano le sue origini nordiche; infatti, sebbene la madre fosse italiana, il padre era un tedesco di Hannover che da oltre vent'anni lavorava a Pisa. L'espressione smaliziata e lo sguardo penetrante ne rivelavano la personalità volitiva e un quoziente d'intelligenza oltre la norma.

Linke suonò al videocitofono e attese.

Dalla cima di un alto palo per l'illuminazione una telecamera inquadrava la zona antistante i cancelli, ma ce n'erano altre che in modo discreto tenevano d'occhio l'intero perimetro della vasta proprietà.

«Chi è?» chiese dal citofono una voce maschile, distorta.

«Sono Linke, il comandante mi aspetta» rispose.

Attese una manciata di secondi, finché si udì lo scatto del cancelletto laterale che si apriva. Se lo richiuse dietro le spalle e percorse la dozzina di metri di viale ghiaioso che attraversava un giardino curato meticolosamente, finché giunse alla porta di legno massiccio dell'abitazione padronale.

Il maggiordomo, in divisa e guanti bianchi, lo accolse in modo compito chiedendogli di seguirlo.

Attraversarono l'enorme soggiorno open space, sulle cui candide pareti spiccavano quadri di famosi impressionisti della scuola francese: essendo un appassionato d'arte, Linke riconobbe un Renoir, un Monet e un Bazille, oltre a diversi altri autori non meglio identificati, ma certamente di valore. Il bianco avorio delle pareti faceva da piacevole contrasto col lucido pavimento di marmo nero, accentuato dalla luce che penetrava dall'ampia vetrata rivolta a mezzogiorno e che separava il salone dalla terrazza esterna.

Giunti alla porta scorrevole di cristallo che immetteva in terrazza, il maggiordomo l'aprì e compitamente si scostò di lato lasciando passare l'ospite; quindi la richiuse dietro di lui.

Il comandante Leggio era seduto sotto una veranda mobile al riparo dal sole e stava parlando al cellulare. Linke gli si avvicinò con passo sicuro e gli rivolse un saluto, ricambiato dal padrone di casa che gli fece cenno di sedere su una seconda poltroncina.

Da lassù la vista era, a dir poco, meravigliosa: dalla piscina al pian terreno spaziava oltre la recinzione, fin giù alla selva di lustri alberi d'alluminio ondeggianti nel porticciolo e poi, a perdita d'occhio, per l'ampio tratto di mare che fremeva al vento di maestrale e lasciava intravedere l'Isola del Giglio all'orizzonte.

Terminata la telefonata, il padrone di casa saltò i convenevoli e chiese: «Hai il materiale che ha ordinato Pluto?».

«Certo comandante, è tutto qui» rispose Linke, accennando un sorriso e indicando gli oggetti che aveva appoggiato sul tavolino.

«Mi auguro che non sia troppo difficile usarlo... alla mia età non ho certo voglia di imparare a fare l'hacker».

«Non si deve preoccupare, vedrà che è facilissimo: ho cercato di renderle la cosa più semplice possibile» lo rassicurò l'altro, sollevando il monitor incernierato sul portatile. Indicando il raccoglitore, aggiunse: «Qui ho scritto passo per passo le procedure da seguire, casomai dimenticasse qualcosa... ora le faccio vedere».

Linke inserì l'internet key in un ingresso usb del portatile e accese il computer. Comparsa la schermata iniziale a conferma dell'avvenuto collegamento alla rete, spiegò: «Questa è la pagina iniziale di un sito che ho preparato appositamente per le nostre necessità. Ovunque lei si troverà col portatile, grazie allo speciale collegamento reso possibile da questa particolare chiavetta usb, potrà navigare nella rete in modo del tutto anonimo, senza dover passare attraverso altri provider Internet che potrebbero spiare quello che sta facendo. In sostanza, tramite questo sito di remailer, potrà intercettare la navigazione di quel Fiorani senza lasciare sue tracce in giro».

«Funziona già?» chiese il comandante.

«Certo, da lunedì sera, quando ho spedito a Fiorani una e-mail che ha fatto da esca: appena l'ha aperta per leggerla, gli si è installato sul computer di casa un apposito virus, un cosiddetto "cavallo di Troia" informatico. Ho già verificato che tutto funzioni a dovere: da ieri mattina, senza che Fiorani si accorga di nulla, il virus trasmette al nostro sito, e quindi a questo portatile, una copia di tutto quello che appare sul video del suo computer».

«Anche la posta elettronica?».

«Certamente, ora le faccio vedere come funziona: prima bisogna aprire il nostro programma di posta... ecco fatto» spiegò l'hacker mentre cliccava l'apposita icona. «Se quel Fiorani manda o riceve della posta elettronica a qualcuno, il virus ne spedisce di nascosto una copia anche a noi... infatti, vede? Qui ce n'è una che Fiorani ha spedito ieri a costant.papa@cunep.org».

«Vediamo cosa dice» chiese Leggio, incuriosito.

Linke cliccò l'icona della e-mail e immediatamente si aprì a video una copia della risposta che Fiorani aveva inviato a Papadopulos, con cui confermava la disponibilità da parte sua e dell'investigatore Sica a imbarcarsi a Porto Rizzato sulla motonave Altair il prossimo lunedì, per unirsi alla spedizione.

Appena l'ebbe letta Leggio restò visibilmente turbato, anche se cercava di non darlo a vedere. Per qualche istante, tuttavia, un impulso di rabbia gli indurì i lineamenti.

Quello che c'era scritto era quanto mai allarmante: Enrico Fiorani assicurava Papadopulos che gli avrebbe portato il famoso cd dell'Ilvatom, contenente le coordinate geografiche di una trentina di punti nave dove si riteneva giacessero i relitti affondati con un carico di rifiuti radioattivi. Chiedeva di poter restare a bordo per il tempo necessario a rintracciare i relitti della Righel e della Jolly Mare, così da verificare se davvero fossero pieni di quella robaccia.

Quel Fiorani della malora! L'aveva lasciato libero di continuare a impicciarsi dei fatti suoi, mentre sarebbe stato meglio toglierlo subito dalla circolazione. Così ora c'era di mezzo anche quell'investigatore, che di sicuro era a conoscenza di alcuni dei suoi scomodi segreti, e fra poco avrebbe avuto fra i piedi un'intera spedizione scientifica!

L'altro si accorse subito che qualcosa non andava e chiese preoccupato: «Qualche problema, comandante?».

«No, non preoccuparti. Stavo solo pensando all'e-mail di quel rompiscatole. Tu comunque hai fatto un buon lavoro, Linke» rispose accennando un sorriso forzato e cambiando argomento. «Un'ultima cosa…».

«Mi dica, comandante».

«Se dovessi usare questo computer per mandare della posta elettronica, siamo sicuri che nessuno potrà intercettarla, e neppure venire a sapere chi è che la manda?».

«Certamente! Nessuno potrebbe risalire alla sua identità, dato che il programma di remailer, prima di inoltrare un messaggio, sostituisce sempre nome e indirizzo di chi spedisce con dei dati fasulli. Quindi non rimarrà traccia di lei come mittente, a meno che non voglia specificarlo inserendo il suo nome nel testo. Per quanto poi riguarda la possibilità che altri possano intercettare la sua posta, lo escluderei a priori, dato che il remailer fa anche da provider Internet, utilizzando i nostri server alle Cayman. Così non corriamo neppure il rischio di incappare nei dispositivi di intercettazione del tipo Carnivore che l'Fbi ha fatto installare sui provider degli Stati Uniti. Per di più ogni messaggio che transita attraverso il nostro sito è sottoposto a un particolare sistema di crittazione così che, anche se dovessero intercettarlo, non ci capirebbero niente».

«Allora, posso star tranquillo?».

«Certo, comandante».

Rassicurato da Linke, e con alcune idee in testa su come se ne sarebbe servito, tirò fuori un libretto degli assegni e la stilografica con intarsi in oro zecchino.

«Quanto ti devo?».

Quindi, senza batter ciglio, compilò un assegno con la cifra richiesta.

Andato via Linke, il comandante si alzò e prese a passeggiare su e giù per la terrazza, pensando alle mosse da fare prima che quel Fiorani gli causasse altri guai.

Nonostante si facesse chiamare "comandante" di fatto non lo era mai stato; anche le sembianze erano più da impiegato mezze maniche che quelle del rude marinaio bruciato dal sole e dalla salsedine. Cinquantacinque anni, piuttosto basso e grassottello, con radi capelli grigi, non aveva un aspetto imponente né particolarmente carismatico. Tuttavia l'occhio era furbo, mobile, sfuggente e la sua espressione, a tratti ambigua e indecifrabile, a un attento osservatore poteva far intuire la presenza di pensieri reconditi, la cui natura era ben lontana da quella del buon samaritano.

Anche i suoi modi compiti potevano trarre in inganno dando l'impressione di educazione e buone maniere, qualità che era solito sfoggiare nei salotti bene della capitale, da lui frequentati con assiduità al principale scopo di mantenere in vita un'intricata rete di connivenze. La sua vera natura emergeva tuttavia verso i malcapitati che gli intralciavano la strada: in tal caso non aveva pietà, né tanto meno scrupoli, e con machiavellica determinazione ricorreva a qualsiasi espediente per liberarsene.

Armatore di una compagnia di navigazione con sede a Monrovia, in Liberia, la Sea Tanker Inc., nel dopoguerra aveva fatto fortuna coi trasporti marittimi di rifiuti tossici e nucleari. La sua flotta, se così si poteva chiamare, era costituita da una dozzina di carrette del mare, vecchie navi che acquistava per cifre irrisorie in Oriente, quando erano prossime ad andare in disarmo. Dopo averle rimesse in sesto alla meno peggio e l'immatricolazione in Liberia, le faceva navigare per qualche anno sotto bandiera ombra trasportando scomode mercanzie, che non sempre era chiaro che fine facessero. Dopo aver fatto scalo nei porti del nord Europa, alcune navi scendevano in Atlantico arrivando in Guinea, o al porto di armamento; altre invece entravano dallo Stretto di Gibilterra, attraversavano il Mediterraneo a sud della penisola italiana e, passato il Canale di Suez, si spingevano fino al Corno d'Africa. A patto che non naufragassero prima, come pareva capitare un po' troppo spesso.

Tramite intricati giochi azionari il comandante controllava sottobanco anche una seconda compagnia armatrice, intestata a una società liberiana fantasma che serviva da prestanome e le cui tracce si perdevano in una casella postale di Monrovia, dove veniva recapitata la corrispondenza, rendendo di fatto impossibile risalire al vero proprietario. Martin Leggio teneva le fila anche di quei traffici, i più sporchi e pericolosi: la motonave Portoria, utilizzata dall'Ilvatom per i trasporti di scorie nucleari in Somalia che fungevano da copertura per il traffico clandestino di plutonio, era una delle navi immatricolate presso quest'ultima, la Oversea Inc.

Gli equipaggi di entrambe le compagnie erano in buona parte costituiti o da avanzi di galera, che preferivano rendersi irreperibili, oppure da povera gente che non aveva alternative per sbarcare il lunario. Tutti quanti si dovevano ovviamente accontentare di una paga al minimo, contro un rischio per la salute al massimo, visto i materiali altamente nocivi che erano soliti trasportare e le scarse misure di sicurezza adottate. Grazie a tutto ciò, e più di recente anche alla collaborazione instaurata con le mafie di mezzo mondo per il contrabbando di plutonio, Leggio aveva accumulato ingenti ricchezze, che custodiva in vari paradisi fiscali.

Ora la sua prosperità veniva messa in serio pericolo: per colpa di quel ficcanaso di Fiorani la motonave Portoria era sotto sequestro nel porto di Corniano Marina, con diversi membri dell'equipaggio finiti in galera e il comandante morto suicida per evitare le conseguenze di un arresto. Peggio ancora, le autorità avevano trovato fra le scorie diversi chili di plutonio destinato a un acquirente arabo: al prezzo di mercato, cinquanta milioni di dollari al chilo, significava una perdita secca di alcune centinaia di milioni di dollari, che in buona parte si sarebbe dovuta accollare. E anche se risalire a lui quale proprietario della Oversea Inc. sarebbe stato praticamente impossibile, il danno era comunque rilevante.

Se non si sbrigava a fermarlo, fra qualche giorno avrebbe coinvolto nei suoi affari l'intera spedizione scientifica di quel Papadopulos, e non poteva permetterglielo. Se avessero trovato il relitto della Jolly Mare, affondata al largo di Capo Rizzato con le stive colme di fusti di scorie radioattive, per lui sarebbe stato un guaio, dato che la società armatrice era proprio la Sea Tanker Inc.

D'accordo col comandante aveva inoltre fornito alla compagnia di assicurazioni una documentazione fasulla, dichiarando che al momento del naufragio la nave trasportava un innocuo carico di materiale inerte per l'edilizia. Se si fosse invece scoperto che aveva le stive piene di scorie, il Lloyd Mediterraneo sarebbe di sicuro ricorso in giudizio, sospendendo i pagamenti e denunciando la società armatrice per truffa.

E con tutte le inchieste in corso nelle Procure di mezza Italia, che indagavano su decine di affondamenti sospetti, Leggio correva il rischio di finire in galera con l'imputazione di naufragio doloso e associazione mafiosa finalizzata al disastro ambientale.

Evidentemente Fiorani era riuscito a decrittare i file dell'Ilvatom, come gli pareva di aver capito dalla e-mail appena intercettata, e quindi non c'era tempo da perdere: quegli elenchi, con le coordinate geografiche dei naufragi avvenuti in Mediterraneo negli ultimi trent'anni, lo riguardavano in buona parte e non dovevano a nessun costo finire in altre mani. Ma per evitare il disastro l'unico modo era togliere di mezzo Fiorani prima che riuscisse a consegnare quel maledetto cd.

Così aprì il cassetto, tirò fuori il telefono satellitare abilitato per le comunicazioni di quel giorno, e in tutta fretta fece un paio di telefonate.

15

Scoperta l'intrusione

Aveva raccolto su Internet molto materiale e poteva ritenersi soddisfatto: a suo parere le evidenze sostenevano l'idea di una correlazione fra i siti sottomarini dove giacevano depositi di scorie radioattive e le zone dove era stata segnalata la presenza di meduse giganti. E questo sembrava valere non solo per gli oceani ma anche per il Mediterraneo, almeno sulla base degli ultimi fatti di cronaca. Cirano Ionica e Porto Rizzato, dove si erano verificate quelle strane sparizioni, si trovavano infatti sulla costa ionica, a poche decine di miglia da dove era affondata la Jolly Mare col suo misterioso carico di scorie. Da parte loro, Majak e Chernobyl dimostravano al di là di ogni dubbio che la radioattività può causare negli esseri viventi danni rilevanti, oltre che trasmettere geni modificati alla futura prole.

Enrico voleva redigere un documento riassuntivo da consegnare a Papadopulos ma ciò richiedeva di fare un po' d'ordine fra i suoi appunti. Così si dedicò a raggrupparli per argomento e vi inserì i relativi riferimenti ipertestuali, casomai il professore volesse controllare di persona le informazioni.

Era mercoledì e fra qualche giorno si sarebbe incontrato con Sica a Roma, per poi ripartire insieme alla volta di Porto Rizzato, dove si sarebbero imbarcati sull'Altair. Doveva quindi sbrigarsi, se voleva fare in tempo a preparare un documento ben fatto.

Dopo alcune ore di lavoro sentì il bisogno di sgranchirsi un po' le gambe. Così si alzò, si stiracchiò tutto, e andò in cucina a prepararsi un caffè; nel frattempo, come al solito, lasciò il computer acceso.

Rientrato nello studio un quarto d'ora dopo, proprio mentre stava per sedere davanti al monitor, l'occhio gli andò al modem esterno a led luminosi, collocato sotto il ripiano della scrivania: stranamente, la spia di trasmissione del modem stava lampeggiando.

"Perché lampeggi?" borbottò Enrico, sorpreso nel vederla accendersi e spegnersi in continuazione. Dal pannello di controllo verificò lo stato di connessione alla rete e si stupì notando che il contatore dei dati, in uscita verso il web, si stava velocemente incrementando.

Eppure non stava utilizzando Internet, visto che lavorava off line sugli stralci estratti in precedenza e già registrati sul disco fisso. Ma dato che col collegamento Adsl la linea restava sempre aperta, la trasmissione era virtualmente possibile. Se però non era lui a trasmettere i dati, chi lo stava facendo a sua insaputa… e a chi li mandava?

Era un bel rebus.

"Sicuramente è il maledetto virus che l'altro giorno non sono riuscito a scovare" concluse Enrico con un moto di stizza, dopo averci riflettuto a lungo. Era preoccupato, anche perché chissà da quanto tempo andava avanti questa storia: se non si fosse avvicinato casualmente alla scrivania proprio mentre il led lampeggiava, non se ne sarebbe mai accorto. Erroneamente attribuì all'invisibile spione la responsabilità di aver informato Malpigi e Caputo delle sue ricerche Internet, non sapendo né di Echelon, né tanto meno di Martin Leggio e del programma di intercettazione di Linke.

Comunque stessero le cose, doveva liberarsi dell'intruso. E visto che da solo non c'era riuscito, pensò di chiedere aiuto a qualcuno capace di farlo.

Nell'ambiente era soprannominato "l'azzeccagarbugli" dall'omonimo personaggio manzoniano, ma il suo vero nome era Tony Russo. Il nomignolo gli derivava dalla sua capacità di saper sbrogliare i più intricati misteri della rete e sbaragliare gli attacchi dei peggiori pirati informatici.

Si era fatto un nome nell'ambiente soprattutto a partire dal 1999, al tempo del virus Melissa che aveva intasato i server di posta elettronica di mezzo mondo. Quel famoso virus, il più prolifico mai esistito fino a quel momento, alla fine aveva fatto pochi danni diretti, nel senso che non aveva distrutto i dati nei computer colpiti, ma aveva comunque causato enormi danni collaterali, costringendo importanti società come la Microsoft a fermare le proprie reti di posta elettronica per evitare un ulteriore dilagare del contagio. Soprattutto, aveva prodotto pesanti danni psicologici: per la prima volta nella storia la gente comune era stata costretta a preoccuparsi dei computer, che potessero "ammalarsi", e a prendere coscienza di quanto l'uomo dipende dalle reti informatiche, a partire dalle forniture di energia elettrica fino al proprio conto in banca.

In quell'occasione Russo, che manteneva il filo diretto con un gruppo di hacker di Las Vegas, era stato uno dei primi in Italia a venire a conoscenza di come ci si poteva proteggere dal famigerato virus Melissa e aveva usato l'informazione a favore di alcuni suoi noti clienti, diventando di colpo famoso.

Dato che lavorava in zona, Enrico gli telefonò chiedendogli se poteva fare un salto a casa sua per dargli una mano a scovare l'intruso. Praticamente erano colleghi e condividevano alcuni clienti; anzi, Russo gli era riconoscente perché di tanto in tanto Enrico lo segnalava a qualche nuova azienda che voleva dotarsi di un sistema di sicurezza per la rete.

Come tutti i genialoidi informatici era un tipo piuttosto bizzarro, a cominciare da abbigliamento e aspetto. Quando si presentò a casa di Enrico, subito dopo pranzo, indossava il solito camicione di seta grezza color carta da zucchero, sopra dei pantaloni in jeans da cui spuntavano i piedi ossuti, infilati in un paio di sandali da frate e senza calzini. Sui quarant'anni, lunghi capelli castani prematuramente brizzolati raccolti a crocchia, barba rada non fatta da giorni, assomigliava più a un guru indiano che a un esperto di sicurezza informatica. Ma gli occhi scuri, lucidi, penetranti, anche da dietro quel paio di occhiali dozzinali, bucavano lo sguardo di chi li incrociava.

Dopo avergli riassunto i precedenti tentativi per scovare lo spione informatico, Enrico gli raccontò preoccupato del modem che trasmetteva a sua insaputa.

«Pensi che sia opera di qualche virus?» gli chiese appena furono seduti l'uno di fianco all'altro davanti al monitor.

«Probabile… comunque vediamo intanto di capire se qualcuno ruba i dati dal tuo computer».

«Come pensi di riuscirci?».

«Visto che sul pc hai installato un firewall, che però non si accorge della presenza dell'intruso, mi viene da pensare che qualche hacker ti abbia preso di mira servendosi di un cosiddetto monitor di tastiera. Probabilmente sfrutta il registro di sistema per nascondersi fra le tue applicazioni Internet già attive» gli spiegò Russo, dopo una pausa di riflessione. «Così il virus può sottrarti tutte le informazioni che vuole e trasmetterle via Internet al suo committente, che si troverà chissà dove, approfittando dei programmi che nel tuo computer hanno già il permesso di accedere al web. In tal modo non deve chiedere nuove autorizzazioni al firewall, che altrimenti lo scoprirebbe».

«E come facciamo a stanarlo?».

«Vediamo di lanciare un'esca… prova a spedire a te stesso un messaggio di posta elettronica che contenga una parola inesistente, o comunque strana».

Enrico lo guadò perplesso: «Del tipo?».

«Una parola inventata, una qualsiasi, basta che non sia già presente da qualche parte sul tuo hard disk» rispose l'altro facendo spallucce. Vedendo Enrico disorientato, gli suggerì: «Prova a scrivere perdimaremonti».

Dalla faccia di Enrico era chiaro che non capiva. Comunque seguì il suggerimento del collega e scrisse la parola magica nel testo del messaggio. Quindi lo indirizzò a sé stesso e cliccò sull'icona d'invio.

«Ora che facciamo?».

«Aspettiamo che ti arrivi l'e-mail» rispose l'altro. Dopo una breve attesa, il programma di posta segnalò infatti che c'era posta in arrivo. «Ora attiva la ricerca della parola in tutte le partizioni del disco fisso… e vediamo cosa salta fuori».

«D'accordo» acconsentì Enrico, senza ancora capirne lo scopo. Cliccò sul pulsante Start, quindi su Cerca. Inserì perdimaremonti nell'oggetto della ricerca e selezionò dove fare la scansione, cioè sull'intero disco fisso. Infine cliccò il pulsante di avvio.

«La ricerca immagino ci metterà parecchio, visto che deve scandagliare l'hard disk parola per parola» commentò Russo alzandosi dalla scrivania. Con un sorrisetto furbo, aggiunse: «Nel frattempo potresti offrirmi il caffè, visto che mi hai fatto correr qui col boccone in gola e non ho fatto in tempo a prenderlo...».

Quando, dopo una decina di minuti, rientrarono nello studio, la ricerca era terminata e la parola era stata scovata.

«Mi pare ovvio che il sistema l'abbia trovata» commentò Enrico guardando i risultati sul video. «L'ho scritta io sul messaggio che mi sono appena spedito...»

«Giusto. Però osserva bene i file trovati dal programma di ricerca e che contengono la tua parolina» ribatté l'altro, compiaciuto. Additando l'elenco dei file allineati uno sotto l'altro sul monitor, spiegò: «Questi primi sono ovvii, perché sono appunto quelli relativi alla posta elettronica in uscita e in arrivo, ma questi altri... cosa sono, secondo te?».

«Boh!» fece Enrico, alzando le sopracciglia in un'espressione stupita. «Dimmelo tu, Tony».

«Vedi questo nome di file, ad esempio? Ci metterei la mano sul fuoco che è stato generato da un monitor di tastiera» rispose l'altro, col viso che trasudava soddisfazione da tutti i pori. «Ma per sincerartene, prova ad aprirlo con un normale elaboratore di testi... vediamo cosa contiene, a parte la nostra parola misteriosa».

Appena Enrico aprì con il Blocco Note il file in questione, a video seguì una sfilza di parole in chiaro, inframmezzate da codici comandi di tastiera.

«Cosa ti dicevo? Nel tuo pc è nascosto un monitor di tastiera, uno di quei programmi pirata che memorizzano alla fonte ogni tasto premuto» spiegò Russo, mentre con la matita indicava la stringa di dati visualizzata. «Qui vedi c'è la parola che ha fatto da esca, perdimaremonti appunto, ma ci sono anche tutte le altre parole che hai scritto sulla tastiera, a partire da quando il virus, arroccato da qualche parte nella tua RAM, ha fatto l'ultimo invio in forma ET sul web, spedendoli al tuo misterioso spione».

«E allora, come me ne libero?».

«La cosa più semplice sarebbe quella di riformattare il disco fisso e ricaricare i programmi dai cd originali: con una mossa pulisci tutto ed elimini i virus che possono esserci».

«Io però voglio anche sapere chi è che me l'ha messo, questo accidenti di virus».

«Questo è già più difficile».

«Non dirmi che non sai farlo!» esclamò Enrico in tono di sfida, guardandolo in faccia con un simulato stupore.

«Ci potrei anche riuscire, ma ho bisogno di tempo per lavorarci sopra» rispose l'altro, sogghignando. Quindi aggiunse sornione: «E dovrei anche portarmi il pc in laboratorio...».

«Prenditelo pure, Tony, ma scovami quel maledetto spione».

«Non ci devi lavorare?».

«Ho il portatile, posso usare quello. Prima di riformattare l'hard disk però risentiamoci: voglio accertarmi di avere una copia di salvataggio dati aggiornata» ribatté Enrico con un'alzata di spalle. «Dammi solo un minuto per recuperare i file su cui stavo lavorando, e poi ti puoi prendere tutto».

«Mi basta l'hard disk».

«Ok, Tony... ho fatto» disse Enrico dopo poco, estraendo dall'usb la chiavetta su cui aveva copiato il materiale per Papadopulos e la cartella con il famoso memorandum, nel caso ne avesse avuto bisogno.

«E visto che ci sei, quando hai trovato l'intruso, inventati anche un modo per ricambiargli il favore».

16

Il mistero dei capodogli

«Che non lo riteniate un episodio da approfondire davvero non riesco a capirlo» sbottò Roberto Portas obiettando a Samuele Ricci, il direttore del Cem, il Centro di Ecologia Marina di Bari. «Se quei capodogli sono andati a morire sul Gargano in circostanze che in Mediterraneo non si erano mai verificate, qualcosa di straordinario deve pur essere accaduto, o sbaglio?».

«Ma no, Roberto, niente di così allarmante: solo che avevano lo stomaco talmente pieno di plastica e altra robaccia, che non sono più riusciti a mangiare altro» rispose il direttore facendo spallucce, come a liquidare il problema. Rivolgendosi poi al professore Fabio Basili, titolare della cattedra di Medicina Veterinaria presso l'università di Teramo, chiese: «Mi pare che gli esperti concordino che è stata questa la causa della morte, vero?».

«Almeno in buona parte. In effetti cinque dei sette capodogli spiaggiati avevano ingerito parecchie schifezze: buste di plastica, scatole, corde, reti, e simili, non riuscendo così più a cibarsi dei calamari di cui si nutrono abitualmente» confermò Basili. Fatta una breve pausa, aggiunse: «Comunque c'è un altro elemento per niente trascurabile».

«Quale?» chiese incuriosito il direttore.

«Durante l'esame autoptico effettuato sulle carcasse degli animali abbiamo notato che alcuni presentavano i tipici sintomi dell'embolia gassosa, lieve ma potenzialmente letale per animali già sofferenti» spiegò il professore. «Si tratta comunque di dati parziali che andranno confermati da ulteriori esami».

«Embolia… nei capodogli?» domandò stupita la dottoressa Denise Massei, anche lei ecologa al Cem insieme a Portas.

«Effettivamente il fatto è un po' strano… probabilmente sono risaliti repentinamente da un'immersione profonda, danneggiando in tal modo il sistema spermaceti».

«Scusi la mia ignoranza, professore» esordì Saverio Rubino, il guardiamarina mandato alla riunione dalla locale Capitaneria di Porto per investigare sull'episodio. «Cos'è il sistema spermaceti?».

«Le spiego in poche parole. Deve innanzitutto sapere che le ossa del cranio del capodoglio sono asimmetriche. Sopra l'osso mascellare si trova uno spesso strato di tessuto adiposo, su cui a sua volta poggia, in corrispondenza del dotto nasale destro, un grande sacco fibroso che contiene una sostanza oleosa, incolore e trasparente, chiamata appunto spermaceti».

«Dal nome avrei pensato a qualcos'altro...» sogghignò il giovane ufficiale.

«E non avrebbe del tutto torto» ribatté quello, ammiccando. «In passato alcuni credevano che fosse lo sperma dell'animale, da cui deriva appunto questo nome particolare; invece si tratta di una sostanza costituita in massima parte da estere etilico dell'acido palmitico, la cetina».

«Sullo spermaceti ne hanno dette di tutti i colori» intervenne Portas, che conosceva l'argomento. «In passato gli attribuirono anche varie facoltà magiche e taumaturgiche, ma in realtà la sua esatta funzione neppure oggi è del tutto accertata».

«Ormai si ritiene che agisca sul meccanismo di chiusura dello sfiatatoio durante le immersioni, oltre a esercitare una funzione idrostatica che favorisce il galleggiamento» puntualizzò Basili, riprendendo le redini del discorso. «Per questo le alterazioni riscontrate nell'organo spermaceti sono da ricondurre alla tipica sindrome dell'embolia gassosa».

«E quale sarebbe il motivo per una risalita tanto repentina e autolesionistica?» incalzò scettico l'ecologo.

«Il terremoto sottomarino avvenuto il mese precedente nei pressi dell'Isola di Zante» ribatté il professore, che si aspettava l'obiezione. Notando la perplessità e gli sguardi interrogativi degli astanti, spiegò: «I biologi marini greci che lavorano all'Istituto Pelagos ci hanno infatti spiegato che fra i capodogli spiaggiati in Puglia ce n'era di sicuro uno che seguivano da anni e che viveva appunto nella zona della Fossa ellenica, davanti all'isola di Zante. Ci siamo chiesti come mai sia finito in Adriatico, a oltre ottocento chilometri da dove era solito stanziare: i colleghi greci pensano che fosse migrato col suo gruppo proprio per sfuggire alle onde di pressione prodotte dal terremoto.

«Mi sembra piuttosto strano» obiettò Denise Massei. «Ammesso che si fossero spaventati fino a quel punto, come mai erano ancora in Adriatico a un mese di distanza?».

«Mah! L'ipotesi più plausibile è che, colti in immersione e assordati dal terremoto, siano emersi velocemente causandosi l'embolia e poi, nella fuga e disorientati, si siano andati a infilare in Adriatico, da cui non hanno più ritrovato la via d'uscita».

«Ma andiamo, professore!» esclamò la Massei rifiutandosi di credere a una spiegazione del genere. «L'Adriatico non è mica un labirinto da cui non si riesce più a uscire una volta entrati».

«Effettivamente suona strano anche a me» confermò l'ufficiale, annuendo col capo. «Il Canale d'Otranto è largo una sessantina di chilometri e sembra difficile credere che i capodogli non siano riusciti a trovare il modo di venirne fuori».

«Questo ha poca importanza, se consideriamo il danno subito per le onde di pressione prodotte dal terremoto» ribatté Basili.

«C'è anche da considerare che, oltre ai traumi causati dal terremoto, potrebbero esserci state altre cause ad averli confusi» intervenne Ricci, per dar man forte al professore. «I sonar militari utilizzati durante le esercitazioni navali in Adriatico, ad esempio; oppure i cannoni pneumatici impiegati dalle navi idrografiche che frugano i fondali in cerca dei giacimenti sottomarini di idrocarburi: tutti strumenti capaci di sfasare i sonar dei cetacei, al punto che non riescono neppure più a localizzare i calamari di cui si nutrono».

«Scusate il mio scetticismo, ma a me questa sembra piuttosto forzata come spiegazione» obiettò Portas. «Intanto, solo alcune delle carcasse avevano plastica nello stomaco; e poi, la plastica non avrebbe potuto uccidere un gruppo di animali di quella stazza. Ma anche ammettendo che sia possibile, ci vorrebbero comunque mesi e mesi di digiuno prima di morir di fame… e non mi risulta che quelli fossero animali tanto denutriti».

«E allora, secondo te, qual è la spiegazione?» lo incalzò Ricci, seccato da quel continuo atteggiamento da bastian contrario.

«La plastica nello stomaco, i sonar delle navi, il terremoto… a mio parere sono, al massimo, solo fattori concomitanti. Il danno che i cetacei hanno riportato dev'essere di carattere permanente e deve avere altre cause» affermò Portas enfaticamente. «Di sicuro non può trattarsi di qualche interferenza passeggera».

«Parli di affermazioni poco convincenti» intervenne Ricci in un sorrisino scettico, «ma non pensi che lo sia anche la tua?».

«Tutt'altro».

Rivolgendosi alla collega seduta al suo fianco, chiese: «Denise, vuoi spiegare tu perché le loro non ci convincono?».

«Volentieri, Roberto. Intanto, se le cause fossero quelle dette fin'ora, casi del genere sarebbero più frequenti» rispose la biologa, una delle migliori ricercatrici del Cem, con doppia laurea in biologia e in ecologia marina. «Invece in Adriatico non era mai accaduto niente del genere, mentre la plastica sono decenni che gira per i mari, come pure i sonar delle navi».

«Vorrei ricordarle che nei mari australiani, dove fatti del genere sono più frequenti, gli esperti concordano nell'attribuirne la causa proprio ai sonar e all'eccessiva concentrazione di navi militari» puntualizzò Basili, arroccato nelle proprie convinzioni «tanto è vero che nel 2005 la Royal Australian Navy promise di evitare operazioni navali nelle aree di permanenza dei cetacei, dopo che un rapporto del dipartimento dell'ambiente australiano aveva collegato la causa della morte di centoquarantacinque balene e delfini a Marion Bay, sulla East Coast, ai rumori sottomarini causati dai sonar».

«Vero, professore… comunque quei mammiferi si sono arenati dove le buste di plastica sono certo meno di quelle che galleggiano in Adriatico» ribatté l'ecologa. «Quindi la plastica dobbiamo intanto escluderla come causa principale. E lo stesso ragionamento ci porta a escludere anche i terremoti, altrimenti episodi del genere sarebbero più frequenti, almeno quanto i terremoti sottomarini».

«La vera causa è invece di ben altra natura» intervenne Portas, togliendole con tatto la parola. Avendo notato che l'uditorio diventava impaziente pensò che era meglio concludere; allora disse: «Penso che puoi arrivare al punto, Denise: perché quei capodogli sono finiti sul Gargano?».

La riunione era stata indetta dal direttore del Cem proprio per dare risposta a quella domanda, approfittando della presenza di Fabio Basili, uno dei maggiori esperti del settore. Da Teramo, dove insegnava Medicina Veterinaria all'Università, il professore era venuto in Puglia con un paio di collaboratori proprio per chiarire la faccenda dei capodogli spiaggiati. Nell'ambito del programma per la tutela dell'ambiente marino e la salvaguardia del Mare Adriatico, si voleva capire se si trattava di un episodio eccezionale oppure, come insistevano Portas e Massei, era da considerare un sintomo di qualcosa di peggio.

«Ci chiedevamo cosa poteva aver danneggiato il sistema di orientamento dei cetacei in modo tanto grave e permanente» continuò la biologa, tirandola per le lunghe. Quanto capì di avere tutta l'attenzione degli astanti, aggiunse: «Alla fine però abbiamo scoperto perché il loro cervello è andato in tilt».

«Vorrebbe finalmente dirlo anche a noi?» intervenne Ricci, che cominciava a spazientirsi.

«Radiazioni nucleari, direttore» rispose secca la Massei senza scomporsi.

Durante il silenzio che ne seguì, la giovane biologa fissò negli occhi uno dopo l'altro i tre uomini che aveva di fronte, per scorgerne le reazioni. Accanto a lei, Portas fece altrettanto.

«Cos'è, uno scherzo?» chiese Ricci dopo qualche attimo di sbigottimento, guardandola perplesso. Vedendo lei e il collega Portas rimanere impassibili, segno che ne erano convinti, domandò con un sorriso sarcastico: «Ma si rende conto di quello che sta dicendo, dottoressa?».

«Certo, direttore» ribatté lei, imperturbabile. «E le assicuro che c'è proprio poco da ridere».

«E sulla base di quali prove?».

«Se permetti, Denise, vorrei spiegarle io al direttore» intervenne il collega per darle man forte di fronte all'evidente scetticismo del direttore. «Prima però avrei una domanda per lei, professor Basili, se posso».

«Dica pure».

«Quando avete esaminato le carcasse, avete analizzato l'ambra grigia?».

«Ambra grigia?» intervenne perplesso il solito Rubino, evidentemente poco ferrato in materia. «Cosa c'entra col nostro discorso?».

«Quella che è stata trovata l'abbiamo distribuita agli enti di ricerca che ne avevano fatto richiesta... tutto qui» rispose titubante Basili, incuriosito dalla domanda. «Perché me lo chiede?».

«Glielo spiego, professore. Prima però mi faccia chiarire al nostro guardiamarina cos'è l'ambra grigia» rispose diplomaticamente Portas per evitare di irritare l'erudito, dando l'impressione di volergli fare scuola. Poi, rivolto a Rubino, spiegò: «Nell'intestino del capodoglio si accumula una sostanza molliccia, untuosa, di colore grigiastro e di odore sgradevole, detta appunto ambra grigia. È costituita dai residui digestivi di calamari e altri cefalopodi di cui si nutre, in particolare i becchi e le ghiandole epidermiche che il cetaceo non riesce a digerire. Vomitata dall'animale, l'ambra grigia si solidifica in blocchi simili a un formaggio molto duro che, galleggiando sull'acqua, può arrivare sulle spiagge trasportata dalle correnti. Da tempo è molto ricercata e ancor oggi viene utilizzata nella fabbricazione dei profumi, come fissatore delle essenze floreali».

«Ma cosa centra con le radiazioni nucleari e la morte dei cetacei?» insistette il guardiamarina.

«Un attimo di pazienza e vedrà che le sarà chiaro».

Quindi con un sorriso che voleva essere amichevole, chiese a Basili: «Ha per caso controllato se l'ambra grigia rinvenuta nelle carcasse dei capodogli era radioattiva?».

«Certo che no! A chi vuole che potesse venire in mente di fare un esame del genere?».

«Beh, noi abbiamo misurato il tasso di radioattività di alcuni campioni di ambra grigia».

«E allora?».

«Siamo rimasti stupiti da quanto era radioattiva!».

«Dici davvero, Roberto?» chiese Ricci, immaginando preoccupato le implicazioni derivanti da una scoperta simile.

«Non potrei essere più serio di così, direttore. Anche l'organo spermaceti risultava contaminato, anche se meno dell'ambra grigia».

«Tutto questo, secondo te, come mai?».

«Sicuramente dipenderà da quello che i cetacei hanno mangiato negli ultimi mesi» rispose Portas, stringendosi nelle spalle. «Ma sono sicuro che il professor Basili, che è un esperto di capodogli, potrà spiegare meglio di me le loro abitudini alimentari».

«Quello che sappiamo, non molto in verità, è che il capodoglio s'immerge a profondità anche abissali, dove nuota sfiorando il fondale con la bocca spalancata. In questa specie di aratura cattura qualunque cosa si trovi sopra e sotto i sedimenti» prese a spiegare Basili, cercando di non dar da vedere l'irritazione per essersi fatto surclassare. «Stritola le prede coi possenti denti inghiottendole in gran numero, soprattutto seppie, calamari e polpi, che scompaiono nel suo formidabile stomaco... anche se, come già spiegato, piccole parti di quei cefalopodi non riesce a digerirle e gli si accumulano nell'intestino andando a formare l'ambra grigia».

«E non è raro che la caccia coinvolga anche prede gigantesche» intervenne la Massei. «Negli abissi avvengono lotte formidabili, come quelle tra capodogli e calamari colossali».

«Proprio così, dottoressa» confermò Basili annuendo con enfasi. «Giganteschi cefalopodi del genere Architeuthis, lunghi venti metri e più, che si difendono dagli attacchi dei capodogli coi loro poderosi tentacoli ricoperti di ventose uncinate. Per questo non è raro vedere alcuni cetacei portare, ad anni di distanza, i segni di quei combattimenti all'ultimo sangue, sotto forma di enormi cicatrici circolari lasciate dalle ventose delle loro vittime».

«Tutto questo discorso però dove ci porta?» chiese il direttore, cercando di arrivare al dunque.

«A un'ovvia conclusione: se l'ambra grigia è radioattiva è perché i cetacei si sono nutriti di prede radioattive» concluse Portas. «In altre parole, la catena alimentare è stata contaminata a tal punto che dobbiamo aspettarci un catastrofico effetto domino».

Ricci e Basili si guardarono preoccupati. Studiavano da anni gli ecosistemi marini e capivano bene quali potevano essere le implicazioni anche per gli esseri umani. Se i cefalopodi erano radioattivi, probabilmente lo erano anche altri animali marini sotto di loro nella catena alimentare, di cui cioè erano soliti nutrirsi: crostacei e molluschi, prima di tutti... e così via fino al primo anello, il plancton marino, con ripercussioni inimmaginabili anche sui pesci e tutto il resto.

«Penso sia inutile dirvi cosa significherebbe se dovessimo davvero scoprire che la radioattività, senza che neppure ce ne siamo resi conto, ha contaminato gli ecosistemi marini fino a causare la morte dei cetacei, gli animali al vertice della piramide alimentare!» esclamò Portas. «Subito dopo toccherebbe all'uomo».

«Purtroppo l'effetto delle radiazioni nucleari sulla catena alimentare e gli ecosistemi marini è un fenomeno volutamente poco studiato» puntualizzò la dottoressa Massei, associandosi alle preoccupazioni del collega. «Tuttavia varrebbe la pena di cominciare a farlo seriamente: i segnali d'allarme che arrivano da molte parti del mondo dimostrano che l'argomento merita di essere approfondito, senza che perdiamo altro tempo».

«Secondo voi, da dove può essere improvvisamente saltata fuori tutta questa radioattività?» chiese il guardiamarina, a cui s'era improvvisamente accesa una lampadina. Senza dirlo apertamente, l'aveva immediatamente collegata alle indagini della Magistratura sulle navi che si diceva fossero affondate al meridione d'Italia cariche di scorie radioattive. Alcune Capitanerie di Porto erano state allertate, ma di prove che confermassero l'attendibilità delle denunce presentate dai vari movimenti ambientalisti ancora non se n'erano trovate.

«E chi lo sa? Se si stesse parlando degli oceani potrei anche azzardare qualche ipotesi, visto che per decenni vi sono state scaricate decine di migliaia di tonnellate di scorie nucleari» gli rispose il biologo, con un'alzata di spalle. Fatta una breve pausa a significare la sua incertezza sull'argomento, aggiunse: «Ma in Mediterraneo non saprei proprio. Non mi pare che anche sui nostri fondali ci siano dei depositi radioattivi…».

«Non è proprio così, purtroppo… il pericolo lo corriamo anche noi» ribatté Rubino, mordendosi subito la lingua.

«Cosa vuol dire?» intervenne il direttore, colpito dall'affermazione dell'ufficiale. Non gli era sfuggita l'espressione rammaricata di Rubino per aver rivelato un'informazione evidentemente riservata. «Non mi dica che anche in Mediterraneo ci sono discariche del genere!».

«Mi scusi, direttore, ma sono dati che non posso rivelare» rispose il guardiamarina. «Ci sono diverse inchieste in corso da parte della Magistratura e quello che ho detto mi è proprio scappato…».

«Non le sto chiedendo di rivelarci segreti di stato, ma solo quello che è già di dominio pubblico».

«L'unica cosa che posso aggiungere è che al largo delle nostre coste pare ci siano sui fondali diversi relitti».

«E allora?».

«Si vocifera che alcuni siano zeppi di scorie radioattive… anche se prove certe ancora non ne abbiamo».

«Davvero un bel guaio!» esclamò Portas, intervenendo a sua volta. «Se anche uno solo di quei relitti cominciasse a disperdere le scorie, forse per effetto della corrosione dei contenitori, poi le correnti e i movimenti ascensionali fra i vari strati d'acqua farebbero il resto: i radionuclidi si spargerebbero inesorabilmente, inquinando l'ambiente marino per secoli e in modo irreversibile».

«Vediamo però di non esagerare con queste visioni apocalittiche, Roberto» sbottò il direttore, intimorito al solo pensiero che un'ipotesi così catastrofica potesse verificarsi. Temeva che se la radioattività dei capodogli spiaggiati sul Gargano proveniva per davvero da uno di quei relitti, i guai non sarebbero stati solo per l'ambiente ma anche per lui mettendo a repentaglio la sua posizione alla guida del Cem, responsabilità che includeva la sorveglianza dello stato di salute del Mar Ionio. Doveva a tutti i costi venir a capo del problema, prima che altri lo facessero al suo posto; quindi esortò gli astanti: «Diamoci invece da fare per scoprire come stanno esattamente le cose…».

«Potremmo approfittare della spedizione di Papadopulos, direttore» interloquì la Massei. «Ho saputo che sta per partire da Atene con la nave idrografica Altair».

«Buona idea. Telefono subito a Papadopulos per chiedergli se può verificare che in Mediterraneo non vi siano alterazioni nei livelli di radioattività» disse annuendo. Quindi si alzò, a indicare che la riunione era terminata.

«Gli suggerisca di monitorare soprattutto il tratto di mare al largo dell'Isola di Zante, in particolare i suoi fondali, dove sappiamo che stanziava uno dei capodogli finiti sul Gargano» aggiunse la Massei mentre si alzava a sua volta, attirando all'unisono gli sguardi dei presenti.

Il fascino discreto della biologa non poteva di certo passare inosservato ai presenti, che a inizio riunione l'aveva trovata già seduta al tavolo senza quindi poterne apprezzare tutta l'avvenenza, a parte gli splendidi occhi felini e i delicati lineamenti del viso dalla carnagione ambrata. In piedi era tutt'altro discorso: moderatamente alta, la figura slanciata e sinuosa, il tailleur grigio indossato con elegante disinvoltura, l'equilibrato maquillage che enfatizzava i tratti di quel volto di per sé grazioso, aggiungevano molti punti a suo favore.

«Uno scherzo da niente» commentò Ricci non nascondendo la sua perplessità. «Già a poche decine di miglia a sud est di Zante, la Fossa Ellenica sprofonda oltre i quattromila metri».

«Ho saputo che l'Altair si fermerà a Porto Rizzato per uno scalo tecnico… perché allora non propone a Papadopulos di prendermi a bordo?» chiese la Massei spiazzando i colleghi, incluso il suo più stretto collaboratore, Portas, che cadde dalle nuvole. «Magari solo per qualche giorno… così potrei preoccuparmi io di fare quel tipo di analisi, o almeno dare una mano».

«Furba, la nostra dottoressa!» esclamò Ricci rivolto ai colleghi, indicando con un cenno della testa la biologa. «Ha trovato il sistema per farsi una crociera a spese del Cem».

«E perché no, direttore? La stagione è ancora propizia e non mi dispiacerebbe affatto unire l'utile al dilettevole… sempre che lei sia d'accordo» ribatté con un sorriso la Massei, ricambiando la battuta. Poi si fece seria e aggiunse: «Se ci pensa bene, conviene anche al Cem avermi a bordo, a garantire che la ricerca venga portata avanti in modo discreto. Immagini cosa succederebbe se la contaminazione radioattiva al largo delle coste italiane fosse confermata e la notizia trapelasse, arrivando ai mass media».

«Un bel putiferio davvero!».

17

Un infiltrato a bordo dell'Altair

Appena uscita dal bacino di carenaggio dove l'avevano praticamente rimessa a nuovo, la mattina di giovedì l'Altair era attraccata al molo sedici del porto di Atene, mentre a bordo fervevano i preparativi per la partenza prevista in serata.

La nave idrografica faceva parte della piccola ma efficiente flotta del Cunep, il Comitato di Ricerca Ambientale Europea delle Nazioni Unite con sede ad Atene, dove il professor Costantino Papadopulos era direttore. Progettata per soddisfare necessità particolari, l'Altair era specialmente attrezzata per la ricerca scientifica e il monitoraggio ambientale, attività mirate a tener sotto osservazione lo stato di salute del Mediterraneo, ed era un vero e proprio condensato di tecnologia e ingegneria navale.

La vibro carotatrice di profondità di cui era dotata, per esempio, poteva effettuare prelievi di sedimenti marini a oltre duemila metri di profondità: un'attività che richiede particolari accorgimenti tecnici, dato che effettuare operazioni di carotaggio dal ponte di una nave che oscilla, scarroccia e beccheggia, non è una delle operazioni più semplici. A tal fine la nave possedeva un raffinato sistema di stabilizzazione, mediante alettoni mobili antirollio collocati nell'opera viva; inoltre, per ridurre il beccheggio, i serbatoi dell'acqua di zavorra e del gasolio erano allineati longitudinalmente e rispettivamente comunicanti, in modo che il loro peso rimanesse sempre equamente distribuito tra prua e poppa.

In confronto con navi d'altro tipo l'Altair era anche molto più manovrabile, grazie ai suoi grandi timoni e a un'elica aggiuntiva prodiera orientata perpendicolarmente alla direzione di marcia, così da permetterle rapidi spostamenti laterali di prua. Le eliche a poppa erano anche intubate per evitare che vi si aggrovigliassero i lunghi cavi quando trainavano sensori e altri strumenti, come il sonar a scansione laterale usato per tracciare i rilievi dei fondali e la forma degli oggetti sommersi.

Fra le numerose attrezzature per i prelievi in mare spiccava inoltre un sofisticato campionatore multiplo, un insieme di contenitori cilindrici aperti a entrambe le estremità capaci di raccogliere acqua a diverse profondità, essendone la singola chiusura telecomandata alla quota prescelta direttamente dalla sala operativa della nave.

Tutto pareva procedere senza intoppi, quando in sala macchina si resero conto che mancava all'appello il capo motorista. Da quando infatti il sottufficiale era andato in ferie un paio di settimane prima, approfittando del fatto che la nave era in bacino, non l'avevano più visto: sarebbe dovuto rientrare da un pezzo, invece inspiegabilmente e senza avvisare non l'aveva fatto.

«Non possiamo far senza di lui e partire lo stesso?» aveva protestato Papadopulos, contrariato per l'imprevisto e l'irremovibile presa di posizione del comandante, che si rifiutava di salpare.

«Suvvia professore, non insista. Non possiamo mica prendere il mare senza il capo motorista» aveva ribattuto Alexios Nastasi. «Anche volendo, la Capitaneria non ce lo permetterebbe».

«Allora cosa bisogna fare?».

«Dobbiamo trovare un rimpiazzo».

«E quanto ci vorrà?».

«All'ufficio circondariale marittimo mi hanno assicurato che faranno una chiamata all'imbarco con procedura d'urgenza» aveva risposto il capitano, spazientito. «Se tutto va bene, potremo partire domani sera».

Nastasi e Papadopulos non potevano ovviamente conoscere gli antefatti di questo spiacevole intoppo, né tanto meno dove li avrebbe portati di lì a poco.

Per risalire infatti all'origine del problema bisognava tornare al giorno prima, quando Martin Leggio aveva intercettato l'e-mail di Fiorani a Papadopulos.

Superata la rabbia nei confronti del ficcanaso che stava mettendo a repentaglio l'intera organizzazione, aveva riflettuto a lungo sul da farsi convincendosi che il problema andava risolto una volta per tutte, prima che gli sfuggisse di mano: Fiorani andava tolto di mezzo immediatamente, per impedirgli di divulgare il contenuto degli archivi dell'Ilvatom. Inoltre un suo uomo si sarebbe dovuto infiltrare a bordo dell'Altair per spiarne le attività, così da informarlo nel caso Papadopulos avesse deciso di andare a caccia dei relitti anche senza Fiorani.

Dalla sua villa a Punta Sparviero Leggio aveva quindi ricontattato Linke col telefono satellitare e gli aveva chiesto di procurargli alla svelta più informazioni possibili intorno all'Altair e al suo equipaggio. Da hacker esperto, Linke era riuscito a penetrare nella banca dati dell'Ufficio Circondariale Marittimo, e da lì a quella del Porto di Armamento, e aveva copiato sia i dati anagrafici di tutto il personale imbarcato che le planimetrie della nave, con i relativi dati tecnici e strutturali. Quindi li aveva crittografati e trasmessi a Leggio tramite il sito di remailer.

Appena ricevute le informazioni, con lo stesso sistema Leggio ne aveva girato una copia via e-mail al capitano Ralph Danby, il comandante della motonave Brick IV, una delle sue vecchie carrette del mare, attualmente bloccata per un'avaria ai motori nel porto di Atene; l'ordine perentorio era di trovare un sistema per infiltrare qualcuno dei loro fra l'equipaggio dell'Altair, prima che salpasse l'indomani.

«Maledizione! Anche con tutta la buona volontà mi chiede una cosa impossibile!» esclamò Danby sbigottito, dopo aver decrittato il messaggio. Rilesse a voce alta l'ordine al collega, il direttore di macchina Jordan Borgnine che ascoltava stupito, e aggiunse: «Cosa pensa quello, che in un giorno si possa organizzare una cosa del genere?».

«Stai attento, Ralph… lo sai com'è fatto Leggio» lo avvertì preoccupato l'amico, guardandolo con aria apprensiva. «Sai bene che per lui la parola "impossibile" non esiste».

«Ma come faccio a infiltrare uno dei nostri su quella nave, per di più con così poco preavviso?».

«L'unico modo sarebbe di sostituirlo a un membro dell'equipaggio».

«Grazie tante, e come si fa?».

«Basta farne sparire uno dei loro».

Il comandante ricambiò l'occhiata furbesca del collega, avendo afferrato il senso del suggerimento.

«Hum, potrebbe anche funzionare...» borbottò Danby dopo averci rimuginato sopra. Un'ulteriore pausa, quindi aggiunse: «Ma bisogna agire oggi stesso».

«Certo. Io ti suggerisco di mandare un paio dei nostri a curiosare nei paraggi della nave. Con la scusa di chiedere se hanno bisogno di personale, potrebbero scoprire se qualcuno dell'equipaggio è ancora assente».

«Hai ragione, Jordan. Vedo infatti dalla documentazione che la nave è appena uscita dal bacino di carenaggio, quindi è probabile che diversi siano andati in ferie».

«E se qualcuno deve ancora rientrare, visto che la partenza è fissata per domani» concluse l'amico, stringendosi nelle spalle, «si può fare ancora in tempo a intercettarlo e convincerlo a cambiare programma».

La strategia era abbozzata, ma per concretizzarla doveva trovare gli elementi adatti: per sua fortuna, a bordo gli avanzi di galera non mancavano. Così, mentre il collega tornava in sala macchine a seguire l'andamento dei lavori, il capitano Danby convocò in cabina due dell'equipaggio, Pablo Sanchez e Jack Foster, che già in passato aveva impiegato per lavoretti del genere.

Sanchez era un marinaio grande e grosso, il tipico uomo rude con molta forza, poco cervello e ancor meno scrupoli; Foster era l'elettricista di bordo, ma era anche un esperto elettrotecnico con una passione viscerale per ogni tipo di marchingegno elettronico. Il braccio e la mente: un'accoppiata già sperimentata e vincente.

Dopo aver premesso le raccomandazioni di rito, ovvero che l'incarico era da tenere nel più stretto riserbo e che se fossero stati scoperti non potevano contare su nessun tipo di aiuto da parte di chicchessia, Danby illustrò il piano di massima.

«Avete capito bene cosa dovete fare?» chiese il comandante alla fine della spiegazione, consegnando a Foster un foglietto con alcuni nomi dell'equipaggio dell'Altair.

«Certo comandante, si fidi di noi» rispose con un sogghigno Foster dando un'occhiata all'elenco. «In poche parole, dobbiamo scoprire se uno di questi deve ancora rientrare... e fare in modo che non lo faccia».

«Esatto, Jack... e ricorda che ci interessa solo qualcuno del personale di macchina».

Arrivati a fine pomeriggio al porto di Atene con un'auto a noleggio, ai due non ci volle molto per trovare dove era ormeggiata l'Altair e poi attaccar discorso con un ingrassatore. Lo avevano trovato al bar della Darsena, dopo che aveva cenato a bordo: offrendogli un paio di drink erano riusciti a renderlo piuttosto loquace, senza che si insospettisse per le loro molte domande.

«Se fra il personale di coperta manca qualcuno non saprei dirvelo» rispose quello ad un certo punto della conversazione. «Ma giù da noi, in sala macchina, Theodoros Karatzaferis, il sottufficiale motorista, non si è ancora fatto vedere».

«Come mai?» chiese Foster con fare innocente, ricordando che sulla lista del comandante Danby era uno dei primi nomi indicati. «Non dovete partire stanotte?».

«No, la partenza è per domani sera» ribatté quello, scuotendo la testa. Strizzando poi l'occhio a Sanchez, aggiunse: «Theo s'è sposato da poco e la maggior parte del tempo l'ha passata in mare... non credo proprio che stanotte rientrerà a bordo».

«Che vuoi dire, che non torna più?».

«Dico solo che, dato che abita da queste parti, ne approfitterà per dormire un'altra notte nel suo letto e tornare direttamente domani, accompagnato in auto dalla sua mogliettina».

«Come fai a saperlo?».

«Non è mica la prima volta che succede» rispose con un'alzata di spalle. Sogghignando, poi aggiunse: «Altrimenti, secondo te, come farei a sapere che Theo ha proprio una bella mogliettina?».

«E dici che verrà in auto?» chiese Foster con noncuranza, a cui era improvvisamente balenata un'idea.

«Certo, con la sua Lexis rossa fiammante» rispose quello. «Theo se ne vanta continuamente, dicendo che è la miglior automobile che abbia mai avuto».

Era quanto voleva sapere.

La mattina seguente di buon'ora un robusto fuori strada posteggiò sulla piazzetta antistante la palazzina dove il sottufficiale Karatzaferis abitava con la moglie, nell'entroterra di Atene. Foster l'aveva noleggiato sotto falso nome il pomeriggio precedente, per attuare il piano del comandante Danby.

Approfittando del fatto che il sottufficiale abitava in collina e per arrivare al porto avrebbe dovuto percorrere diversi chilometri di stretti tornanti in discesa, l'idea era di aspettare che si mettesse alla guida e poi fare in modo che durante il tragitto gli capitasse un incidente. Al riguardo c'erano due possibilità: potevano tamponarlo, spingendolo giù da una scarpata, oppure provare l'aggeggio elettronico che Foster aveva acquistato su Internet, ma che non aveva ancora avuto occasione di sperimentare.

«Credo che sia lui» disse Sanchez irrigidendosi e puntando l'indice verso una figura al lato opposto della piazza.

Foster si sollevò dal sedile dov'era scivolato nel dormiveglia dell'attesa e col binocolo da marina scrutò l'uomo sulla trentina che stava caricando sulla Lexis un paio di enormi valigie. Dopo alcuni minuti vide uscire dalla palazzina anche una giovane donna, una brunetta slanciata e più alta del marito, che salì subito in auto e prese posto accanto al guidatore.

«Sono loro, Pablo» confermò Foster. «Metti in moto e seguili, ma cerca di non dare nell'occhio».

Per i primi chilometri si tennero a distanza, dato che la strada era pianeggiante e con poche curve.

Quando iniziò la discesa e le curve divennero veri e propri tornanti, Foster accese il suo marchingegno elettronico, un apparecchio simile ad una piccola ricetrasmittente, e ricontrollò le impostazioni sul display.

Dopo aver verificato che la frequenza impostata fosse quella giusta, confrontandola con quella annotata su un'agendina tirata fuori dal taschino, disse al compare: «Pablo, ora avvicinati più che puoi. Dobbiamo rientrare nella portata operativa di questo aggeggio».

«Che roba è quell'affare?» chiese l'autista incuriosito, mentre accelerava per avvicinarsi alla Lexis.

«Il nome non lo so neppure io… in sostanza è un generatore di impulsi elettromagnetici».

«E a cosa serve?».

«L'ho regolato sulla frequenza di interferenza del dispositivo di accelerazione della Lexis» rispose l'altro.

«E perché mai?».

«Devi sapere che l'elettronica comanda ormai tutte le principali funzioni delle moderne automobili, inclusa l'accelerazione» spiegò Foster. «Questo aggeggio è un emettitore di impulsi ad alta frequenza e, da come l'ho regolata, dovrebbe riuscire a mandare in tilt la centralina della Lexis là davanti».

«Accidenti!» esclamò l'altro, ogni volta stupito dalle trovate sempre originali del compare.

«Il principio è abbastanza semplice, Pablo» continuò. «Quando su un'auto di nuova generazione si accelera, come ad esempio stai facendo tu mentre premi il piede sull'acceleratore, la pressione sul pedale viene convertita in un segnale elettrico e inviato alla centralina elettronica che, in base all'intensità del segnale, comanda l'apertura della valvola a farfalla e la conseguente accelerazione».

«E allora?».

«Questo marchingegno, che ho regolato su quel particolare modello di auto, dovrebbe generare un'interferenza elettromagnetica tale da far aprire al massimo la sua valvola a farfalla, che poi si bloccherà quando la centralina alla fine andrà in tilt».

«Così l'auto accelera sempre di più…» continuò Sanchez con un ghigno malefico dipinto sul volto, avendo finalmente capito le intenzioni del compare.

«E il pedale si blocca, finché l'auto va a schiantarsi da qualche parte!» concluse Foster con l'espressione di perversa soddisfazione. «Adesso però vedi di avvicinarti ancora».

Favorita dalla ripida discesa la velocità dei due veicoli era piuttosto sostenuta e le gomme stridevano, mentre una dopo l'altra affrontavano le curve sempre più strette. Il fuoristrada faceva fatica a guadagnar terreno, ma Sanchez era un buon pilota e al rettilineo successivo riuscì ad avvicinarsi quanto bastava.

«Ora ci provo» annunciò Foster poggiando lo strumento sul cruscotto e orientandolo in direzione della Lexis. Col mirino traguardò l'auto, ormai a pochi metri davanti a loro, e azionò il trasmettitore di impulsi.

Lungo la discesa, una sfilza di segnali stradali avvertivano dei nuovi limiti di velocità e dell'imminente serie di tornanti. Tuttavia la Lexis, invece di ridurre l'accelerazione come avrebbe dovuto fare in vista della prossima curva a gomito, la stava visibilmente aumentando, distanziando sempre più il fuoristrada.

«Funziona!» esultò maligno Foster, notando davanti a loro l'auto con gli stop accesi, che sbandava pericolosamente e acquistava velocità.

Dal fuoristrada videro la Lexis che in uno stridio di gomme cercava di superare il primo tornante, senza però riuscirvi. Dopo aver strusciato con la fiancata sul basso guardrail di protezione, l'auto perse il controllo e si capottò rotolando per una decina di metri lungo il pendio, fino a fermarsi quasi per miracolo sul ciglio di una scarpata.

«Eccoti sistemato!» esclamò Foster riponendo il trasmettitore nella borsa di cuoio, mentre passavano oltre. Accennando col capo al fondo del burrone, aggiunse: «Buon per te che non sei finito di sotto… comunque a noi basta che tu stia per un po' in ospedale».

«Magari quel Theo ci ringrazierebbe, se sapesse di noi» sogghignò l'altro in un sorrisino idiota. «Così potrà restarsene con la sua bella mogliettina… alla faccia dei compagni invidiosi».

«Purché siano ancora tutti d'un pezzo, quando li tireranno fuori» ribatté Foster, impassibile. «Comunque andiamo a rassicurare il comandante che tutto è filato liscio».

La prima parte del piano aveva funzionato: erano riusciti a creare un posto vacante sull'Altair. Ora però bisognava sbrigarsi e far sì che il sottufficiale motorista Andrea Papacostinou, attualmente imbarcato sulla Brick IV, potesse prendere il suo posto.

Il comandante Danby aveva già mandato in Capitaneria un fax di avvenuto sbarco dalla sua nave del sottufficiale in questione, e quello si era subito iscritto nelle liste di attesa presso l'Ufficio collocamento Gente di Mare. La procedura richiedeva che, per movimentazioni fra equipaggi di armatori diversi, si dovesse passare attraverso l'Ufficio collocamento del porto interessato, in questo caso quello di Atene; inoltre l'iscrizione doveva essere presentata almeno un giorno prima della chiamata e dell'eventuale ingaggio.

Anche se per un pelo, si riuscì a sistemare ogni cosa grazie alla collaborazione della Capitaneria di Porto che aveva accelerato l'iter burocratico, pressata dal comandante dell'Altair e da Papadopulos che avevano insistito per salpare al più presto.

Così quel venerdì pomeriggio il nuovo sottufficiale di macchina Andrea Papacostinou salì a bordo, con una valigia in una mano e un portatile nell'altra e finalmente, poco dopo il tramonto, la nave riuscì a prendere il mare diretta a Porto Rizzato.

18

Salvo per un pelo

Prima di partire Enrico Fiorani doveva sistemare diverse faccende di lavoro. Così il venerdì uscì di prima mattina e rimase fuori l'intera giornata, visitando uno dopo l'altro i clienti in zona per avvertirli che si sarebbe assentato per una quindicina di giorni. Per tranquillizzarli lasciò a tutti il recapito del suo sostituto, Tony Russo, lo stesso che si era impegnato a risolvergli il problema del virus spione. In questo periodo non aveva molto lavoro, e per di più doveva pagare il mutuo della nuova casa, così che quando Enrico gli aveva proposto di sostituirlo durante l'assenza, a fronte della promessa di girargli parte dei proventi dei contratti di assistenza, era stato ben felice di accettare.

Quello stesso pomeriggio il telefono a casa Fiorani cominciò a suonare, e ovviamente nessuno rispose. Al quinto squillo si inserì la segreteria telefonica, ma dall'altro capo del filo silenzio assoluto. Dopo alcuni minuti si ripeté lo stesso copione.

«Okay Ciro, non è in casa» disse l'autista rivolto al compare seduto al suo fianco. «Possiamo entrare».

Il furgone bianco, ammaccato da un lato e tutto sporco, dalla piazzola dov'era posteggiato all'inizio della via alberata avanzò lentamente, fino a fermarsi davanti all'abitazione di Fiorani. Era la villetta a schiera dove Enrico si era trasferito da pochi mesi, subito dopo la morte della moglie.

L'abitazione era a due piani, ultima della fila e quindi libera su tre lati, con ingresso indipendente e un piccolo giardino all'intorno. Sul retro, una tettoia a pergolato correva lungo tutta la costruzione, creando una zona veranda fruibile soprattutto nella bella stagione; oltre la recinzione, qua e là inframmezzati da cespugli di ginestre e sparuti grovigli di rovi, s'intravedevano i prati incolti che salivano in collina.

I due finti operai scesero dal furgone malconcio, che recava una scritta a caratteri cubitali blu e rossi su entrambe le fiancate:

Edilcornia – lavori edili. Uno di loro, con la tuta macchiata di pittura, aprì il portellone laterale e prese un paiolo con dentro alcuni attrezzi; l'altro, attraversato il giardinetto d'ingresso, armeggiò alcuni istanti con la serratura finché riuscì ad aprire il portoncino blindato. I due entrarono alla svelta e richiusero immediatamente la porta, bloccandola col catenaccio.

All'interno, attraverso un arco con doppia porta a vetrata, dal saloncino d'ingresso si accedeva alla zona pranzo, e da qui in veranda. Sul lato sinistro si trovavano lo studio di Fiorani, i vari servizi e, in fondo, l'ampia cucina comunicante con la zona pranzo e dotata di finestra affacciata sulla veranda. Al primo piano c'era invece la zona notte e, ancor sopra, un sottotetto calpestabile a cui si accedeva attraverso una scala a chiocciola.

«Ciro, tu vai a frugare di sopra, mentre io darò un'occhiata qui sotto» suggerì il primo al compare appena furono nell'appartamento. «Mi raccomando, controlla anche il sottotetto: questa volta vediamo di non farceli scappare quegli archivi della malora, se non vogliamo che il capo ci spelli vivi».

«Tranquillo, Franco. A costo di demolirgli i muri, vedrai che quelle registrazioni oggi le facciamo saltar fuori».

«Attento anche a non far troppo baccano... non vorrei che i vicini si allarmassero e chiamassero qualcuno».

Nel giro di un paio d'ore l'abitazione era stata messa a soqquadro dai due intrusi, che senza tanti scrupoli avevano rovistato dappertutto in cerca di ogni possibile nascondiglio.

«Io ho trovato solo questa copia» disse Franco al compare quando si rincontrarono, mostrandogli il cd con un'espressione delusa. «Quel dannato Fiorani ha smontato il computer e ha fatto sparire anche il disco rigido».

«Accidenti a lui» commentò l'altro.

Facendo cenno verso la piccola cassaforte ancora ben chiusa, smurata dal sottotetto, aggiunse: «Proprio ora che ho trovato la cassaforte... speriamo almeno che gli originali siano qui dentro, altrimenti al capo chi glielo dice?».

«Per aprirla dobbiamo comunque portarcela via... sbrighiamoci a passare alla seconda parte del piano».

«D'accordo».

«Ciro, fatti un giro e controlla che siano chiuse tutte le finestre, sia di sopra che qui sotto. Io intanto sistemo l'interruttore e vedo dove passa la conduttura del metano».

Poi l'uomo andò in cucina e accese le luci; quindi andò all'ingresso, trovò il quadro elettrico all'interno dell'armadio a muro adibito a guardaroba, e fece scattare il salvavita, togliendo così la corrente nell'abitazione; infine richiuse tutto per benino e tornò in cucina.

Qui smontò la placca di protezione dell'interruttore della luce e all'interno sfilò uno dei cavetti di rame dal relativo morsetto, in modo che sfiorasse l'altra fase e scintillasse per il cortocircuito che si sarebbe prodotto, non appena fosse ritornata la corrente. Infine, rimise la placca di copertura al suo posto.

Nel frattempo il compare era tornato.

«Tutto ermeticamente chiuso, Franco, puoi procedere» disse, indicando con un cenno del capo l'anta scorrevole aperta sotto il lavello.

«Bene... passami il mazzuolo».

Detto questo si accucciò e con quello colpì il flessibile di acciaio che partiva dalla valvola di intercettazione del metano e, passando sotto il lavello, arrivava alla cucina a gas poco distante. Il tubo cedette sotto il colpo secco, ma avendo preventivamente chiuso la valvola non accadde altro.

«Hai preso tutto, Ciro? Dobbiamo fare attenzione a non lasciare tracce».

Il compare diede una veloce occhiata al paiolo poggiato sul pavimento lì vicino, per sincerarsi di avervi riposto tutti gli attrezzi. Quindi gli fece segno col pollice destro alzato, a indicare che era tutto a posto.

L'altro allora girò la manopola sotto il lavello e aprì la valvola di chiusura generale del gas, che con un sibilo cominciò a uscire dal flessibile rotto.

«Okay, Ciro» disse rizzandosi di colpo per sottrarsi alla nuvola nauseabonda. «Prendiamo tutto e tagliamo la corda».

Per evitare che l'odore del gas si potesse percepire dall'ingresso non si limitarono a chiudere le porte della cucina, ma le sigillarono lungo lo stipite utilizzando un rotolo di carta adesiva da tappezzieri. Quindi uscirono dall'abitazione e richiusero il portoncino.

Con la massima naturalezza Franco armeggiò col passepartout, finché riuscì a richiudere la serratura, mentre il compare si guardava intorno con aria innocente per assicurarsi che nessuno li stesse osservando.

«Sicuro che funzionerà?».

«Vedrai! Quando stasera Fiorani rientrerà, trovandosi al buio già dall'ingresso per prima cosa andrà a controllare il quadro elettrico, e logicamente rialzerà l'interruttore salvavita».

«Ma appena lo farà e la corrente arriverà nella cucina satura di gas...» continuò l'altro in un sogghigno malefico, «beh, a quel punto non vorrei essere al suo posto».

«Ora però vediamo di squagliarcela alla svelta».

I due riposero attrezzi e cassaforte nel vano di carico del furgone, misero in moto e si allontanarono. Ma non si accorsero che un paio di teste canute, al primo piano dell'abitazione attigua, li stavano osservando da dietro le tendine, felici che i rumorosi rompiscatole si fossero finalmente decisi a togliere il disturbo.

Era ormai l'imbrunire quando Fiorani posteggiò l'auto di fronte a casa, stanco dopo la giornata, ma anche soddisfatto perché le cose si erano comunque sistemate: nessuno dei clienti l'aveva minacciato di rescindere il contratto di assistenza.

Mentre prendeva dal bagagliaio la busta della spesa, il vicino di casa stava scendendo dai prati dove aveva portato a spasso il cane. Era un ottantenne arzillo e sorridente, piuttosto loquace, che non perdeva occasione per scambiare quattro parole con lui ogni volta che s'incontravano. Evidentemente non aveva molte occasioni di conversazione con la moglie, tutta l'opposto di lui, sempre arcigna e musona.

«Oggi pomeriggio i suoi operai hanno fatto un bel po' di chiasso» disse in tono amichevole appena gli fu a pochi metri, mentre tratteneva a fatica il cane, un bracco bianco macchiettato di nero che annusava le gomme dell'auto minacciando un'incursione urinaria. «Mia moglie stava per venire a dirgliene quattro...».

«I miei operai?» ripeté stupito Enrico, che non riusciva a capire di cosa stesse parlando.

«Proprio così» ribatté il vecchio, mentre strattonava il cane per allontanarlo dal suo oggetto del desiderio. «Soprattutto quando hanno lavorato nel sottotetto: sembrava volessero demolire il muro che confina col nostro appartamento».

Enrico sbiancò tutto d'un colpo, anche se l'altro non se ne accorse dato che era quasi buio: nel sottotetto teneva nascosta la cassaforte, incassata nello spesso muro perimetrale e con dentro gli archivi originali dell'Ilvatom. Rammentando la precedente visita degli emissari di Pluto che alcuni mesi prima gli avevano smontato casa, spaventandolo tanto da indurlo a cambiare abitazione, ripiombò nel timore che fossero tornati a completare il lavoro. Oppure si trattava di semplici ladruncoli?

«Per fortuna che poi hanno smesso e sono andati via con quel loro furgone sgangherato» continuò il vecchio, mentre si allontanava tirandosi dietro il cane, giusto in tempo per evitare che annaffiasse la ruota.

«Quand'è che se ne sono andati?».

«Mah, saranno almeno due ore».

Enrico non sapeva come comportarsi. Da una parte voleva correr dentro a vedere cos'avevano combinato, dall'altra, aveva paura a entrare, temendo che gli avessero teso qualche trappola. Era meglio essere prudenti e dare prima un'occhiata dal di fuori.

Già non si spiegava come mai la lampada sopra il portoncino fosse ancora spenta: l'accensione era automatica essendo a luce crepuscolare, e fino alla sera prima aveva funzionato.

Prese quindi la torcia elettrica che teneva in auto e con quella cominciò a ispezionare l'esterno della casa.

Al piano terra le tapparelle erano tutte abbassate e quindi non riusciva a vedere dentro. Girò lungo il giardino e arrivò sul retro, sotto la veranda, ma anche lì era tutto chiuso. Al primo piano le finestre avevano alcuni avvolgibili a mezza altezza, ma con i vetri chiusi, come li aveva lasciati quella mattina; unica stranezza era la finestra a vasistas del bagno, ora completamente chiusa, mentre lui era sicuro di averla lasciata semiaperta come al solito.

Mentre ragionava sul da farsi, ad allarmarlo fu un caratteristico odore di gas che a tratti percepiva.

Annusando l'aria come un segugio che fiuti l'usta del selvatico, cercò di capirne la provenienza, finché non ebbe più dubbi: l'odore proveniva dalla bocchetta di aerazione incassata nel muro esterno sopra la finestra di cucina. Era da collegare con le altre stranezze, prima fra tutte la misteriosa attività dei due presunti operai?

Per scoprirlo doveva entrare in casa, ma non aveva intenzione di fare il loro gioco, casomai gli avessero teso una trappola: passare dalla porta principale non gli pareva una buona idea, anche perché la lampada spenta all'ingresso non lo convinceva. Così decise di sacrificare una finestra del piano terra.

Andò quindi alla sua auto e dal bagagliaio prese il cricco. Tornato sul retro, nel mobiletto degli attrezzi che teneva sotto la veranda trovò un lungo scalpello di ferro e da una parte alcuni mattoni: li prese e li sistemò sul davanzale esterno della cucina.

Facendo leva con lo scalpello, riuscì ad alzare la tapparella quel tanto da agganciarla all'asta di sollevamento del cricco; quindi, azionando l'ingranaggio con la manovella, alzò l'avvolgibile fino ad una quarantina di centimetri, quel tanto da potervi passare sotto. Collocò sotto la tapparella i mattoni, impilati uno sull'altro ai due lati del davanzale, e tolse il cricco. Con la torcia fece luce all'interno attraverso i vetri chiusi, ma tutto gli sembrava in ordine, dato che il lavello a ridosso della finestra nascondeva alla vista il flessibile rotto. A questo punto afferrò il martello e, tenendosi di lato per proteggersi dai frammenti, colpì il vetro mandandolo in frantumi.

Mentre i pezzi cadevano rumorosamente, una vampata d'aria impregnata dell'acre odore di gas straripò dalla finestra rotta. Respirandola per qualche attimo Enrico fu colto da conati di vomito: dovette trattenere il respiro e correr via, oltre lo spigolo della casa, per sottrarsi alla nuvola nauseabonda.

Dopo i primi istanti di smarrimento, e poi di terrore al pensiero di quello che sarebbe potuto accadere se in quel frangente si fosse prodotta una scintilla e innescata un'esplosione, si precipitò a chiudere il rubinetto esterno di intercettazione del gas, da dove cioè partiva la tubazione che portava il metano nell'abitazione.

Per fortuna c'era una leggera brezza di monte che ventilava la campagna e favoriva la dispersione del gas, così Enrico si allontanò ancora un poco sopravvento e attese che il gas finisse di defluire dalla finestra rotta.

Seduto sui resti di un muretto diroccato a rimuginare sull'accaduto e a tentare di darsene una spiegazione, tutto d'un tratto intuì chi poteva esserci dietro all'intera faccenda. Al solo pensiero di essere ancora fra le grinfie del suo vecchio nemico un brivido gli percorse la schiena e per un attimo si sentì mancare il cuore. Ma questa volta era determinato a non permettere che la paura gli annebbiasse la mente e lo paralizzasse: allora prese il cellulare e compose il numero privato del commissario Caputo.

Nel giro di una decina di minuti arrivò una volante della Polizia, seguita dai Vigili del Fuoco a sirene spiegate.

Alcuni uomini muniti di autorespiratori entrarono in casa e spalancarono porte e finestre per disperdere il gas residuo. Una volta capito qual era il problema e sistemate le cose in modo che non ci fosse più pericolo, poté entrare anche Enrico che rimase scioccato alla vista di quel terremoto dentro casa, soprattutto perché gli ricordò l'episodio simile capitato mesi addietro che confermò la fondatezza dei suoi timori.

Quando a mezzanotte se ne furono andati via tutti, crollò sotto il peso dello stress e della stanchezza e dormì come un sasso fino al mattino seguente.

19

Ordita la trama

«Maledizione! Quel Fiorani deve avere nove vite come i gatti!» sbottò Leggio, quando il sabato di prima mattina fu chiamato sul satellitare e informato dal suo collaboratore che l'attentato era fallito. Udendolo alterarsi in tale maniera, Franco capì di aver segnato un pericoloso autogol e che non sarebbe stato facile farselo perdonare.

«Però abbiamo recuperato gli archivi originali» aggiunse l'altro, quasi a giustificarsi.

«Che importanza vuoi che abbia? Chissà quante copie ce ne sono già in circolazione. Quello ormai si sarà messo in allarme e starà più attento... ma, ancor peggio, potrà partecipare a quella dannata spedizione».

«E se mandassi qualcuno a finire il lavoro?».

«Lascia perdere Franco, e vedi di non combinare altri guai» tagliò corto Leggio, scuotendo la testa in segno di disapprovazione. «Con tutta la Polizia che ci sarà in giro, non mi pare proprio il caso».

Questo della sorveglianza Leggio se l'era solo immaginato, ma non aveva sbagliato di molto. Effettivamente il commissario Caputo, dopo aver dato una bella strigliata agli agenti che la notte prima, invece di restare a vigilare, se ne erano andati via, col rischio che qualcuno tornasse a fare la festa al povero Fiorani, aveva personalmente disposto che una volante rimanesse costantemente di guardia davanti al villino.

«Ora comunque devi rimediare» aggiunse Leggio in tono grave, dopo aver fatto una lunga pausa per mettere a fuoco l'idea che gli era appena balenata in mente. «Tutto sommato, forse è un bene che sia andata così».

«Che intendi dire?».

«Che anche se tu avessi eliminato Fiorani, quel Papadopulos avrebbe sicuramente portato avanti le ricerche da solo, oltre a insospettirsi per la concomitanza degli eventi» spiegò Leggio, che aveva ormai chiara in mente la strategia alternativa. «E poi ora c'è di mezzo anche un investigatore privato, che non ho ancora capito bene cosa c'entri nella faccenda».

«E allora?».

«In questo modo ce li troveremo tutti insieme sull'Altair, dove si è già infiltrato un nostro uomo e potremo fare in modo che quello sia il loro ultimo viaggio».

«Cos'hai in mente di fare?».

«Per prima cosa bisogna scoprire cosa sanno sulle nostre navi» continuò Leggio, la cui voce giungeva disturbata e a tratti gracchiante per le interferenze elettromagnetiche. «Quando poi la nave sarà in alto mare, non ti mancherà certo l'occasione per mandarla a picco e togliermi dai piedi quei seccatori».

Franco rimase in silenzio a rimuginare su quest'ultima frase che, più che un suggerimento, suonava come un ordine; e gli ordini del capo, per principio, non si dovevano discutere. Non era certo la prima volta che gli veniva ordinato di sbarazzarsi di qualche nave con tutto il suo scomodo carico, ma si era trattato di affondare delle vecchie carrette senza equipaggio. Adesso invece era una faccenda ben diversa: c'erano di mezzo una trentina di persone, fra membri d'equipaggio e ricercatori del Cunep; inoltre la spedizione era un avvenimento di rilevanza internazionale e un incidente di tale portata avrebbe di sicuro sollevato scalpore.

La pausa si protrasse così a lungo che a Leggio venne il dubbio fosse caduta la comunicazione.

«Sei ancora lì, Franco?».

«Certo che sono qui, capo. Stavo solo immaginando cosa accadrà appena lo verranno a sapere i mass media e daranno fiato alle trombe: hai pensato al polverone che si solleverà… e ai rischi connessi?».

«Sempre meno che se rinvenissero le mie navi in fondo al mare con le stive zeppe di scorie radioattive, Franco. Comunque, per evitare che ci possano collegare al naufragio, si dovrà fare in modo che prima del sinistro si perdano le tracce dell'Altair, in modo che nessuno sappia dove andare a ripescarla. Non si deve poter risalire né al luogo né alla causa del naufragio, né tanto meno devono restare testimoni per raccontarlo».

Il progetto era, a dir poco, rischioso. Era chiaro che l'incidente che Leggio aveva in mente non era una semplice avaria per bloccare la spedizione, ma un naufragio con zero sopravvissuti. Tuttavia Franco si guardò bene dal sollevare obiezioni: dopo il recente smacco con Fiorani, doveva a tutti i costi riacquistarne la fiducia, una fiducia che gli fruttava un bel mucchio di soldi ad ogni operazione portata a buon fine.

«Vedo di occuparmene subito. Riguardo all'uomo che hai infiltrato sulla nave... sai se conosce i sistemi di trasmissione di bordo, sia convenzionali che di localizzazione Gps, e se sa anche come disattivarli?».

«Certamente. Quel Papacostinou è un tipo in gamba e saprà sbrogliarsela... anche se ancora non sa di questo cambiamento di programma: finora doveva limitarsi a tenerci informati».

«Allora dovrai convincerlo a spingersi ben oltre il suo compito di informatore».

«A questo ci penso io, Franco. Ogni cosa ha il suo prezzo e con una ricompensa adeguata non credo che farà troppe storie» tagliò corto il comandante. Fatta una pausa, aggiunse: «Tu invece ti devi preoccupare che abbia quanto gli occorre per attuare il piano».

«D'accordo. Ma per il necessario supporto logistico in zona, in particolare per recuperarlo in mare dopo che la nave sarà colata a picco, a chi dici di chiedere?».

«Per queste cose puoi appoggiarti ai Lo Cascio».

«Quelli di Reggio?».

«Esatto. Rivolgiti a nome mio al loro referente in città, Antonio, e ti procurerà quello che serve. Io nel frattempo penso ad avvertirli».

«Avremo anche bisogno di cariche esplosive e roba simile».

«Non ci saranno problemi, vedrai. Comunque, a questi particolari pensaci tu, Franco... richiamami appena il pupo sarà nato» disse in tono conclusivo, alludendo in gergo alla conclusione dell'operazione. E ripeté la raccomandazione: «E ricorda quello che ti ho detto: niente testimoni... né dei loro, né dei nostri».

Terminata la telefonata, Leggio ripose il satellitare nel cassetto e si alzò per cercare di allentare la tensione.

Passeggiò nervosamente alcuni minuti su e giù per la terrazza rimuginando sulla spiacevole situazione in cui suo malgrado si era andato a cacciare. Quando alla fine si appoggiò alla balaustra della terrazza, col viso al maestrale pregno di salsedine e lo sguardo perso all'orizzonte, il tintinnio metallico delle sartie che saliva dal porticciolo d'un tratto gli suonò sinistro, richiamando oscuri presentimenti e impalpabili premonizioni.

«Caro mio, si vede che stai invecchiando» borbottò bonario per tranquillizzarsi, come dovesse scusarsi per l'inaspettato soprassalto emotivo.

Aveva sempre considerato quel genere di sentimenti un segno di debolezza e finora era riuscito a ignorarli, seppellendoli sotto montagne di denaro e di cinismo. Una crisi di coscienza era quindi l'ultima cosa di cui aveva bisogno, se voleva riuscire a restare a galla. Con una scrollata di spalle se li scosse via e prese a concentrarsi sul suo obiettivo.

A un tratto l'occhio furbo gli lampeggiò maligno e l'intima soddisfazione gli sgorgò in un sorrisetto malevolo: il piano, se pur solo abbozzato, era ormai ben delineato.

Sottraendosi al sole ancora caldo di settembre rientrò sotto la veranda; preso il satellitare, vi impostò il relativo codice di crittazione e compose il numero dei Lo Cascio.

«Chi è?» fece una voce burbera, impastata dal sonno. Nonostante le dieci di mattina fossero passate da un pezzo, probabilmente l'uomo all'altro capo dell'apparecchio aveva fatto le ore piccole.

«Sono Martin» rispose stringato. «Ci sarebbe del lavoro per conto di Pluto... posso parlare?».

«Ti ascolto» disse l'altro rianimandosi dal torpore sonnolento, appena sentì pronunciare quei due nomi di tutto rispetto.

«Lunedì pomeriggio dovrebbe arrivare a Porto Rizzato l'Altair, una nave oceanografica greca, che con tutta probabilità si metterà a raspare su e giù per i fondali, proprio dalle vostre parti».

«Una bella rottura... ci mancavano anche i greci».

«Nel gruppo ci sono anche degli italiani, e sono loro che possono crearci più fastidi».

«Perché, cosa cercano?».

«Pare conoscano le coordinate geografiche di dove anni addietro abbiamo affondato certe navi, quelle con le scorie radioattive in stiva, per intenderci... ricordi?».

«Certo... e allora?».

«Si sono messi in testa di andare a cercarle».

«Dannazione!» imprecò l'altro, ormai completamente sveglio. «Un bel guaio, se le trovano».

«Proprio così, Antonio. Con tutte le inchieste della Magistratura che ancora indaga sulla faccenda, c'è solo da sperare che non trovino uno straccio di prova, così che alla fine si decidano a lasciar perdere. Ma se riuscissero a individuarne anche una soltanto, non so proprio come andrebbe a finire».

«E allora... cosa si fa?».

«Bisogna far sparire l'Altair prima che trovino qualcosa, e con la nave anche i suoi occupanti».

«Tutti?».

«Per forza... non sappiamo chi a bordo conosce le coordinate geografiche per localizzare i relitti, ma di certo saranno in diversi. E poi, non dobbiamo lasciare testimoni».

«Capito... ma chi ci pensa a fare il lavoro?».

«A questo provvediamo noi. Tu dovrai solo fornire il supporto logistico».

«Cioè?».

«Sicuramente ai nostri serviranno delle cariche esplosive complete di inneschi a tempo, forse anche un motoscafo d'altura... ma per i particolari ti contatterà un mio uomo, Franco. Mettetevi d'accordo fra di voi sui dettagli».

«Nessun problema» gracchiò la voce distorta da un'improvvisa interferenza. «Ma per aprire una falla abbastanza grande in uno scafo d'acciaio di quel genere, di esplosivo ce ne vorrà parecchio... e non so come farete a portarlo a bordo senza farvi notare».

«Niente di tutto questo, Antonio... faremo diversamente dalle altre volte» ribatté Leggio con un sorriso compiaciuto per il piano che aveva ormai ben chiaro. «Basteranno qualche chilo di plastico tipo C4, alcuni detonatori e un paio di sistemi di innesco a orologeria, tutta roba che occupa poco spazio: faremo saltare i serbatoi del combustibile mentre sono in alto mare, di notte».

«Buona idea» sogghignò l'altro. «Se esplodono quelli, va tutto per aria».

«L'importante è che consegniate il materiale lunedì sera, a Porto Rizzato, prima che la nave riprenda il mare. Fate mettere tutto in uno zaino: verrà uno dell'equipaggio a ritirarlo, Andrea, un greco che parla italiano».

«D'accordo, allora facciamo così: a Porto Rizzato, appena fuori Porto Nuovo, c'è un locale per marinai, Il gatto innamorato» prese a spiegare l'uomo all'altro capo dell'apparecchio, che coi suoi traffici in quella zona era di casa. «Dopodomani due miei uomini saranno là, dalle sette alle otto di sera, con la roba richiesta dal tuo Franco messa dentro uno zainetto rosso e blu. Il greco potrà riconoscerli facilmente dallo zaino. Berranno qualcosa insieme per non dare nell'occhio, e intanto potranno discutere i particolari».

«Bene, veniamo ora al motoscafo, Antonio... non sono ancora sicuro se servirà per davvero».

«Cosa ci devi fare?».

«Quando la nave sarà colata a picco, avremo il problema di recuperare il nostro uomo».

«Il greco?».

«Proprio lui».

«Non sarà un'impresa facile ripescarlo in mezzo al mare, e per di più di notte».

«Già, anche perché non sappiamo dove avverrà esattamente il naufragio» continuò Leggio, meditabondo. «I sistemi di localizzazione e trasmissione della nave saranno già stati messi fuori uso, proprio per impedire ai soccorsi di identificare la posizione e recuperare i naufraghi».

«Se vuoi, possiamo dargli noi un emettitore di radiosegnali su una particolare lunghezza d'onda, oltre a qualche boetta luminosa che ci indicherà la sua posizione una volta che gli saremo vicini. Ovviamente, dovrà trovare il sistema per restare a galla fintanto che arriviamo... poi, col localizzatore Gps e le luci di segnalazione accese sull'acqua, dovremmo riuscire a ripescarlo».

«Ci avevo pensato anch'io ma, riflettendoci, credo sia meglio scartare l'idea».

«Perché?».

«Il rischio è che anche le squadre di soccorso possano captare il segnale o vedere le luci, e così mandare a monte il mio piano di far perdere ogni traccia della nave».

«Allora l'unico modo sicuro è di abbandonarlo al suo destino. Con un po' di fortuna potrebbe anche farcela… altrimenti, pace all'anima sua».

«Penso anch'io che non ci sia altra scelta, Antonio» commentò Leggio in tono di rammarico. Immaginando quello che passava per la testa al suo interlocutore, si affrettò a precisare: «Comunque questa è una confidenza che deve restare fra me e te soltanto. Papacostinou dev'essere convinto che lo andrete a recuperare col motoscafo, altrimenti ci possiamo scordare che collabori».

«Mi pare ovvio».

«Ma il trasmettitore Gps dovrai darglielo lo stesso: solo fai in modo che non emetta segnali… e anche che le luci non funzionino per più di qualche minuto».

«Capito… sarà il nostro piccolo segreto. Piuttosto, hai già stabilito quando dovrà avvenire il botto?».

«Non ancora. Prima bisogna sapere quando hanno intenzione di salpare da Porto Rizzato per dare inizio alle ricerche. Forse la nave partirà la notte stessa dell'arrivo, dopo aver imbarcato Fiorani e qualche altro collaboratore, oppure il giorno dopo, non lo so. Sto aspettando che il greco, che è già a bordo, mi informi sui loro programmi. L'idea è di agire alla svelta appena saranno in alto mare, prima che trovino qualcosa».

«Allora diremo a Papacostinou che ci avviserai tu quando e dove potremo andare a recuperarlo in mare».

«D'accordo. Gli dirò di venire a ritirare lo zaino e mettersi d'accordo con voi per il recupero… voi però fate in modo di essere convincenti».

Leggio aveva detto a Papacostinou che avrebbero comunicato solo via internet tramite il sito di remailer, in modo da evitare eventuali intercettazioni.

Pertanto, prima di imbarcarsi sull'Altair, il greco si era procurato un portatile dotato di una speciale chiavetta usb per la trasmissione satellitare e con quello era salito a bordo. Poi, vi aveva installato i programmi speditigli da Linke via e-mail necessari a crittografare i messaggi e accedere al remailer, così da poter comunicare senza problemi sia durante la permanenza in porto e la navigazione costiera, sia quando si trovava in alto mare.

Appena terminata la telefonata, Leggio si mise quindi al computer e spedì a Papacostinou una e-mail crittata, nella quale spiegava per filo e per segno il nuovo programma, incluso l'ordine di recarsi lunedì sera all'appuntamento per ritirare il materiale e ricevere i particolari sull'operazione.

20

Hacker contro hacker

Enrico dedicò l'intera giornata di sabato a far riparare i danni e rimettere ordine nella baraonda che i suoi ignoti visitatori gli avevano lasciato dentro casa, ormai convinto che dietro tutto questo doveva esserci di nuovo lo zampino di Pluto. Poi, verso sera, mentre stava preparando le valigie per la partenza dell'indomani, arrivò il commissario Caputo.

«Si può sapere cosa ha combinato questa volta?» chiese in tono bonario, stringendogli la mano.

«Vorrei saperlo anch'io, commissario. Ha visto il caos che hanno lasciato rovistando dappertutto… con la differenza che questa volta avevano deciso di farmi fuori, con quello scherzetto del gas».

«Su questo non ci sono dubbi. Dal rapporto dei vigili del fuoco risulta infatti che, oltre a tranciare il flessibile del gas, avevano manomesso l'interruttore della luce, così da innescare un'esplosione appena avesse provato a dare corrente».

«Per fortuna prima di entrare mi sono accorto che qualcosa non quadrava, altrimenti sarei saltato in aria con tutta la casa».

«Hanno rubato qualcosa?».

«Come la volta scorsa, sono spariti tutti i cd che tenevo in ufficio… inoltre si sono portati via la cassaforte con dentro gli archivi originali dell'Ilvatom, che lei ben conosce. E questo la dice lunga su chi sia il mandante» rispose Enrico palesemente preoccupato. Guardò dritto negli occhi Caputo e, in tono quasi di rimprovero, commentò: «Altro che stare tranquillo perché non avrei avuto più nulla da temere, come lei mi aveva assicurato… quel Pluto è come il cane col suo l'osso: non mi molla».

«Se dietro a questa faccenda c'è davvero lui significa che gli ha di nuovo pestato i piedi con quelle sue ricerche sulle scorie radioattive e le navi dei veleni».

«Ammesso anche che sia così, mi chiedo come abbia fatto a

saperlo. Chi è che fa la spia?».

«Non sia ingenuo, Fiorani, a quei livelli possono sapere tutto quello che vogliono» rispose Caputo con un'alzata di spalle. Guardando l'espressione del suo interlocutore e intuendo cosa gli stava passando per la mente, precisò: «Certo non siamo stati noi a informarlo, se è questo che pensa».

«Ne è certo, commissario? Ma non è stato proprio il suo sostituto procuratore, Malpigi, a dirmi che avete intercettato le mie ricerche sul web?» ribatté Enrico, che non aveva ancora digerito la faccenda. Con una smorfia di disapprovazione, aggiunse: «Bella pensata… farmi spiare da quel virus!».

«Virus… noi?».

«E chi, se no? Per fortuna qualche giorno fa me ne sono accorto, ma mi chiedo da quanto tempo mi state spiando».

«Guardi, signor Fiorani, che le cose non stanno affatto così: noi non la stiamo spiando, né tanto meno le abbiamo messo il virus che sta dicendo» lo interruppe il commissario scuotendo la testa. Fattosi serio, dopo una breve pausa durante la quale rifletté sui motivi del malinteso, aggiunse: «Se le faccio una confidenza, mi assicura che la terrà per sé?».

«Certo, commissario, ha la mia parola».

Allora Caputo gli parlò dell'esistenza di Echelon, il sistema di sorveglianza globale che aveva intercettato la sua navigazione Internet appena aveva inserito nei motori di ricerca parole ritenute sospette, spiegandogli che era poi stata l'Unità Antiterrorismo a trasmettere a Malpigi la relativa nota segnaletica affinché facesse i dovuti accertamenti.

Anziché tranquillizzarlo, però, la spiegazione non fece altro che accrescere la sua preoccupazione: se non erano stata la polizia, che ci fosse Pluto anche dietro al virus informatico?

Così appena il commissario Caputo andò via, con la promessa da parte di Enrico di tenerlo informato sull'esito delle ricerche intorno alle navi radioattive, telefonò a Tony Russo chiedendogli a che punto fosse con le sue indagini informatiche.

«Sei riuscito a trovare quello che ti avevo chiesto?» chiese Enrico andando subito al punto. «Si può sapere chi c'è dietro all'inghippo?».

«Sì e no» fu la risposta laconica all'altro capo del filo.

«Che vuoi dire?».

«Che nel tuo pc ho effettivamente trovato l'e-mail incriminata, col comando ActiveX che ti ha piazzato lo spyware nel sistema, il maledetto virus che ti ruba i dati tramite un monitor di tastiera…».

«Ma il responsabile, chi è?».

«Questo è il problema: purtroppo non c'è modo di sapere chi è che te l'ha inviata, la persona fisica che ci sta dietro».

«E perché non si può?».

«Perché sia quella e-mail, sia il virus che ti sottrae le informazioni, si avvalgono di un particolare sito web, un cosiddetto remailer, la cui funzione è proprio quella di camuffare gli indirizzi dei messaggi sostituendoli con nomi fasulli».

«E non si può far niente?».

«Al massimo, possiamo ricambiargli il favore».

«E come, se non sappiamo neppure chi è?» obiettò Enrico, che come hacker non valeva molto. Seguirono attimi di imbarazzato silenzio, che lo indussero a ripensare all'abilità del collega e alla faccia che probabilmente stava facendo. Allora si morse la lingua e aggiunse: «Scusami, Tony. Probabilmente hai già qualche idea su come fare…».

«Ovviamente. L'idea è di modificare il virus e inserirlo in una tua prossima e-mail in modo che, quando il remailer la girerà al destinatario reale, capiti a lui più o meno quello che è successo a te».

«Spiegati meglio».

«Lo spyware modificato arriverebbe al nostro spione nascosto nel testo di una tua e-mail qualsiasi. Anche se noi non conosciamo il suo indirizzo, il remailer lo sa. Così quando il virus copierà la tua e-mail e gliela invierà tramite il remailer, aprendola, il destinatario farà sì che lo spyware modificato gli s'installi a sua volta nel suo computer».

«A quale scopo?».

«Ancora non capisci? Da quel momento il virus modificato comincerà a inviare anche a te una copia della sua posta».

«E perché mi dovrebbero interessare le sue e-mail?».

«Perché dal loro contenuto potresti facilmente risalire

all'artefice del gioco».

«Giusto, non ci avevo pensato» sogghignò Enrico. Provava una certa soddisfazione all'idea di intrappolare lo spione nella sua stessa rete. «Quando pensi di riuscire a mandarlo?».

«Mi serve ancora un po' di tempo per lavorarci: diciamo che sarà tutto pronto per lunedì sera».

«Dai, Tony! Sai bene che domani parto» obiettò Enrico, sbuffando nella cornetta in un moto di impazienza. «Come fai a ridarmi il pc col virus modificato, se lunedì devo essere a Porto Rizzato?».

«Non hai detto che possiedi anche un portatile?».

«Certo».

«Allora portalo con te... e il problema è bello che risolto» replicò Russo, tagliando corto. Dal silenzio che ne seguì si rese conto che l'interlocutore non aveva idea su come intendeva procedere, quindi spiegò: «Ecco cosa faremo lunedì, appena avrò completato il lavoro: dal tuo pc, qui da me, spedirò al tuo indirizzo di posta l'e-mail con lo spyware modificato, e spegnerò immediatamente il modem. Verso sera, tu ti collegherai al web col portatile, così che sarai tu a riceverla dal provider. Appena ti arriva l'e-mail, aprila».

«Tutto questo marchingegno a quale scopo?» chiese Enrico ancora titubante.

«Per due buone ragioni: una è che, appena l'aprirai, ti si installerà sul portatile il virus dello spione, così che quello continui a ricevere le tue copie senza che si insospettisca. L'altra è che nel frattempo, grazie al suo stesso virus, ma da me modificato, avrà ricevuto in copia la mia e-mail con la mia zecca informatica nascosta nel testo: appena l'aprirà, verrà a sua volta contagiato senza accorgersene, e da quel momento comincerà a spedire a te anche una copia della sua posta».

«Ho capito... più o meno».

«Devi solo ricordarti che anche il tuo portatile sarà stato contagiato dal virus e che quindi trasmetterà ogni parola che batterai sulla tastiera... perciò stai attento a quello che ci scrivi sopra».

«Lo terrò presente, Tony».

21

Fiorani e Sica si imbarcano

Fiorani era giunto a Roma verso sera e si era incontrato con Sica nella sua agenzia di Trastevere. Scaricati i bagagli e sistemata l'auto in garage, a piedi erano poi andati in uno dei ristoranti della zona, dove l'investigatore aveva prenotato per la cena.

L'ingresso era angusto, tanto che a un avventore di passaggio non poteva far presagire niente di buono. Ma dopo aver seguito il suo cicerone giù per la rampa di scale, oltrepassato il vestibolo e fattosi strada fra un assembramento di clienti in attesa che si liberasse un tavolo, rimase a bocca aperta.

Davanti a Enrico si presentò un'enorme sala ricavata dai vetusti magazzini del palazzotto plurisecolare, con muri faccia a vista in mattoni d'epoca e ampie volte a botte, a più di cinque metri d'altezza. L'ambiente era illuminato da alcuni proiettori nascosti in nicchie ricavate nelle pareti e puntati al soffitto, ma anche da decine di candele rosse che tremolavano fioche su una serie di tavoli, per lo più occupati da coppiette o gruppi di turisti vocianti.

Vari attrezzi erano sparsi qua e là a mo' di arredo e richiamavano scene di vita rurale della Roma antica, inclusi due carri agricoli a grandezza naturale che pendevano dal soffitto come enormi lampadari. In un angolo dall'apparenza fumosa, in fondo alla sala, un cuoco corpulento accudiva con cura un enorme barbecue colmo di braci ardenti, su cui arrostivano salsicce, braciole e bistecche succulente le quali, a dispetto della notevole mole di una cappa aspirante anch'essa affumicata, spandevano una nebbiolina profumata che fungeva da irresistibile aperitivo.

Sollecitati in tal maniera i succhi gastrici, Enrico e Sica scartarono immediatamente l'idea della pizza e ordinarono una grigliata mista di carne. Nell'attesa, approfittarono del buffet self service riempiendosi il piatto con appetitose specialità della casa: alici marinate, cipolline in agrodolce, verdure alla piastra aromatizzate in vari modi, e via dicendo. Quando arrivò anche la carne, spolverarono tutto con gusto, innaffiandola con una caraffa di vino rosso dei Castelli.

Dal loro ultimo incontro non si erano più sentiti e così la cena trascorse in buona parte a ripercorrere le ultime disavventure di Enrico, dalle intercettazioni sul web all'attentato a cui era scampato per un pelo. Ma per qualche motivo inconscio, o piuttosto per semplice dimenticanza, non accennò alla trappola che Tony Russo stava predisponendo per rendere la pariglia all'ignoto spione.

Rientrati in agenzia, continuarono a discutere su come indirizzare le indagini una volta che fossero stati a bordo dell'Altair. Sica, che non amava le avventure di mare e voleva ridurne al minimo la durata, ribadì che avrebbe partecipato alle ricerche solo della Righel e della Jolly Mare, che lo riguardavano per la faccenda dell'assicurazione, ma che una volta trovati i riscontri da passare al Lloyd Mediterraneo non sarebbe restato un giorno di più.

Per raggiungere il posto d'imbarco, non sapendo quanto sarebbe durata la permanenza sulla nave né tanto meno dove li avrebbero sbarcati alla fine, optarono per il treno anziché per l'auto. Su Internet prenotarono quindi due posti in prima classe per la mattina successiva, con partenza da Roma Termini alle sei e quarantacinque e arrivo a Porto Rizzato alle quattordici e quaranta.

Alla fine, stanco per lo stress accumulato e in previsione della levataccia, Enrico disse che era tempo di andare a riposare. E visto che s'era fatta mezzanotte, accettò l'invito di Sica di fermarsi da lui, accontentandosi di dormire quelle poche ore su uno scalcinato divano letto, in un'ala dell'agenzia che all'occorrenza veniva usata come pied-à-terre.

Le otto ore di viaggio trascorsero in fretta, presi com'erano a commentare i corposi appunti di Enrico su meduse, radioattività e mutazioni genetiche, da discutere in seguito con Papadopulos. Quando poi arrivarono a Porto Rizzato, trovarono un taxi che li conducesse al Porto Nuovo.

Dopo un primo tratto sulla statale 106 bis imboccarono la litoranea finché, oltrepassata la Capitaneria di Porto, giunsero alla stazione degli Ormeggiatori. Dalla telefonata a Papadopulos fatta poco prima avevano appreso che anche l'Altair era appena arrivata e stava terminando le manovre di attracco, una cinquantina di metri più avanti.

Effettivamente sarebbe stato impossibile non vederla, mentre con gli argani finivano di tesare le gomene di nylon manovrando alternativamente a prua e a poppa, finché l'elegante scafo fu completamente accostato alla banchina: da lontano, le sovrastrutture color bianco latte splendevano al sole abbacinando la vista, e parevano galleggiare nella tremolante calura pomeridiana in quella landa semideserta.

L'autista li lasciò con tutte le valige ai piedi della scaletta d'imbarco e ripartì immediatamente, per sottrarsi al caldo intenso e afoso che a quell'ora, a dispetto del settembre inoltrato, ancora sembrava togliere il respiro.

Mentre il taxi spariva in lontananza, seguito dallo sguardo malinconico di Sica che sarebbe tornato volentieri indietro insieme a lui, Enrico rimase qualche istante in silenzio col naso all'insù, a scrutare la nave con occhio esperto.

«Circa duemila tonnellate di stazza, una novantina di metri di lunghezza e quindici di larghezza al baglio di maestra... velocità intorno ai sedici nodi e autonomia da quattro a cinquemila miglia, a seconda della velocità» sciorinò al titubante Sica, ammirandone la struttura elegante. «Di stile un po' retrò, se vogliamo, ma che mantiene ancora tutto il suo fascino».

«Dici che su questa bagnarola si ballerà parecchio?» chiese visibilmente preoccupato il compagno, che aveva sperato in una nave molto più grande. «Non vorrei dover cacciare le budella».

«Non preoccuparti del mal di mare, Vito. Vedrai che dopo un po' ci si fa l'abitudine» lo rassicurò, ammiccando comprensivo. «Da giovane anch'io lo soffrivo, all'inizio... ma poi è passato».

«Bella consolazione» ribatté accigliato l'altro, rassegnandosi a malincuore. «Non so proprio chi me l'ha fatto fare».

«Dai, saliamo a bordo... vedrai che ci divertiremo».

Da sopra Costantino Papadopulos li aveva visti arrivare e li aspettava al barcarizzo, insieme al suo assistente.

«Fatto buon viaggio?» chiese con un ampio sorriso, dopo le

presentazioni di rito.

«Sì, tutto sommato» rispose Enrico.

«Otto ore di treno per me sono comunque troppe» obiettò Sica, il cui umore stava peggiorando a vista d'occhio. «Meglio se restavo dov'ero».

Papadopulos s'era aspettato un maggior entusiasmo dai nuovi arrivati; non spiegandosi la ragione di quell'atteggiamento disfattista, rimase interdetto.

«Non faccia caso al mio amico, professore» intervenne Enrico bonariamente, che s'era accorto dell'espressione delusa dell'ospite e voleva rimediare. «Il mio amico non è un gran marinaio e si aspettava un transatlantico... si preoccupa per il mal di mare».

«Allora può star tranquillo: questa non sarà una nave da crociera ma ha degli ottimi stabilizzatori, indispensabili alle nostre esigenze di lavoro» lo rassicurò Papadopulos. «Vedrà che in navigazione sarà più stabile del suo antipatico treno».

«Speriamo bene» borbottò Sica, poco convinto.

«Ora vi lascio alle cure del mio assistente, il dottor Lukas Pangalos. Vi accompagnerà nelle vostre cabine, così che possiate farvi una doccia e sistemare le vostre cose. Io devo aspettare l'ultima ospite, la dottoressa Denise Massei, una biologa del Cem di Bari che dovrebbe arrivare a momenti. Per la cena oggi dobbiamo arrangiarci alla meno peggio: a causa dei problemi che abbiamo avuto ad Atene, siamo indietro di un giorno sulla nostra tabella di marcia e abbiamo ancora un sacco di cose da sbrigare prima di poter salpare. Quindi dobbiamo accontentarci del buffet freddo allestito giù in sala mensa. Più tardi saremo in videoconferenza satellitare con i nostri colleghi americani, che stanno navigando nel Pacifico Settentrionale. Se vi fa piacere, potete assistere».

«Volentieri, professore» esclamò Enrico, rivolgendo uno sguardo interrogativo all'imbronciato Sica. Notato che la faccenda non sembrava interessarlo più di tanto, aggiunse: «Non so il mio amico, ma io ci sarò di sicuro».

«D'accordo allora. Il collegamento è alle ventidue, dalla sala controllo al ponte superiore... mi raccomando la puntualità» precisò Papadopulos. Rivolgendosi quindi all'assistente, aggiunse:

«Dopo che i nostri ospiti si saranno sistemati fagli fare un giro a bordo, in modo che sappiano come muoversi».

22

Oceano Pacifico – batiscafo Alvin

Harry Davon fu più mattiniero del solito e con la tazza di caffè bollente ancora in mano salì in plancia, dove il primo ufficiale stava svolgendo il consueto turno di guardia di quattro ore.

«Come va, Nick?» chiese al vice intento a scrutare col binocolo il mare diritto di prua.

«Tutto normale, Harry. C'è solo un po' di traffico, ora che siamo vicini al Banco. Ci ha appena incrociato da dritta quel cargo laggiù diretto a Portland» rispose Duncan. Posò il binocolo e, indicando la nave a meno di un miglio da prua, aggiunse: «Comunque, ormai non è più un problema».

«Molto bene, Nick. Siamo quasi in posizione per calare in acqua l'Alvin e non vorrei che ci fossero sorprese. Quindi, appena smonti, accertati che il nostromo abbia preso le dovute precauzioni per le manovre di alaggio del batiscafo in sicurezza... ricorda che pesa ventisei tonnellate e che gli americani lo rivogliono indietro senza un graffio».

Davon stette ancora qualche istante a osservare il cargo, stagliato in lontananza contro il sole all'orizzonte. Quindi, nel lasciare la plancia, si raccomandò nuovamente: «Nick, anche se sono i loro tecnici a dover fare i controlli del caso, rammenta che se qualcosa va storto alla fine saremo comunque noi i responsabili... perciò, insieme al secondo, segui personalmente le manovre finché il batiscafo non sarà in acqua».

Il mare era quasi calmo quando iniziarono i preparativi per l'immersione. Dopo diversi giorni di burrasca che aveva messo a dura prova lo stomaco dei passeggeri della Deneb, finalmente la buriana era passata; con grande sollievo di Lorna Sherry e Jerry Lax, che avevano potuto avere una notte di riposo ed erano pronti alla loro prima immersione.

Mentre i marinai allentavano i fermi per liberare il batiscafo dall'imbragatura che lo teneva saldamente ancorato al ponte di coperta della Deneb, Bruce Materson, insieme al tecnico responsabile della manutenzione, effettuava le verifiche strumentali e provava il funzionamento dei motori elettrici dell'Alvin.

Quando furono sicuri che tutto era in ordine, il tecnico uscì fuori lasciando il posto ai due ricercatori canadesi che, fra l'incitamento generale dei colleghi, si calarono attraverso lo stretto boccaporto nella pancia del batiscafo. Materson si affacciò per qualche istante sporgendo dalla torretta, salutò con la mano i festosi spettatori, quindi rientrò tirandosi dietro il portello, che chiuse azionando il meccanismo automatico. All'interno scese la scaletta fin dentro lo scafo e chiuse anche questo secondo portello stagno, ruotando il volante fino al completo bloccaggio; quindi tutti e tre sedettero al proprio posto nell'angusto abitacolo semicircolare, ciascuno davanti a un oblò d'osservazione.

Il batiscafo era un modello Alvin di ultima generazione, da quarant'anni il più famoso mezzo sottomarino statunitense per l'esplorazione a profondità abissali. Funzionava come un piccolo sommergibile, in grado di spostarsi sott'acqua e variare l'assetto. Costruito negli anni Sessanta dalla Woods Hole Oceanographic Institution, aveva notevolmente contribuito alla conoscenza delle profondità marine immergendosi migliaia di volte e trasportando negli abissi oltre duemilacinquecento persone. Completamente autonomo, il nuovo Alvin in quattro ore poteva raggiungere seimilacinquecento metri di profondità con tre passeggeri a bordo; era inoltre particolarmente adatto a lunghe esplorazioni sottomarine, avendo un'autonomia di tre giorni. Consisteva in un guscio dalle forme rotondeggianti, lungo sette metri e alto meno di quattro, con pareti formate da lastre di titanio spesse sei centimetri e capaci di sopportare pressioni di una tonnellata per centimetro quadrato. Gli oblò erano altrettanto resistenti, essendo ciascuno formato da due pannelli sovrapposti di materiale acrilico trasparente, spesso sette centimetri. Era dotato di otto potenti riflettori, che consentivano l'osservazione fino a dieci metri di distanza nella caligine più assoluta, di cinque videocamere subacquee indipendenti e di due bracci meccanici per raccogliere campioni di materiale. Il delicato cavo a fibre ottiche, accoppiato a un robusto cordone ombelicale di acciaio, lo teneva in costante contatto con la sala controllo in superficie, dove i tecnici seguivano in tempo reale ciò che avveniva sia dentro che fuori l'abitacolo, grazie ai dati e alle immagini trasmessi dal fondo.

Appena il portello stagno del batiscafo fu chiuso, cominciarono le operazioni di alaggio. Nick Duncan e il secondo ufficiale di coperta coordinavano le operazioni, impartendo comandi che il nostromo tramutava in ordini dettagliati per ciascuno dei quattro marinai addetti alle manovre in coperta.

Un robusto bigo di carico sollevò il piccolo sommergibile oltre la murata della Deneb e lo adagiò delicatamente sull'acqua. Quindi due marinai equilibristi sganciarono il batiscafo dall'imbragatura e fecero segno al pilota che poteva immergersi.

Materson si accertò che le spie luminose di chiusura poste sul pannello di controllo della plancia comandi fossero tutte sul verde e che gli indicatori dei motori elettrici e idraulici non segnalassero anomalie. Quando fu sicuro che tutto stava funzionando a dovere, comandò l'apertura delle valvole di sfiato dell'aria: le casse di zavorra cominciarono ad allagarsi, fra il sibilo dell'aria che usciva e il gorgogliare dell'acqua che entrava al suo posto, e dalla Deneb videro lo scafo scomparire nel blu in un ribollire d'acqua, trascinandosi dietro il cordone ombelicale che si srotolava dal rullo di avvolgimento fissato sul ponte di coperta.

Regolando durante la discesa lo stabilizzatore automatico che coordina i comandi idraulici dei timoni orizzontali, i propulsori elettrici delle eliche e l'apertura degli sfiati d'aria per l'allagamento delle casse di zavorra, Materson riusciva a mantenere quasi perfettamente l'assetto orizzontale dell'Alvin mentre lo scafo sprofondava sempre più negli abissi del pianeta liquido, l'ambiente misterioso tutt'oggi meno conosciuto della stessa Luna.

Scendendo silenziosamente per effetto della sola forza di gravità, dagli oblò dell'abitacolo i tre occupanti vedevano la luce affievolirsi sempre più, unica evidenza percettibile del fatto che l'Alvin stesse scendendo ad una velocità di millecinquecento metri all'ora, circa un metro ogni due secondi. Per diversi minuti le acque limpide del Pacifico permisero loro di scorgere la luce solare che filtrava dalla superficie, ma ben presto, sotto i duecento metri, prevalse il buio perpetuo degli abissi che gradualmente li avvolse nel suo gelido abbraccio.

«Bruce, per caso non abbiamo dei fari da accendere?» chiese la biologa, mentre con quella battuta tentava di superare il crescente senso di oppressione che la pervadeva. Per la prima volta in vita sua stava provando il vero significato della parola claustrofobia. «Là fuori c'è buio pesto e non si vede più niente».

«Tranquilla, Lorna» rispose comprensivo il pilota, avvezzo alla sensazione di smarrimento che quasi sempre i novellini provano stando rinchiusi in quell'angusto guscio di ferro, mentre sprofonda inghiottito dalle tenebre come un ascensore senza fine. «Aspetto a essere vicino al fondo».

«Perché?» insistette lei, sempre più apprensiva. «Vuoi risparmiare sulla bolletta della luce?».

«Meglio risparmiare le batterie, Lorna, non si sa mai».

«Perché… che autonomia abbiamo?» intervenne Lax messo in allarme da una precauzione che gli pareva priva di senso, visto che il batiscafo poteva restare immerso per giorni. Inoltre, conoscendo la collega abbastanza a fondo, si rendeva conto del suo crescente turbamento e desiderava aiutarla. Così fece anche lui una battuta di spirito per allentare la tensione: «Bruce, non è che risparmi corrente perché rischiamo di restare in panne e di dover spingere questo coso?».

«Autonomia ne abbiamo da vendere, non preoccupatevi» ridacchiò il pilota, che ci prendeva gusto a mettere alla prova il coraggio dei novellini. «D'accordo, vi accendo le luci… basta che la smettiate di piagnucolare come bimbi con la paura del buio».

Ora i potenti proiettori presero a fendere le tenebre dell'oceano coi loro fasci di luce, per poi perdersi nell'oscurità all'intorno.

«Guardate, una medusa!» esclamò a un certo punto Lorna col naso incollato all'oblò, mentre indicava l'animale che fluttuava iridescente e lentamente scompariva di sopra la navicella, lasciando visibili solo i diafani e lunghissimi filamenti.

«Hai capito di che specie è?» chiese Lax incuriosito. Voltandosi, aveva appena fatto in tempo a scorgerne i tentacoli, che sembravano non finire mai.

«Se te lo dico, non ci credi».

«Perché, cos'era?».

«Direi proprio una Cyanea artica».

«Possibile? ... ma non vivono nelle acque fredde, più a nord?».

«Così sapevo anch'io, Larry. Ma se non lo era, devo dire che ci assomigliava parecchio, anche fosse solo per le dimensioni. È una delle poche meduse che supera due metri di diametro nell'ombrello e quaranta metri di lunghezza nei tentacoli. Una così può anche ucciderti, se hai la disgrazia di incrociarla in acqua».

«Qui sala comando...» gracchiò improvviso l'altoparlante, facendo risuonare la voce di William Poe e cogliendo di sorpresa i due all'oblò. «Bruce, come andiamo là sotto... tutto bene?».

«Tutto ok, capo. Solo un'enorme medusa che sta passando là fuori, ma niente di preoccupante» rispose il pilota. Rivolgendosi al collega intento ancora a guardare fuori, disse: «Larry, diglielo tu che razza di bestione era».

«Non ce n'è bisogno... l'abbiamo vista anche noi da qui sopra» riverberò nell'abitacolo la stessa voce metallica. «Davvero notevole».

«Non dimenticate che le cinque telecamere dell'Alvin, grazie al cavo di collegamento a fibre ottiche, trasmettono su altrettanti monitor nella sala controllo a bordo della Deneb» spiegò il pilota ai due compagni, rimasti interdetti.

I due biologi si erano effettivamente chiesti com'era possibile che dalla nave appoggio avessero visto l'animale, a centinaia di metri di profondità. Ma prima che potessero dir qualcosa Materson li aveva preceduti, aggiungendo: «Quello che noi vediamo dagli oblò, da sopra lo vedono anche meglio, perché le nostre telecamere esterne hanno un angolo di visuale maggiore».

«Guadate, là sulla destra» esclamò Larry interrompendolo. «Ce n'è un'altra!».

«Quella però è una cubomedusa, una Carybdea marsupialis direi» precisò Lorna Sherry. «Anche se è di dimensioni inferiori, le sue punture sono particolarmente velenose».

«Non credevo che si potessero trovare animali simili anche a queste profondità» commentò Lax roteando il collo indolenzito.

«Ve l'avevo detto che era meglio restare al buio» scherzò il pilota per stemperare la tensione. «Come recita il proverbio: occhio non vede, cuore non duole... certe cose è meglio non saperle».

«Fai pure lo spiritoso» ribatté la biologa aggiustandosi i capelli con entrambe le mani, mentre cercava di non pensare alla possibilità di trovarsi là sotto in balia di mostruose creature marine.

«Coraggio, siamo arrivati... vi presento il Banco di Cobb!» esclamò il pilota dopo aver dato un'occhiata all'ecoscandaglio e acceso i propulsori di frenata per non sbattere sul fondo. Con la velocità di discesa così ridotta al minimo, il batiscafo si adagiò dolcemente sul pianoro fangoso, sorretto da una specie di treppiede che lo teneva sollevato dalla fanghiglia.

«Ci troviamo a circa centottanta miglia dalla costa e a millecinquecentotrenta metri di profondità, sopra un enorme tavoliere roccioso. Siamo ancora piuttosto in alto rispetto al fondale circostante, visto che poco più a ovest la Pianura Abissale Alascana sprofonda a oltre seimila metri».

Mentre continuavano a guardar fuori, in attesa che le nubi del pulviscolo fangoso sollevate dai propulsori di frenata si diradassero, dall'altoparlante si udì la voce di William Poe: «Lax, ricordati di prelevare qualche campione d'acqua e di sedimento, perché vorrei fare un confronto con i valori rilevati dalle sonde... però cercate di non metterci troppo, se vogliamo finire prima di sera».

«Calma William, al momento qui fuori non si riesce a vedere niente. Prima di poter iniziare i prelievi col braccio meccanico dobbiamo aspettare che si disperda il polverone» ribatté Materson parlando al microfono incorporato nel cruscotto, offeso per l'implicita insinuazione che stesse battendo la fiacca. «Piuttosto sopra come procedono le operazioni? Vi stanno arrivando i dati automatici rilevati dalla sonda parametrica?».

«Qui tutto procede al meglio e i computer registrano tutto quello che ci mandate. La sonda funziona veramente bene e sta inviando, con la profondità, anche molti altri dati, inclusi i livelli di radioattività dell'acqua» spiegò la voce metallica. «Al riguardo, c'è solo una cosa strana, che dovreste controllare».

«Quale sarebbe?».

«Come mi hanno anticipato dal Centro di Oceanografia di Portland, dai dati che hanno ricevuto dalla boa ancorata sul Banco risulta una strana alterazione nei livelli di radioattività dell'acqua. Non riescono a capire se il flusso proviene da ovest, lungo il filo delle correnti abissali in risalita dalla Piana Alascana, oppure da est, cioè da sopra il Banco di Cobb. Anche ora, dai valori che riceviamo, l'acqua lì sotto è almeno cinquanta volte più radioattiva del normale».

«Radioattività... qui sotto?» chiese Lax, scettico. «Ne sei sicuro, William?».

«Proprio per questo vorrei verificarlo direttamente, anziché usare i dati che arrivano dalla sonda» ribatté la voce gracchiante. «Potrebbe trattarsi di un difetto delle sonde multiparametriche nella rilevazione dei livelli. E controllate anche i sedimenti».

«Anche a me sembra piuttosto strano che là fuori ci sia della radioattività» commentò Lorna Sherry guardando perplessa gli altri due. Rivolgendosi poi al pilota seduto ai comandi, chiese: «Bruce, siamo in grado di analizzare i livelli di radioattività senza dover passare per la sonda?».

«No, mi dispiace. Le rilevazioni in tempo reale sono tutte automatizzate. Abbiamo la possibilità di fare prelievi di materiale dal fondo, o anche dell'acqua, ma non è previsto di poterli analizzare in modo autonomo stando qui sotto» rispose Materson stringendosi nelle spalle. «I reperti vanno portati in superficie, dove potranno essere esaminati in laboratorio, ma fino ad allora ci dobbiamo fidare dei valori rilevati automaticamente dalla sonda».

«Va bene, Bruce» assentì Lax. «Prima di spostarci da qui vedi allora di prelevare qualche campione di materiale, sia dall'acqua che dal fondale. Se veramente il livello di radioattività dell'acqua è fuori norma, probabilmente lo saranno anche i sedimenti».

La visibilità era di nuovo sufficiente e Materson si mise subito al lavoro, manovrando dalla consolle di comando simile a quella di una playstation. Mediante due joystick azionò i lunghi bracci esterni snodati, che terminavano a pinza. Sfruttando il loro movimento a pantografo prelevò del sedimento, incluso un piccolo granchio che si trovava a passare da quelle parti, e inserì il tutto dentro piccoli contenitori a chiusura ermetica, che ripose in un vano contenitore esterno. Stessa procedura seguì poi con alcuni campioni di acqua.

«Pensate che possano bastare?» chiese Materson ai colleghi che seguivano i prelievi annotandoli su di un taccuino.

«Direi di sì, Bruce» annuì Lax. «Ora possiamo andare a dare un'occhiata in giro».

Additando la superficie spoglia del pianoro, Lorna commentò: «Là fuori c'è solo un deserto di buio e fanghiglia... non mi pare che ci sia da vedere un gran che».

«A parte le meduse» precisò Lax.

«Non fatevi ingannare dalle apparenze, le cose non stanno come sembrano... Certo, con tutta la luce che facciamo non possiamo certo aspettarci che gli animali accorrano a frotte... guardate però cosa succede se torniamo al loro habitat naturale» disse Materson mentre spegneva i riflettori esterni e le luci nell'abitacolo. «Aspettiamo alcuni istanti e poi ditemi se non vedete proprio niente».

Presi in contropiede, i due non si azzardarono a obiettare; in particolare Lorna Sherry, che fin da piccola provava un senso di oppressione a trovarsi nel buio assoluto. Ma l'orgoglio professionale aveva prevalso sul disagio, e non protestò.

Man mano che i loro occhi si abituavano all'oscurità, e l'ambiente esterno all'invadente presenza dell'uomo, l'abisso intorno a loro gradualmente parve animarsi di lampi, iridescenze e intermittenze luminescenti, che provenivano dalle tenebre in cui erano immersi.

«Come potete notare, non è che qui sotto non ci sia niente» spiegò il pilota. «Ovviamente non c'è la concentrazione che troviamo sotto costa, ma anche nelle profondità marine c'è vita. Quelli che vedete sono infatti organi luminosi degli abitatori abissali, indispensabili per distinguersi dai nemici e riconoscersi in vista dell'accoppiamento».

«E ogni specie ha la propria illuminazione a luce fredda, simile a quella delle lucciole» continuò la biologa dimenticando d'un tratto le sue fobie, affascinata da quel fantasmagorico spettacolo al neon. «Certe specie del genere Ceratias ad esempio attirano le prede con una protuberanza simile a una canna da pesca, lunga il doppio del loro corpo e con un organo luminoso all'estremità... un po' come fa la nostra rana pescatrice. Un'altra ha invece l'organo luminoso direttamente in bocca, proprio dietro i denti. E guardate quelle specie di sciabole scintillanti laggiù, probabilmente sono Nemictidi...».

Dalla sala controllo della Deneb stavano ascoltando la conversazione in corso nel batiscafo, mentre i diversi sensori trasmettevano attraverso il cordone ombelicale i dati rilevati dalla sonda parametrica e dalle telecamere subacquee dell'Alvin. Ma con i proiettori del batiscafo spenti le normali telecamere potevano vedere ben poco, fatta eccezione per l'unica all'infrarosso che riprendeva le immagini termiche.

«Bruce, ricorda che non siete lì sotto per un giro turistico a spese dei contribuenti» tuonò a un certo punto la voce impaziente di Poe. «Vediamo di darci una mossa...».

«D'accordo, non ti scaldare. Ho fatto assaggiare ai colleghi la vera dimensione del nostro bel pianeta blu» scherzò Materson rivolto al microfono e ammiccando ai due. Quindi, dopo aver riacceso le luci dentro e fuori l'abitacolo, aggiunse: «Ora accendo i propulsori e mi dirigo a est, per un giro esplorativo sul Banco».

«Aspetta... vai invece a ovest» lo corresse la voce di Poe. «Prova ad andare controcorrente... voglio capire se gli isotopi radioattivi trasportati dalla corrente in risalita dalla Piana Alascana aumentano o diminuiscono».

«D'accordo, William. Allora faccio rotta per due-sette-zero e mi stabilizzo alla velocità di sei nodi» confermò il pilota. «Ma voi da sopra vedete di starci appresso. Non vorrei che il cavo di collegamento andasse troppo in tensione e si spezzasse».

«Di questo non si deve preoccupare, Materson» assicurò la voce squillante del primo ufficiale, Duncan, che dalla sala controllo della Deneb seguiva le operazioni, pronto a impartire attraverso l'interfono i necessari ordini al terzo ufficiale che stava di guardia in plancia. «Basta ci avvertiate ogni volta che state per modificare la rotta, o la velocità... a tallonarvi col sonar ci pensiamo noi».

Tranquillizzato, Materson avviò i propulsori a getto installati sotto il batiscafo, che si sollevò di alcuni metri sopra il piatto fondale alzando il solito polverone limaccioso. Quindi avviò i propulsori di spinta e il batiscafo si mosse in avanti, iniziando a sorvolare la piana desertica che emergeva dalle tenebre rischiarata dai fasci di luce dei proiettori. Manovrando timone e stabilizzatori, Materson manteneva senza problemi rotta e assetto finché raggiunsero la velocità prestabilita, e ogni tanto lanciava fugaci occhiate ai tracciati visualizzati sullo schermo dell'ecoscandaglio.

L'Alvin era infatti dotato di un apparato sonar di tipo attivo, che funzionava cioè secondo il principio del radar localizzando i corpi sommersi tramite echi di impulsi sonori emessi da un trasduttore piezoelettrico. Il segnale ad alta energia acustica, detto in gergo *ping*, quando colpisce gli oggetti presenti nel suo cono acustico genera un'onda riflessa, un'eco, che viene raccolta dai sensori della sezione ricevente. Dalla combinazione di intensità dell'eco e intervallo di tempo trascorso tra il momento dell'emissione del segnale e quello in cui l'onda riflessa torna indietro, l'apparato sonar riproduce tridimensionalmente sul monitor gli oggetti rilevati e ne fornisce la distanza con estrema precisione.

Pertanto, mentre avanzavano silenziosamente pochi metri sopra la distesa fangosa, il sonar dell'Alvin vedeva ben oltre l'illuminazione prodotta dai fari. Ma di echi significativi non se ne percepivano: a video compariva solo una linea dritta, a dimostrazione che sopra quel fondale piatto non v'era altro.

«Ecco altre meduse!» esclamò il pilota indicando gli enormi cappelli pallidi che man mano spuntavano dall'oscurità fluttuando sopra la distesa, mentre il batiscafo andava loro incontro e se le lasciava alle spalle una dopo l'altra.

«Però queste sono del tipo Nomura» intervenne sorpresa la biologa guardando da sopra le spalle del pilota. «Sono le meduse giganti che da qualche anno infestano il Giappone».

«Allora si sono fatte una bella nuotata» ironizzò Lax. «Per arrivare fin qui hanno dovuto attraversate tutto il Pacifico».

«Ma quante sono?» borbottò Materson vedendole spuntare in continuazione dal blu delle tenebre davanti a loro. «Anche quelle non scherzano in quanto a grandezza».

«Pensa che ciascuna arriva a pesare diversi quintali» precisò la biologa.

«Bruce, come mai il sonar non le segnala?» chiese perplesso

Lax guardando la linea dritta sul video. «Non avevi detto che è un apparato molto sensibile, capace di rilevare anche i pesci?».

«Certo, Larry. Solo che le meduse sono al novantacinque per cento costituite da acqua, e sono quindi praticamente invisibili alle onde sonore... a meno di regolare gli impulsi su una precisa lunghezza d'onda nella gamma dell'infrasuono».

Mentre Lax osservava il monitor del sonar, sopra la linea piatta dell'orizzonte relativo cominciò a disegnarsi una confusa protuberanza.

«Laggiù ci dev'essere qualcosa» disse Lax, toccando la spalla di Materson per attirarne l'attenzione, mentre puntava il dito sul video. Era riuscito a notarlo per primo perché a differenza di Lorna, tornata all'oblò a osservare la processione di meduse che scorreva verso poppa, lui era anche interessato agli aspetti tecnici.

«Provo ad aumentare la potenza di *ping* per migliorare la ricezione» spiegò il pilota mentre regolava alcune manopole. «Tolgo anche i filtri, visto che intanto qui sotto non ci sono attività subacquee da schermare».

«Bruce, meduse a parte, mi spieghi cos'è che state vedendo?» gracchiò la solita voce metallica di Poe. «Qui sopra il sonar segnala la linea del fondale stabilizzata a millecinquecentotrenta metri, ma piatta come un biliardo... a parte l'Alvin, non vediamo altro».

«Eppure secondo il nostro sonar qualcosa laggiù ci dev'essere, circa tre miglia avanti a noi» insistette il pilota. «Non posso ancora dirti cosa sia, ma nel giro di mezz'ora lo scopriremo. Forse i vostri strumenti non riescono a vederlo per un gioco di riflessione degli impulsi sonori, causato dalla differente temperatura degli strati d'acqua. Ricordi... come succedeva ai nostri cacciatorpediniere all'inizio della seconda guerra mondiale, quando i sommergibili tedeschi riuscivano a nascondersi ai sonar sfruttando appunto questa anomalia».

«Finché non abbiamo inventato il batitermografo, però» precisò Duncan dall'altoparlante, facendo riverberare la sua possente voce nel piccolo abitacolo e strappando un sorriso ai due uomini. «E poi noi abbiamo usato la stessa tattica per nasconderci a nostra volta dai giapponesi...».

«William, che mi dici dei livelli di radioattività?» chiese

Materson cambiando discorso.

«Sembrano stabili, anche se sempre inspiegabilmente elevati, Bruce».

«Vedete ancora niente da sopra? L'immagine sul nostro sonar ora è abbastanza nitida, ma ancora non capisco di cosa si tratta. Rocce non mi sembrano… i contorni sono troppo netti e lineari».

«Qui ancora niente, purtroppo» lamentò Poe, che subito aggiunse: «A parte il riflesso termico che, come dici tu, forse ci sta ostacolando, siete anche favoriti dalla prospettiva frontale, certo migliore della nostra. Voi vedete l'immagine dell'eco di taglio, per così dire, quindi col massimo contrasto, mentre la nostra è orizzontale, e quindi appiattita. Se non sono oggetti di una certa dimensione è facile che da così lontano vengano confusi con l'eco del fondale. Vedrò comunque di dare un'occhiata alle temperature degli strati d'acqua che la sonda parametrica ci ha comunicato mentre scendevate, e se è il caso inseriremo dei parametri di correzione».

«Comunque siamo a circa due miglia dal rilevamento» osservò il pilota, dopo aver controllato la scala graduata che indicava la distanza dal bersaglio. «Ancora una ventina di minuti a questa velocità e ci togliamo la curiosità».

«Bruce, se provi a modificare la lunghezza d'onda del *ping*, dici che riusciamo a vedere anche le meduse?» chiese Lax.

«Proviamo…» rispose Materson, mentre batteva alcuni tasti di comando sulla consolle.

Sul video l'immagine tridimensionale cambiò drasticamente. Gli oggetti lontani sparirono, ma al tempo stesso comparve poco sopra la linea del fondale una striscia continua di echi sfuocati e dall'apparenza indecifrabile.

«E quella che roba è?» chiese il pilota borbottando fra sé, mentre osservava sul monitor la fascia di innumerevoli echi indistinti.

«Sarà un banco di pesci?» azzardò la biologa girandosi incuriosita, dopo essersi staccata dal suo oblò osservatorio.

«A millecinquecento metri di profondità?» ribatté il pilota. «Vuoi scherzare, Lorna?».

«Magari abbiamo trovato Atlantide, il continente perduto!»

esclamò Lax in un tono che non si riuscì a capire se fosse serio, o di burla come al solito.

«La favolosa Atlantide non è mai esistita, Larry, è solo una leggenda» sentenziò Lorna, sorridendo. «E comunque, come dice il nome, dovrebbe stare in Atlantico e non qui nel Pacifico, non credi?».

«Lo so, lo dicevo solo per…».

In quello stesso istante ci fu come un terremoto e l'Alvin tutto d'un tratto fu bloccato nella sua corsa da una forza misteriosa, come un giocatore di rugby lanciato verso la meta che viene placcato da un avversario più forte di lui. Per l'improvviso arresto, all'interno i tre vennero proiettati in avanti per inerzia e persero l'equilibrio, mentre l'abitacolo veniva scosso come un fuscello.

Contemporaneamente nella sala controllo della Deneb sparì ogni segnale proveniente dal batiscafo e dalla sonda multiparametrica, col risultato che tutti i monitor si spensero.

«Che accidenti è successo?» gridò tutto allarmato Materson mentre cercava di rimettersi in piedi, imitato dai due allibiti colleghi sbiancati in viso. L'abitacolo restava inclinato di una trentina di gradi e continuava a ondeggiare in maniera instabile. «Qualcuno di voi ha per caso toccato i comandi?».

Quando con lo spavento dipinto in volto i due risposero di no, che non avevano toccato niente di niente, tutti si voltarono verso gli oblò per capire se il problema veniva da fuori.

Solo un paio di proiettori riuscivano ancora a far luce all'esterno, ma più che sufficienti per rendersi conto di cosa stava accadendo. Scostandosi con un moto di repulsione dagli oblò, i tre si fissarono ammutoliti, e rabbrividirono.

23

L'attentatore

Con la scusa di andare a ritirare alcuni effetti personali che gli avevano spedito dal precedente imbarco, verso le sette di sera Papacostinou scese dall'Altair e con un taxi si diresse verso la stazione ferroviaria. Ma appena la nave sparì alla vista dietro di lui, chiese al tassista di condurlo invece al pub "Il gatto innamorato", promettendogli una mancia se fosse tornato a riprenderlo alle otto in punto.

Dall'esterno il locale non sembrava grande, né appariscente, a parte l'insegna al neon che raffigurava un gatto sognante. Ma quando entrò e oltrepassò una seconda porta insonorizzata, Papacostinou si trovò in un lungo stanzone in penombra, rischiarato solo dai fasci di luci psichedeliche proiettate sulle pareti e che ruotavano al ritmo di una musica assordante. Alla sua destra, lungo il bancone bar, alcuni avventori appollaiati su sgabelli all'americana erano intenti a discutere animatamente; più avanti, alcuni tavolini deserti e, ancor oltre, un separé che celava ai curiosi un paio di salottini, riservati a quei clienti particolari che non si limitavano a voler bere qualcosa.

Papacostinou si rivolse al barista dietro al bancone nel suo discreto italiano, spiegando che un paio di amici lo stavano aspettando; in risposta l'uomo gli fece cenno col capo di andare in fondo.

Quando fu vicino al divisorio di legno fittamente traforato che fungeva da separé, notò che una delle due porte sul retro era semiaperta e lasciava intravedere due uomini seduti su un divanetto, intenti a sorseggiare un bicchiere di vino. Posizione ideale per controllare tutto quello che succedeva nel locale. E infatti quattro occhi sospettosi lo stavano osservando e sembravano volergli fare la radiografia, con l'evidente intento di capire se era armato. In quell'ambiente fidarsi conduceva immancabilmente a una morte prematura, ma i due avevano superato la quarantina da un pezzo, a dimostrazione che sapevano il fatto loro.

«Sono il greco e cerco uno zaino» disse affacciandosi, mentre i due continuavano a fissarlo diffidenti, con una mano al bicchiere e l'altra sotto il giubbotto. Rassicurati dalla presentazione che equivaleva a una parola d'ordine, i lineamenti del loro viso si distesero e quello più anziano e corpulento gli fece cenno di entrare: «Chiudi la porta e siedi... ti va un goccio?».

«Volentieri».

L'uomo allora fece un cenno al compare, che in risposta sollevò dal contenitore termico la bottiglia imperlata di goccioline e versò del vino bianco ghiacciato dentro un terzo bicchiere.

«Allora, chi hai detto che sei?».

«Sono Andrea, il greco. Mi hanno mandato a ritirare della roba... dovrebbe stare in uno zainetto rosso e blu. Lo avete voi?».

L'uomo che prendeva la direttiva fece un altro cenno al compare coi baffoni, che allungò una mano e accese la piantana, illuminando un angolo in penombra. Indicando lo zaino poggiato a terra fra il muro e il divano, disse: «Puoi prenderlo, è tutto tuo. Solo ti consiglio di maneggiarlo con cura... non so se mi spiego».

«Tranquillo, non è la prima volta che gioco con roba del genere».

«Buon per te».

«Parlatemi ora del motoscafo» chiese Papacostinou venendo al punto che più gli premeva, preoccupato che questa parte del piano funzionasse senza intoppi. «Come pensate di riuscire a ripescarmi di notte, in alto mare... magari prima che mi buschi un raffreddore?».

«Nello zaino troverai anche un emettitore di segnali Gps, oltre a due boette fumogene luminose: appena sei in acqua, accendi tutto e aspettaci. Per il raffreddore, non so che dirti» rispose il primo. Poi, sogghignando, aggiunse: «Magari, prova a metterti una maglia di lana, ma ti consiglio di stare a mollo il meno possibile. Meglio se riesci a procurarti in anticipo un autogonfiabile, forse prendendolo dalle dotazioni di salvataggio che sono a bordo».

«Quanto tempo ci metterete ad arrivare?».

«Presumo un paio d'ore al massimo, se non sarai troppo lontano. Tieni presente che il nostro motoscafo d'alto mare cento miglia se le mangia in due ore».

«Ma come farete a sapere quando è il momento esatto di venire a prendermi?».

«Questo ovviamente devi dircelo tu».

«Purtroppo non sono ancora in grado di farlo» ribatté preoccupato Papacostinou, grattandosi la nuca. «Finché quelli della spedizione non decidono quando salpare e quale sarà la rotta non posso stabilire quando sarà il momento migliore per intervenire, senza il rischio che qualcuno mi scopra».

«Allora appena l'avrai deciso, comunicalo al tuo contatto a terra, e lui lo riferirà a noi».

«D'accordo. Comunque tenete presente che l'ordine è di agire prima possibile dopo che la nave avrà preso il mare. Se quindi salperemo davvero domani, come ho sentito dire a bordo, il nostro appuntamento sarà per la prossima notte».

«Non ci sono problemi, noi siamo pronti» tagliò corto il capo mentre si alzava, imitato dal compare baffuto. Additando col pollice lo zaino nell'angolo, precisò: «Tu facci sapere al più presto l'ora che avrai impostato sui gingilli che stanno là dentro, oltre alle coordinate della nave al momento del botto... poi al resto pensiamo noi».

Il compare guardaspalle precedette l'altro e, guardingo, socchiuse la porta, lanciando poi una veloce occhiata al locale e ai pochi presenti. Rassicurato nel vedere i soliti sparuti avventori, uscì piazzandosi di lato allo stipite e attese che uscisse anche l'altro.

Prima di lasciare il salottino, il più anziano si rivolse a Papacostinou, rimasto a sedere con sguardo interrogativo: «Noi dobbiamo andare. Tu resta ancora un po' qui a bere un bicchiere: non è bene che ci vedano insieme, casomai ci fosse qualche curioso a ronzare nei paraggi. Quando esci, vedi di non dimenticare i tuoi giochini».

Papacostinou rimase un'altra decina di minuti a rimuginare sulla conversazione e a centellinare il poco vino rimasto, in attesa che si facessero le otto, quando il taxi sarebbe tornato a riprenderlo. Avrebbe dovuto sentirsi rassicurato dal tono positivo con cui avevano descritto l'intervento per recuperarlo in mare, ma era proprio questo che lo preoccupava: per esperienza aveva imparato che le cose in apparenza troppo facili nascondono di solito qualche insidia, al pari dei cosiddetti amici. Ma ormai era in ballo e doveva ballare. Anche se quando aveva inizialmente accettato l'incarico era solo per fare l'informatore, poi aveva acconsentito anche alle ulteriori richieste del comandante Leggio e ne aveva accettato il compenso per l'intera operazione, metà del quale gli era già stato versato: era quindi troppo tardi per recriminare.

Scolò l'ultimo goccio e, quando mancavano ormai pochi minuti alle otto, si alzò, sollevò con delicatezza lo zaino, meno di una decina di chili in tutto, e se lo mise in spalla.

Uscito dal salottino passò davanti al bancone e posò una banconota da venti euro nel piattino per le mance, bisbigliando al barista sorridente, a cui nel frattempo aveva fatto cenno di avvicinarsi: «Per dimenticare...». Quindi abbozzò il consueto saluto marinaresco portandosi due dita della mano destra alla fronte, e uscì dal locale.

Quando il taxi lo ricondusse alla nave era ormai buio. A quell'ora la banchina era deserta e le uniche luci erano quelle che filtravano da bordo. Papacostinou salì a passo svelto lungo la scaletta dondolante e solo quando oltrepassò il barcarizzo incontrò un membro dell'equipaggio, intento a fumare una sigaretta in coperta appoggiato alla murata.

«Dove sono finiti tutti?» chiese il sottufficiale, dopo aver risposto amichevolmente al saluto del marinaio, evidentemente nel suo turno di guardia. «Ti hanno lasciato solo?».

«Molti sono su in sala controllo, a preparare il collegamento via satellite che dovrebbe esserci fra poco» rispose l'altro con un'alzata di spalle, evidentemente poco interessato alla faccenda.

«Sai per caso se hanno deciso quando si salpa?» chiese il greco con fare noncurante. «Non vorrei dover arrostire su questo piazzale per chissà quanto tempo...».

«Ho sentito dire che stabiliranno l'ora della partenza dopo il collegamento di questa sera» rispose l'altro. Con un rapido scatto di pollice e indice fece schizzar via il mozzicone incandescente, che volò nel buio andando a spegnersi nell'acqua nera, diversi metri di sotto. «Comunque tranquillizzati, tutti sono convinti che leveremo gli ormeggi entro domani sera».

Quasi nello stesso tempo, Enrico Fiorani stava armeggiando in cabina per cercar di far funzionare il collegamento internet del suo computer portatile. Dopo qualche tentativo fallito, finalmente riuscì a collegarsi col provider mobile, tramite la chiavetta usb.

Come concordato con Tony Russo aprì il programma di posta, che immediatamente gli segnalò la presenza di alcune e-mail in arrivo. Fra quelle pubblicitarie e di varia natura, che in quel momento proprio non gli interessavano, ne notò subito una che aveva come mittente il suo stesso nome: era sicuramente l'e-mail che attendeva, quella con lo spyware inviatogli dal collega.

Per qualche istante osservò l'icona dell'e-mail, titubante sul da farsi: se l'avesse letta, da quel momento in poi ogni attività del suo portatile sarebbe stata intercettata. Alla fine comunque si decise e ci cliccò sopra: il dado era tratto!

Lo consolava sapere che anche il suo ignoto spione l'aveva ricevuta in copia, con ben nascosta nel testo la modifica escogitata da Russo. Ora doveva solo attendere che quel tizio ricevesse e aprisse la copia dell'e-mail col virus modificato, facendo così scattare la trappola.

24

Un viscido abbraccio negli abissi

«Che accidenti è quel coso là fuori?» esclamò Materson additando le enormi ventose che dall'esterno scivolavano incollandosi all'oblò di fronte al posto di pilotaggio, mentre l'Alvin altalenava instabile avvinghiato dall'enorme creatura marina.

«Non posso crederci!» sussurrò inorridita la biologa guardando uno dopo l'altro gli oblò laterali, dietro i quali s'intravedevano strisciare altri tentacoli grossi come tronchi d'albero. Non appena si riprese dalla scioccante constatazione, aggiunse con un filo di voce: «Ci ha appena afferrato un calamaro colossale!».

«Temo proprio che tu abbia ragione, Lorna» le fece eco Lax, pure lui sbiancato in volto. Cercando tuttavia di reagire al terrore, azzardò una battuta: «Quella bestiaccia sta cercando di rimediare un pranzo a base di carne in scatola!».

«Non mi pare proprio il momento di scherzarci sopra, Larry» ribatté la biologa in tono di rimprovero, considerandola un'uscita di pessimo gusto.

«Ma quant'è grande?» chiese Materson, sbirciando dallo spicchio di oblò lasciato libero da un enorme tentacolo. «Se la protuberanza che vedo laggiù è un occhio... solo quello è più grosso della mia testa! Non immaginavo ci fossero animali del genere».

«Invece esistono, purtroppo» precisò Norma Sherry, cercando di non far trasparire il senso di smarrimento che l'aveva assalita. «Un paio d'anni fa, in Antartide, hanno pescato un calamaro colossale lungo più di dieci metri e di quasi cinquecento chili. Ma ne esistono di più grandi».

«Com'è sicuramente il nostro là fuori» commentò Lax mentre guardava inorridito le ventose orlate di uncini che aderivano agli oblò. «Bruce, senti cosa dicono dalla nave appoggio, se dobbiamo...».

«Purtroppo non ci possono più dire un bel niente, Larry. Quel bestione deve aver danneggiato il cavo di trasmissione» lo interruppe il pilota, avendo già tentato più volte di ripristinare il collegamento radio, senza riuscirvi. «Sulla Deneb non possono vedere né sentire niente di quello che sta succedendo qua sotto, e viceversa».

«Vuoi dire che non c'è nessuno che può darci una mano?» chiese Lorna con voce incrinata, mentre a fatica cercava di trattenersi dallo scoppiare in lacrime. «Cosa facciamo allora?».

«Per prima cosa vediamo di non perdere la calma, dottoressa» ribatté Materson, prendendo le distanze da quell'atteggiamento disfattista. Da ex marine, per di più nato e cresciuto nel South Bronx a New York, fin dall'adolescenza aveva imparato a cavarsi dai pasticci nelle situazioni più disperate. «Coi tre giorni di autonomia che abbiamo, possiamo permetterci di aspettare che il bestione si stanchi e ci lasci perdere».

«Lorna, vedrai che presto se ne andrà per la sua strada» provò a confortarla l'altro, immedesimandosi nello stato d'animo della collega. In una situazione del genere, la disperazione era l'ultima cosa di cui avevano bisogno. «Appena s'accorge che l'Alvin non è commestibile, vedrai che andrà a cercarsi qualcosa di meno coriaceo».

«D'altronde per lo scafo non c'è da temere: è stato progettato per resistere a una pressione di mille bar, che vuol dire più o meno una tonnellata per centimetro quadrato» continuò Materson. «Nemmeno un bestione come quello può farcela».

Così almeno si augurava di tutto cuore. Qualche dubbio però lo nutriva, anche se si guardò bene dall'esternarlo. La resistenza dello scafo era stata infatti testata sulla pressione dall'esterno verso l'interno, ma nessuno poteva dire se sarebbe stato altrettanto resistente nel caso la forza fosse stata esercitata in senso contrario, come appunto farebbe un calamaro di quasi venti metri che tentasse di aprire l'Alvin come fosse un enorme bivalve.

Intanto a bordo della nave appoggio non riuscivano a capire cos'era successo. Dopo aver seguito senza problemi le fasi dell'immersione, grazie alle telecamere dell'Alvin che trasmettevano in tempo reale, improvvisamente dai monitor era sparito ogni tipo di segnale proveniente dal batiscafo.

«Mike, si può sapere cosa succede?» urlò Poe al tecnico addetto alle trasmissioni appena vide gli schermi oscurati e si accorse di non riuscire neppure a comunicare via radio. «Cerchiamo di sbrigarci, una buona volta!».

«Non dipende da noi, capo» si giustificò Chrysler scuotendo la testa e allargando le braccia in segno di resa. «Purtroppo è dall'Alvin che non arriva più niente».

A questo punto Poe intuì la gravità della situazione. Allora corse all'interfono e chiamò la plancia: «Comandante Davon, abbiamo un problema: dall'Alvin non arriva più segnale! Mandi per favore qualcuno in coperta a controllare il cavo ombelicale... non vorrei che si fosse spezzato».

Ma per fortuna le cose non stavano così.

Quando infatti verificarono la tensione del cavo d'acciaio provando a recuperarlo, quello oppose subito resistenza, segno che era ancora agganciato al batiscafo.

Nella sala controllo tirarono un sospiro di sollievo: almeno non s'erano persi l'Alvin con tutti i suoi occupanti. Il batiscafo era ancora là sotto e in grado, almeno in teoria, di risalire in modo autonomo. Per qualche inspiegabile motivo si dovevano essersi danneggiate solo le fibre ottiche di trasmissione, ma finché l'Alvin restava sott'acqua era impossibile ripararle.

Non riuscendo a darsi altre spiegazioni, e non sapendo cos'altro fare, decisero di aspettare che Materson riportasse a galla l'Alvin, pronti alla bobina di riavvolgimento del cordone ombelicale onde recuperarlo appena fosse iniziata l'emersione.

Zelda Russo, la trentenne assistente italo americana di Chrysler, nel frattempo decise di rivedere le ultime riprese delle telecamere subacquee, quelle registrate poco prima che s'interrompessero i contatti. Quando passò la numero cinque, installata all'estremo di poppa del batiscafo e quindi in grado di fornire una panoramica più completa, ebbe un sussulto.

«Mike, vieni un po' a vedere!» gridò rivolta a Chrysler, che qualche metro più avanti stava confabulando con Poe. «Cosa dici che è quella specie di siluro che si sta avventando sull'Alvin?».

«Non posso crederci!» esclamò William Poe, accorso insieme a

Chrysler a guardare la riproduzione che passava al rallentatore. Strabuzzando gli occhi, esclamò sconcertato: «Mi venga un colpo se quello non è un calamaro colossale!».

«Ecco perché non c'è più segnale!» esclamò a sua volta Mike Chrysler, picchiettando con la penna sul monitor mentre scorrevano le sequenze dell'animale che si scagliava sull'Alvin con i tentacoli aperti a raggiera. Si distinguevano chiaramente alcuni dei tentacoli che si attorcigliavano al cavo, per poi scivolare sullo scafo e avvilupparlo nel suo orrido abbraccio. «Vedi? Quei tentacoli hanno strappato il cavo in fibre ottiche».

«Magra consolazione, Mike» ribatté Poe, ancora allibito. «Mi sto chiedendo come facciamo a tirarli fuori».

«Non possono provare a riemergere?» chiese la Russo, serafica. «Si saranno ben accorti dell'animale».

«E come pensi che possano fare? A parte la mole dell'animale che li zavorra sul fondo, se si azzardano a mettere in moto i propulsori rischiano di mandare in frantumi le eliche, compromettendo la manovrabilità dell'Alvin e la loro possibilità di riemergere. Quindi fanno bene a non muoversi, sperando che l'animale capisca che la sua preda non è commestibile e si decida a lasciar perdere».

Dopo due ore di esasperante attesa, tuttavia la situazione non era affatto cambiata: il cavo era sempre in tensione, segno che il batiscafo giaceva immobile sul fondo. Come se non bastasse questo problema, alle undici ora locale, ovvero di lì a meno di mezz'ora, dovevano effettuare il primo collegamento satellitare in videoconferenza con l'Altair, secondo il programma di mutua collaborazione concordato a suo tempo con Papadopulos. A Poe creava un certo imbarazzo farlo in un frangente simile, ma era tardi per modificare la tabella di marcia. Così doveva preoccuparsi anche di questa faccenda.

«Mike, vedi se in regia siamo pronti per il collegamento con l'Altair» disse rivolgendosi a Chrysler. «Rammenta che Papadopulos s'è raccomandato la puntualità, perché ha il satellite a disposizione solo per mezz'ora».

«Tranquillo, William, è tutto a posto» rispose annuendo, dopo essersi scambiato alcuni cenni con l'addetto al collegamento dietro al vetro dell'attigua regia. «Noi siamo già sintonizzati... aspettiamo solo i segnali dall'Altair».

Nel giro di una decina di minuti sul megaschermo collocato su una parete della sala controllo iniziarono a comparire le prime immagini distorte. In regia regolarono la sintonia filtrando le interferenze elettromagnetiche e cercando di allineare audio e video, finché sullo schermo si riconobbe il viso sorridente di Papadopulos e si udirono le prime parole.

Nel frattempo Poe aveva preso posto su una delle due poltroncine girevoli, di fronte alla telecamera che dalla Deneb avrebbe trasmesso le immagini a bordo dell'Altair dall'altra parte del globo, dieci fusi orari più avanti, dopo essere rimbalzate attraverso un ponte satellitare multiplo.

«Come vanno le cose, laggiù?» si udì Papadopulos chiedere, con una voce non ancora perfettamente sintonizzata al movimento delle labbra. «Ad Atene abbiamo avuto il problema di dover rimpiazzare all'ultimo minuto un sottufficiale di macchine, e siamo stati costretti a partire con un giorno di ritardo... così non abbiamo ancora avviato le nostre ricerche».

«Mai così grave come il problema che purtroppo abbiamo noi ora» ribatté Poe intervenendo, con un'espressione preoccupata che non sfuggì al suo interlocutore.

«Dalla faccia che hai, si direbbe che ti è morto qualcuno» commentò l'altro con una battuta. «Che t'è successo?».

A questo punto William Poe si mise a raccontare la stranezza dei livelli di radioattività riscontrati sul Banco di Cobb spiegando che, mentre tentavano di appurarne le cause, l'Alvin era stato bloccato sul fondo da un enorme calamaro. Per di più s'era interrotta ogni comunicazione col batiscafo, così che l'unica cosa che potevano fare era aspettare che il bestione si decidesse a mollare la presa.

Sebbene il Italia fossero già le nove di sera, in occasione di questo primo collegamento la sala controllo dell'Altair era particolarmente affollata: con Papadopulos erano presenti i componenti dell'équipe del Cunep al completo, il comandante Alexios Nastasi, ed Enrico Fiorani, che in silenzio seguiva attentamente il resoconto da oltre oceano. Sica invece era rimasto in cabina, come pure Denise Massei, la biologa arrivata da poco, stanca morta dopo l'estenuante viaggio in auto da Bari, la quale aveva preferito declinare l'offerta di Papadopulos ad assistere.

Man mano che William Poe continuava il suo racconto, sull'Altair i numerosi presenti s'erano ormai ammutoliti, immedesimandosi nella situazione e nello stato d'animo dei tre poveri colleghi, bloccati da ore a millecinquecento metri di profondità.

«William, non per impicciarmi, ma se sono ore che quei poveretti stanno là sotto, senza che sia successo niente di nuovo, penso che dovreste sbrigarvi a trovare una soluzione» intervenne Papadopulos serio. «Aspettare ancora, potrebbe rivelarsi disastroso».

«Magari potessi far qualcosa… la domanda però è: cosa?».

«Bisogna pure inventarsi qualcosa, prima che quella bestia gli scardini le eliche… o peggio» ribatté Papadopulos, con lo sguardo preoccupato rivolto alla luce rossa della telecamera.

«Se hai qualche idea, sono tutt'orecchi. Il fatto è che purtroppo nessuno sa cosa fare».

«Sentite, se non avete niente di meglio… io una mezza idea ce l'avrei» intervenne Enrico Fiorani, emergendo dalla penombra dove fino a quel momento aveva seguito la conversazione. «Ma premetto che è una soluzione piuttosto fantasiosa… e non so se funzionerà con quel bestione là sotto».

«Qualsiasi idea è pur sempre meglio di niente, signor Fiorani» esclamò Papadopulos facendogli segno di avvicinarsi. Anche se sorpreso, era soddisfatto che qualcuno nel suo gruppo avesse una proposta. La situazione era stagnante e se l'Alvin fosse rimasto a lungo nelle spire di quel mostro non ci sarebbe stato da aspettarsi niente di buono. Enrico sedette ora vicino a Papadopulos, che lo presentò come un collaboratore che si era unito a loro per compiere alcune ricerche marine. Poi, facendogli cenno di guardare la lucina rossa accesa, gli chiese: «Signor Fiorani, lei cosa suggerisce?».

«Mi pare di aver capito che il problema principale sia far sloggiare l'animale al più presto… è così?».

«Certamente. Quale sarebbe dunque quest'idea fantasiosa che

propone?» si udì la voce di Poe domandare dal megaschermo, in un misto di curiosità e scetticismo.

«Per poterla realizzare ci sono alcuni requisiti essenziali» continuò Fiorani, ignorando la domanda. Papadopulos si fece leggermente da parte, per consentirgli di parlare dritto alla telecamera «Per prima cosa, dovete trovare il sistema di far arrivare sul fondo un contenitore pressurizzato».

«Quale contenitore?» domandò perplesso Poe.

«L'ottimale sarebbe una bombola di gas metano, tipo quelle che si installano sulle auto. E poi dovete riuscire a farla arrivare fino al calamaro».

«Questo non sarebbe un problema: di bombole a metano liquido a bordo ne abbiamo. Per quanto riguarda il dirigerla sull'animale, basta collegarla con un cappio scorrevole al cavo d'acciaio del batiscafo» rispose Poe. «Forza di gravità e pressione la farebbero scendere direttamente fino al batiscafo».

«Però così le probabilità che il sistema funzioni sarebbero davvero pochine» obiettò Enrico con un lieve cenno di diniego. «Una volta sul fondo, la bombola deve essere avvicinata il più possibile al colletto del calamaro».

«William, non potremmo allora utilizzare il nostro Jason?» si udì fuori campo intervenire la voce di Chrysler. «Quello possiamo manovrarlo anche da qui».

«Potremmo...» ammise Poe titubante, dopo averci riflettuto sopra. Il robot era un gioiellino piuttosto delicato, oltre che costoso, e non era il caso di metterlo a repentaglio per qualche idea fantasiosa, come la definiva il suo stesso promotore. Prima di dare l'assenso doveva quindi capire meglio cosa volesse farne. Perciò chiese nuovamente: «Non pensa, Fiorani, che dovrebbe spiegarci un po' meglio cos'ha in mente? Non voglio rischiare di perdere anche il robot».

«D'accordo, ma vorrei pregarvi di non mettervi a ridere appena vi esporrò l'idea...».

Dopo avergli assicurato che si sarebbero guardati bene dal farlo, Enrico si mise quindi a raccontare un breve frammento della sua adolescenza.

«Dovete sapere che sono praticamente cresciuto sugli scogli di

Quarto, esattamente dove cent'anni prima partì Garibaldi coi suoi mille, nel senso che da ragazzo vi andavo spesso a pesca. Durante quegli anni, da un vecchio pescatore imparai un paio di trucchi, che ora vorrei tentare col bestione là sotto».

A questo punto fece una pausa e guardò uno ad uno i presenti che lo fissavano incuriositi, quasi a ribadire che il suo era un discorso serio. «In poche parole l'idea è di spedirgli una specie di bomba puzzolente che lo faccia sloggiare, e il robot potrebbe essere utile».

«Per fare cosa? Si spieghi meglio» si udì la voce impaziente di Poe provenire dal megaschermo. «Le rammento che ci restano solo quindici minuti di satellite».

«D'accordo, dottor Poe, arrivo subito al punto. Da ragazzo, una delle esche migliori per la pesca erano i vermi nascosti fra le alghe brune che ricoprono gli scogli lungo la fascia di escursione della marea. Durante la bassa marea mettevo dentro uno straccio un pezzetto di solfato di rame, bagnavo lo straccio, e facevo colare sulle alghe qualche goccia d'acqua colorata: in pochi istanti saltava fuori di tutto, vermi compresi. Così imparai che gli animali marini non sopportano il verderame».

«E l'altro trucco?» chiese sorridendo Papadopulos, sorpreso che il suo ospite avesse un racconto tanto folcloristico.

«Ha a che fare con la pesca dei polpi... parenti stretti del nostro calamaro».

«Diciamo che entrambi appartengono ai cefalopodi» precisò Poe, che ancora non riusciva a capire. «Non penserà mica di catturare un animale da una tonnellata e passa... vero?».

«Certo che no, dottor Poe... ma mi lasci finire. Vede, quando da ragazzo andavo sott'acqua e il polpo s'imbucava in una tana stretta e profonda, un metodo sicuro per farlo uscire a razzo dal buco era di ficcarci dentro un mozzicone di sigaretta. Quelli sono animali molto sensibili che non sopportano il puzzo della nicotina... spero che valga lo stesso anche per i calamari».

«In conclusione, quale sarebbe l'idea?».

«Preparate la bombola in modo tale che il vostro robot possa trasportarla fino al bersaglio. Riempitela con qualche chilo di solfato di rame in polvere e alcune stecche di sigarette triturate, e per il resto caricatela di metano liquido. Quindi predisponete un sistema telecomandato di apertura della valvola. Potete riuscirci?».

«Non dovrebbero esserci problemi: le bombole di metano liquido che abbiamo a bordo sono caricate a duecentoquaranta atmosfere, quindi in grado di resistere a quella profondità» si udì fuori campo la voce di Chrysler che spiegava a Poe la fattibilità tecnica della proposta di Fiorani. «Vanno bene anche per far schizzar fuori il contenuto, avendo una pressione parecchio più alta di quella esterna, che è sulle centocinquanta atmosfere. Per farla aprire, potremmo usare una di quelle cariche esplosive per le rilevazioni sismografiche».

«Già, e così possiamo dire addio al nostro Jason» obiettò Poe scuotendo il capo, scandalizzato all'idea di mandare in pezzi il suo gioiello subacqueo. «Scarta pure questa ipotesi, Mike».

«Vada allora per il contrasto di pressione. Ma per comandare l'apertura automatica della bombola dobbiamo per forza ricorrere ad una carica esplosiva, telecomandata tramite il robot» ribatté la voce fuori campo, che si affrettò ad aggiungere in tono rassicurante: «Tranquillo, William, sarà sufficiente una carica minima, che non danneggerà nient'altro all'infuori della valvola di apertura della bombola».

«Speriamo».

«L'importante è che possiate attivare l'apertura proprio al momento giusto» precisò Fiorani, intervenendo.

«E cosa speriamo di ottenere con un marchingegno del genere?» chiese Poe, ancora titubante.

«Quel che c'interessa è far scappare quel bestione».

«Pensa davvero che quella tonnellata di muscoli si spaventerà per così poco?».

«Spero almeno che sia indotto a mollare la presa: l'essenziale è spargli il nostro intruglio il più vicino possibile alle branchie, così che lo respiri per benino» ribatté Fiorani. Leggendo tuttavia un certo scetticismo dipinto sul volto di Poe, concluse: «Se però avete un'idea migliore, non mi offendo: seguite pure la vostra».

«A me sembra un tantino originale, ma potrebbe anche funzionare» commentò Papadopulos guardando Enrico. Poi, rivolgendosi alla telecamera, aggiunse: «William, direi che vale la pena provare. Altre soluzioni d'altronde non ne vedo e temo che, se aspetti ancora, l'Alvin rischia di fare una brutta fine».

«D'accordo, Costantino. Vuol dire che tenteremo questa strada» cedette Poe, dopo una lunga pausa. Dando una rapida occhiata all'orologio, si rese conto che il tempo del collegamento satellitare era ormai agli sgoccioli. Prima di sparire dal megaschermo, aggiunse: «Domani ti farò sapere com'è andata. Ma sia chiaro che se il tentativo non funziona, nessuno deve azzardarsi a raccontarlo in giro…».

25

Salvataggio sul fondo

A metà pomeriggio il robot Jason era stato calato in mare. Con un cappio scorrevole l'avevano collegato al cavo d'acciaio dell'Alvin tramite un sistema telecomandato di sganciamento, così da poter essere liberato una volta raggiunto il batiscafo. Per precauzione, e soprattutto per non rischiare un attacco da parte di qualche altro calamaro attirato dai fari, l'avevano fatto scendere a luci spente.

La bombola piena del miscuglio era stata fissata sopra il robot, orizzontalmente e con la valvola di apertura che sporgeva in avanti, e la mini esplosione di apertura sarebbe stata innescata da un detonatore telecomandato, accoppiato a un trasmettitore fissato al robot.

Dotato di due proiettori e una telecamera a colori, tramite un cavo a fibre ottiche Jason era collegato alla sala operativa della Deneb, così che le operazioni erano seguite in tempo reale e teleguidate dalla nave di superficie. La consolle operativa consisteva in un monitor e due joystick situati ai lati di un pannello zeppo di cursori e interruttori, coi quali si poteva manovrare l'agile mezzo subacqueo agendo sui propulsori elettrici.

«Jason è quasi in posizione, capo… distanza ventisette metri» annunciò a un certo punto Chrysler osservando le immagini trasmesse dalla telecamera subacquea, puntata in direzione dei proiettori ancora accesi dell'Alvin.

«Procedere con lo sganciamento» comandò Poe immediatamente. «Ci conviene stare alla larga dalla portata di quei tentacoli. Ora vediamo di trovare il nostro amichetto.»

«Ok, fatto» disse Chrysler liberando dal cappio il robot. Dalla console manovrò coi joystick finché sul monitor fu visibile la massa rosata, con i tentacoli ancora avvinghiati al batiscafo. Il corpo oblungo era come percorso da un alternarsi di luminescenze rossastre, brunite e fosforescenti. Nonostante tutto, era terribilmente bello a vedersi. «Eccolo là sotto! Mica lo ha ancora mollato…».

«Dobbiamo portare la bombola il più vicino possibile al corpo dell'animale, appena sopra l'attaccatura dei tentacoli» precisò Poe indicando il punto sul monitor. «Proprio qui, fra il mantello e il colletto, da dove entra l'acqua diretta alle branchie».

«Farò il possibile, William» annuì il tecnico alla consolle, mentre manovrava i comandi.

«Cerca di far girare Jason da sotto, così da mantenerlo fuori del campo visivo del calamaro» continuò Poe, preoccupato dalle possibili reazioni dell'animale. «Non vorrei che accorgendosi del robot facesse qualche movimento strano».

«D'accordo… ci provo».

«Mike, perché non cerchi anche di farlo passare davanti agli oblò dell'Alvin» intervenne la dottoressa Russo, che s'immedesimava nello stato d'animo della collega biologa, da oltre cinque ore in balia di quel mostro. «Se riescono a vedere il robot, magari prendono coraggio».

«Buona idea, Zelda» assentì Poe, poggiando la mano sulla spalla di Chrysler per incoraggiarlo a seguire il consiglio. «Chissà come si sentono quei poveracci là dentro…».

Spinto dai motori elettrici, silenziosamente il robot si librò nell'acqua allontanandosi dall'animale e scendendo di qualche metro, tenendosi a ridosso del batiscafo e quasi sfiorando il muso dell'Alvin. Per fortuna, i due proiettori accesi dell'Alvin rischiaravano a sufficienza la visuale.

«Guardate, là fuori!» esclamò Bruce Materson da dentro l'angusto abitacolo, incollandosi col naso allo spicchio di oblò lasciato libero da quelle ventose grandi come piatti da portata. «Mi prenda un colpo se non è il nostro Jason!».

«Hai visto che non ci hanno abbandonato?» gli fece eco Lax illuminandosi in volto, rivolto alla collega ormai chiusa in un disperato mutismo.

«Dite davvero?» ribatté lei incredula. Si affrettò all'oblò per guardar fuori, ma quando vide il minuscolo robot, insignificante in paragone all'enorme creatura, le si spense l'accenno di sorriso e ribatté mesta: «Non direi che è una grande consolazione, Larry.

Cosa vuoi che riesca a fare un aggeggio del genere con quel mostro?».

«Comunque è già qualcosa, Lorna».

«Guardate cosa gli hanno piazzato sopra» osservò sorpreso il pilota, che conosceva molto bene il robot e non si sapeva spiegare quella strana appendice sulla testa di Jason. «Si direbbe una grossa bombola...».

«A me sembra una bomba» obiettò Lax. «Bruce, vuoi vedere che vogliono far saltare in aria il calamaro?».

«Spero proprio di no, Larry, altrimenti facciamo anche noi la stessa fine» ribatté Materson, scuotendo il capo con vigore. «Sono proprio curioso di vedere cosa si sono inventati».

Mentre nel batiscafo si scambiavano le reciproche perplessità e speranze, Jason sparì dalla visuale lasciandoli interdetti.

«Mike, spostati verso il calamaro ma avvicinati da sotto» suggerì Poe all'operatore che manovrava i joystick. «Così anche se ha occhi enormi non può vedere il robot».

«Ci sono quasi, William...».

«Ora dobbiamo fare molta attenzione, Mike» si raccomandò Poe, avvicinando l'indice a un tasto sulla consolle, evidenziato da un pezzetto di scotch rosso e programmato per far esplodere la carica esplosiva, applicata alla valvola di apertura della bombola.

«Mentre ti avvicini il più possibile, giralo ancora di una decina di gradi a dritta e alza il brandeggio di cinque gradi» continuò Poe, mentre fissava con apprensione lo schermo. «Dobbiamo dirigere il getto esattamente verso quella specie di tasca che si apre alla base della testa... è da lì che il calamaro inspira l'acqua che affluisce alle branchie interne».

Manovrato abilmente, Jason si stabilizzò a un paio di metri dal colletto del calamaro, con l'apertura della bombola posizionata esattamente.

«Fermo così, Mike. Ci siamo!» esclamò Poe pigiando il tasto sulla consolle. «Sparato!».

Tramite il cavo a fibre ottiche l'impulso giunse quasi simultaneamente al trasmettitore fissato sul robot, che a sua volta lo inviò al detonatore telecomandato. La carica esplose facendo saltare la valvola di apertura della bombola che, per effetto della maggiore pressione interna, in pochi istanti sparò letteralmente fuori tutto il suo contenuto di gas e di materiali.

Come previsto, Jason rinculò sotto il contraccolpo della spinta contraria prodotta dal gas in pressione che fuoriusciva, col risultato di allontanarsi diversi metri dall'animale.

Il colletto e la testa del calamaro furono d'un tratto avvolti da una nuvola di solfato di rame e nicotina che prese a entrargli nell'apertura delle branchie man mano che la respirava, mentre l'animale di pari passo cambiava colore in un susseguirsi sempre più spasmodico di alternanze e iridescenze.

Finché mollò la presa, per liberarsi dall'impaccio dell'Alvin che lo zavorrava in quell'acqua pestilenziale, e filò via dileguandosi nelle tenebre degli abissi.

«Questa esperienza la potrò raccontare finché campo» furono le prime parole che Materson rivolse a William Poe mentre usciva dalla torretta del batiscafo. Tutto euforico per lo scampato pericolo, il pilota balzò sul ponte di coperta dell'Altair, seguito dai due passeggeri, che invece erano pallidi come cenci lavati in varechina. «Quel bestione ci ha fatto vedere i sorci verdi».

«Davvero un bel battesimo del mare» gli fece eco Larry Lax con un sorriso forzato. «Se avessi saputo cosa stava per capitarci, il privilegio l'avrei volentieri lasciato a qualcun altro».

«Consolati che almeno potrai narrarla ai nipotini» ridacchiò Poe dandogli un'amichevole pacca sulla spalla. «C'è stato un momento che non sapevamo proprio come farlo sloggiare… poi per fortuna uno della squadra di Papadopulos ci ha dato una dritta geniale e siamo riusciti a fargli mollare la presa. Comunque vi racconterò i particolari dopo cena… ora dimenticate la disavventura e andate a rilassarvi con una bella doccia calda».

«Altro che doccia, ci vuole ben altro per dimenticare» commentò con un filo di voce Lorna Sherry, ancora sotto shock al ricordo del viscido abbraccio di quegli enormi tentacoli. «Un incontro del genere chi se lo scorda più?».

Dopo le molte strette di mano dei colleghi, accorsi sul ponte per dare il bentornato e rallegrarsi con loro per lo scampato pericolo, i tre si ritirarono esausti nelle rispettive cabine. Il resto dell'equipaggio tornò alle normali attività e i tecnici di Poe fecero una cernita dei contenitori rimasti incolumi dopo il violento abbraccio del calamaro. Per fortuna la maggior parte era ancora utilizzabile: dopo aver contrassegnato i campioni raccolti in immersione, li sistemarono nella cella frigo del laboratorio, pronti per essere catalogati e analizzati con cura nei giorni successivi.

Nel frattempo l'avviso meteo aveva preannunciato burrasca forza sette da nordovest, così che il nostromo aveva dovuto far rafforzare le bozze di fissaggio del batiscafo e del robot agli ancoraggi sopracoperta, in previsione delle ondate che presto avrebbero spazzato il ponte.

«Tutto sommato l'Alvin se l'è cavata abbastanza bene» aveva commentato il comandante Davon rivolto a William Poe, mentre insieme ricontrollavano i fermi d'ancoraggio. Dopo aver passato in rassegna lo scafo dell'Alvin, aggiunse: «Solo qualche proiettore scardinato e una telecamera fuori uso... oltre a quel contenitore per campioni».

«Ci sono anche duemila metri di cavo a fibre ottiche praticamente inutilizzabili» precisò Poe additando i tratti sfilacciati che sporgevano dalla matassa riavvolta in coperta. «I tentacoli non solo l'hanno strappato, ma prima devono averlo tirato con forza, al punto che ormai le fibre sono inservibili».

«Potete ripararlo?».

«Fosse solo questo il problema, potremmo eliminare il tratto rovinato, dato che la matassa è di quasi settemila metri. Purtroppo però con quelle enormi ventose, oltre ai fari e alle telecamere, ha anche storto i bracci a pantografo» rispose Poe corrucciato, indicando dove erano danneggiati. «Quindi, prima di poter utilizzare l'Alvin, dobbiamo tornare a Portland per le riparazioni».

«Il robot per fortuna ne è uscito incolume...».

«E infatti stavo pensando di fare a meno del batiscafo e per il momento usare solo Jason. Per alcune ricerche dovrebbe bastare».

«Allora, come vogliamo procedere?».

«Per prima cosa dobbiamo verificare alcuni aspetti ancor poco chiari: la faccenda della radioattività, tanto per cominciare... poi quella strana presenza di meduse giganti a millecinquecento metri di profondità».

«E non dimentichiamo il rilevamento sonar che l'Alvin stava segnalando poco prima che perdessimo i contatti».

«Anche quello, certo. Sono proprio curioso di sapere cos'è che loro vedevano ma che noi da sopra non siamo riusciti a vedere… se rimandiamo giù il Jason, forse possiamo scoprirlo».

26

Riunione a bordo

Alle sette di mattina l'assistente di Papadopulos bussò alle cabine dei tre ospiti per avvisarli che erano invitati a una riunione col professoreos. Suggerì loro di andare intanto a far colazione in sala mensa, dove sarebbe passato a prenderli qualche minuto prima delle otto.

E così era stato, almeno per Fiorani e Sica. La dottoressa Massei invece non s'era vista. Allora Pangalos, dopo averli accompagnati al ponte superiore, aveva fatto dietro front e s'era affrettato in cerca della biologa sapendo per esperienza che i ritardatari su quella nave non erano graditi.

Quando infatti i due entrarono nella saletta ufficiali trovarono un impaziente Papadopulos già ad aspettarli, con il comandante Alexios Nastasi e il primo ufficiale Petro Arconti seduti all'altra estremità del massiccio tavolo di mogano imbullonato al pavimento. Il professore rivolse loro uno sbrigativo saluto e li invitò ad accomodarsi alla sua sinistra.

«Dormito bene in cuccetta?» chiese sornione, avendo notato l'espressione sul volto di Sica, tipica di chi la notte non era riuscito a chiudere occhio.

«Certo professore, anzi… mi è sembrato di tornare indietro negli anni, a quando ero imbarcato» rispose Fiorani anticipando il collega, per evitare che se ne uscisse con qualche commento spiacevole. Notando che i due in camicia cachi e con i caratteristici distintivi dorati cuciti sulle spalline sembravano incuriositi dalla sua precisazione, guardandoli amichevolmente si limitò ad aggiungere: «Da giovane anch'io ho navigato per un certo tempo sui mercantili, come ufficiale di coperta… il mio collega invece non è mai stato su una nave e deve ancora abituarsi agli spazi ristretti».

«Ristretti? Diciamo pure angusti. Ho fatto nottata a rigirarmi da una parte all'altra in quella dannata cuccetta» protestò Sica, angustiato al solo pensiero di quante notti avrebbe dovuto trascorrervi. Toccandosi poi di lato la fronte, strappò un sorriso a tutti borbottando: «E devo anche aver sbattuto la testa da qualche parte».

In quell'attimo entrò Lukas Pangalos, seguito dalla dottoressa Denise Massei.

Forse perché le donne a bordo erano una rarità, o perché le poche che vi transitavano tendevano a conformarsi al resto dell'equipaggio, a cominciare dal modo di vestire, fatto sta che appena la biologa mise piede nella saletta ufficiali vi fu un attimo di imbarazzato silenzio. Se aveva saltato la colazione per rendersi più attraente di quanto non era apparsa la sera precedente, quando era giunta nervosa e trafelata dopo un viaggio pieno di contrattempi, bisognava dire che ne era valsa la pena.

La figura sinuosa e ben proporzionata, i lineamenti aggraziati del viso dai tratti mediterranei, incorniciato dalla folta chioma crespa color cioccolato ravvivata da colpi di sole di due o tre toni più chiari che ne accrescevano l'intensità dello sguardo, il portamento elegante e al tempo stesso disinvolto, non potevano certo passare inosservati a bordo di una nave.

L'abbigliamento era di buon gusto e molto femminile, ben lontano dai consueti canoni marinareschi: sopra la candida canotta di cotone indossava infatti un blazer bianco ad ampi risvolti, con maniche tirate su fin sotto il gomito e, sopra, una vistosa e allegra collana in stile etnico, ad indicare che la trentacinquenne biologa possedeva una personalità variegata e interessante, tutta da scoprire; pure la morbida gonna color corallo, che con misurata modestia le arrivava al ginocchio, s'intonava perfettamente coi sandali metal a tacco alto impreziositi da strass, che facevano risaltare le sue lunghe gambe abbronzate.

Una bellezza composta, anche grazie al maquillage moderato: velo di ombretto per allungare gli angoli degli occhi color nocciola, rimmel ben dosato sulle lunghe ciglia lavorate a raggiera. Del tutto al naturale erano invece le folte sopracciglia ad ali di gabbiano che delimitavano la bella fronte spaziosa dal tipico incarnato. Ma era la bocca sinuosa il punto d'eccellenza di quel viso, con labbra sensuali, invitanti.

Denise Massei salutò Papadopulos con un sorriso amichevole che le illuminò gli occhi da gatta e ne scoprì i denti perfettamente allineati e bianchissimi; fatti pochi passi si fermò e attese che le indicasse dove sedere.

«Prego, dottoressa, si accomodi qui» la invitò, indicando la sua destra. Un impacciato Pangalos scostò cavallerescamente la sedia per farla sedere, quindi prese posto fra lei e il professore.

Dei sei uomini attorno al tavolo, l'unico a non esser calamitato dalla sua bellezza magnetica era Enrico. A differenza di Sica che, da imbronciato e lamentoso, s'era improvvisamente ringalluzzito e continuava a guardarla di sott'occhi.

Ma all'apparente indifferenza di Enrico c'era una spiegazione: aveva subìto la perdita della compagna di vita da appena quattro mesi e il cuore gli era rimasto come anestetizzato dal dolore, lasciandolo in uno stato d'animo poco propenso a richiami del genere. Così quando la donna gli sedette di fronte e i loro sguardi per un attimo s'incontrarono, lui si limitò a ricambiare il saluto con un cenno del capo e un sorriso di circostanza.

Terminato di presentare i tre ospiti a comandante e primo ufficiale, Papadopulos venne al motivo per cui s'erano riuniti.

«Pensiamo di salpare stasera e dobbiamo decidere la prima tappa del viaggio» esordì, guardando uno dopo l'altro i presenti. In ultimo si soffermò su Enrico e, con un sorriso di soddisfazione, disse: «Devo intanto ringraziare il signor Fiorani da parte di William Poe, il collega americano in navigazione nel Pacifico settentrionale».

Anche se era dalla sera prima che voleva sapere com'era andata a finire l'avventura col calamaro, Enrico non aveva avuto il coraggio di chiederglielo davanti a tutti, temendo che la sua si fosse rivelata un'idea balzana. Forse era a questo che si stava riferendo? Per non sbilanciarsi si limitò a chiedere: «Ringraziarmi? E per cosa?».

«Per i consigli di ieri. Ho appena parlato al telefono con Poe e mi ha confermato che, grazie al suo suggerimento, da poche ore l'Alvin è tornato a galla, incolume».

Chi non sapeva invece nulla della faccenda era la Massei, che rivolse un'occhiata interrogativa prima al professore, poi a Fiorani, come a chiedere spiegazioni. Ma Papadopulos la prevenne con un cenno della mano: «Dopo se lo farà raccontare da Fiorani, dottoressa. Ora non possiamo divagare oltre, perché il comandante ha bisogno di conoscere la prossima destinazione».

«Se dobbiamo partire stasera, direi che siamo già piuttosto in ritardo» intervenne Nastasi annuendo con enfasi, accompagnato dal muto assenso del suo vice, l'ufficiale di rotta.

«Il comandante ha ragione, ma è colpa mia» si scusò Papadopulos aggrottando la fronte. Poi si rivolse Fiorani: «Dal promemoria che mi ha consegnato ieri, noto che alcuni dei punti nave dove si presume siano affondati carichi radioattivi sono abbastanza vicini. Anche dal Cem mi chiedono di verificare se esistono livelli di contaminazione nel Mediterraneo, così che questo della radioattività potrebbe essere il nostro primo obiettivo. La dottoressa Massei è qui proprio per darci una mano al riguardo».

«Con piacere, professore» assentì lei. Aveva mani ben curate che muoveva con grazia, dita affusolate e unghie smaltate con lo stesso colore della gonna. «Io suggerirei di cominciare dall'Isola di Zante».

«Perché?».

«Per verificare una teoria che abbiamo elaborato al Cem a proposito di certi capodogli che, dalla Fossa Ellenica al largo di Zante dove erano soliti stanziare, sono andati ad arenarsi su una spiaggia del Gargano. Nella carcassa di uno di quegli animali abbiamo trovato dell'ambra grigia altamente radioattiva e riteniamo che possa essersi contaminato nutrendosi di prede radioattive».

«E cosa pensa di trovare laggiù?».

«Ancora non lo so, ma vorrei capire se al largo dell'Isola di Zante la catena alimentare marina è stata in qualche modo contaminata dalla radioattività… e in caso affermativo scoprirne le cause».

A tali parole Fiorani ebbe un soprassalto, realizzando che quella teoria sosteneva anche la sua riguardo alle meduse killer. Ora che ci rifletteva, anche il calamaro abissale che aveva aggredito l'Alvin e tutte quelle meduse giganti sul Banco di Cobb avevano un comune denominatore: un'inspiegabile presenza in zona di isotopi radioattivi a elevata intensità.

«Un'ipotesi davvero interessante, dottoressa» commentò Enrico fissandola negli occhi, felice nel constatare che non era il solo a pensarla così. Mentre lei si scostava dagli occhi una ciocca di capelli ricci andati fuori posto, per la prima volta si rese conto di quanto fosse grazioso quel viso. Sorpreso lui stesso di un tal pensiero, per la prima volta in questi mesi di lutto e di sconforto, per sottrarsi allo sguardo ammaliante con cui lei lo ricambiava, rivolto a Papadopulos aggiunse: «Senza che la dottoressa Massei me ne voglia, io direi invece di iniziare da uno dei nostri relitti».

«Sono d'accordo» gli fece eco Sica, che non vedeva l'ora di sbrigare questa scomoda incombenza e tornarsene a Roma.

«Secondo le mie coordinate, il relitto della Jolly Mare dovrebbe trovarsi a circa quaranta miglia a sud est di Capo Rizzato, quindi possiamo arrivarci alla svelta. All'Isola di Zante potete anche andare in un secondo tempo, quando non avrete più bisogno di noi due…».

«Lei che ne pensa, comandante?» chiese Papadopulos.

«Direi che Fiorani non ha tutti i torti. Zante dista circa duecento miglia da qui, mentre al largo di Capo Rizzato ci arriviamo in poche ore di navigazione. Anche se partiamo in serata, domattina presto potremmo essere in zona operativa e così approfittare del mare calmo; dopodomani invece si preannuncia una bella sciroccata».

«D'accordo. Allora vada per Capo Rizzato» decise Papadopulos scribacchiando qualcosa sull'agenda. «Prendiamocela pure comoda per la partenza, basta che all'alba siamo in posizione per calare il ROV… vediamo di combinare qualcosa di utile, prima che il mare ci costringa a sospendere le attività».

«Si può finalmente sapere qual è la posizione esatta del relitto?» chiese stringato l'ufficiale di rotta, innervosito per la lungaggine.

«Latitudine 38° 55' Nord, Longitudine 17° 58' Est» rispose Enrico diretto, leggendo le coordinate dai propri appunti.

Il comandante le scrisse su un foglio, che poi passò al suo vice. Data poi una fugace occhiata all'orologio, disse: «Noi due dobbiamo ancora sbrigare parecchie faccende... se quindi non avete più bisogno di noi...».

«Certo, comandante» assentì il professore con un cenno del capo. «Se non le dispiace, noi ci tratteniamo ancora un po' a discutere le nostre teorie».

Appena si diffuse la notizia della partenza in serata per andare in cerca di un relitto carico di rifiuti nucleari, a bordo ci fu un misto di eccitazione e preoccupazione: com'era da aspettarsi, rischiare una contaminazione con scorie affondate chissà quando non andava a genio a molti. Ma ignoravano che la vera minaccia, più concreta e imminente, proveniva da ben altra fonte.

A mezzogiorno, terminato il turno, il sottufficiale motorista Andrea Papacostinou si recò a mensa dove fece conoscenza con alcuni membri dell'equipaggio, fra cui l'allievo ufficiale di coperta al suo primo imbarco. Al giovane raccontò di possedere la patente nautica da diporto e di avere l'hobby della vela, fatto che lo aveva portato a navigare lungo quelle coste, che quindi conosceva molto bene. Così, approfittando della sua ingenuità, riuscì a farsi svelare le coordinate geografiche di dove erano diretti.

Quando verso le due del pomeriggio tornò in cabina, preparò una e-mail crittata da inviare al "comandante" in cui indicava posizione e ora stimata di quando quella notte "il bambino" sarebbe "nato". Per precauzione, nel caso fosse stata intercettata, evitò i riferimenti diretti e si limitò a scrivere che stava per collocare il "materiale" sulla nave nelle zone prestabilite e col timer impostato alle quattro, aggiungendo di informare subito "la famiglia" così che si regolassero di conseguenza; poi tramite il remailer, che avrebbe camuffato mittente e destinatario, la spedì a Leggio.

Calcolava che agendo in questa maniera avrebbe avuto il tempo di abbandonare la nave sul battellino di salvataggio a nave quasi ferma, fra le tre e le quattro del mattino, ovviamente prima dell'esplosione. A quell'ora sarebbe stato buio per altre due ore e quindi il repentino inabissamento della nave avrebbe colto nel sonno la maggior parte di quelli a bordo.

Ancor prima avrebbe manomesso le antenne dei sistemi di

ricetrasmissione, inclusi quelli Gps di localizzazione satellitare, in modo che non restasse traccia dell'ultimo tratto di navigazione. A esplosione avvenuta doveva solo pazientare a bordo del gonfiabile e attendere che arrivasse il motoscafo a recuperarlo: anche se la posizione comunicata con l'e-mail a Leggio era solo quella stimata, una volta in zona l'avrebbero potuta correggere in tempo reale sulla base del suo segnalatore Gps, che intendeva attivare appena abbandonato la nave.

Leggio attendeva con impazienza notizie da Papacostinou e quindi di primo mattino accese il portatile per controllare la posta. Quando vide l'e-mail indirizzata da Russo a Fiorani la sera prima, che il virus di Linke aveva puntualmente ritrasmesso, ovviamente ci cliccò sopra per leggerla.

Non poteva naturalmente immaginare che in tal modo aveva fatto sì che il virus modificato da Tony Russo s'installasse sull'hard-disk del suo portatile, così che da quel momento ogni tasto digitato e la sua posta elettronica sarebbero stati duplicati e trasmessi al portatile di Enrico Fiorani.

Inclusa l'e-mail che Papacostinou di lì a poco avrebbe spedito a Leggio con i particolari dell'attentato.

27

Un incontro

«Pare che esista un vero e proprio traffico internazionale che, tramite società controllate dalla malavita organizzata, dal Nord Europa spedisce le scorie in Italia, dove le cosche provvedono a farle sparire in vari modi, principalmente affondandole in mare» stava spiegando Pangalos, che s'era fatto una cultura in materia preparando la tesi di laurea. «Pensate che un ingegnere di Garlasco aveva perfino aperto una società commerciale che si prefiggeva di spararle nei sedimenti marini dentro speciali siluri».

«Vorrai mica scherzare!» esclamò stupita Denise Massei.

«Niente affatto» ribatté Pangalos, scrollando il capo. «Anzi, all'inizio l'idea era stata partorita dalle nazioni nuclearizzate, che poi però non l'avevano attuata a seguito della Convenzione di Londra, che vietò di gettare in mare materiali radioattivi».

«Professore, se ha letto la mia documentazione, avrà notato che ci sono molte somiglianze con questo discorso» intervenne Enrico rivolgendosi a Papadopulos. «Servizi deviati, malavita organizzata, multinazionali, politici senza scrupoli… tutti uniti nel grande affare del secolo».

«Ma come fate a esserne così sicuri?» chiese la Massei. «A me non risulta niente del genere».

«Purtroppo ci sono stati diversi episodi che lo confermano, alcuni anche piuttosto tragici» le rispose Fiorani.

«A cosa ti riferisci?».

«Per esempio alla morte di un capitano di corvetta a La Spezia, proprio mentre stava indagando sulla Righel, una nave affondata al largo di Capo Spartivento. Già era stato oggetto di pressioni e ostilità volte a farlo desistere, ma lui non s'era fatto intimidire e aveva continuato le indagini, arrivando a individuare il punto esatto del naufragio. Purtroppo, prima che potesse far ispezionare il relitto per vedere se conteneva davvero le scorie che si diceva, rientrando da una cena fuori casa fu colpito da un infarto, a dir poco sospetto, che lo fermò per sempre».

«Ma le scorie radioattive poi c'erano?».

«Purtroppo questa è una domanda rimasta senza risposta, dato che nessuno ha proseguito le indagini con la stessa determinazione di quel capitano. D'altronde se ne capisce benissimo il motivo: a chi vuoi che convenga far saltar fuori una verità tanto scomoda?» continuò Fiorani, guardandola in viso. E per la prima volta notò che alla luce artificiale le iridi dei suoi occhi non erano semplicemente d'un bel color nocciola chiaro, ma tendevano al giallo con riflessi dorati, come quelli della gatta dei suoi vicini. Quindi, con un'alzata di spalle, concluse: «E poi, di eroi pronti al martirio, in giro ce ne sono sempre meno».

La biologa si scostò una ciocca di capelli ribelli con le lunghe dita affusolate scoprendo la fronte corrucciata. Dopo una breve pausa, disse: «Mi chiedo se l'ambra grigia di quei capodogli finiti sul Gargano era radioattiva proprio per questo motivo».

«Io non lo escluderei» concordò Enrico, distogliendo a fatica gli occhi dai suoi. Seduti uno di fronte all'altro, percepiva a tratti il suo profumo delicato e la situazione lo imbarazzava. Così tentò di nascondere il proprio impaccio mettendosi a scribacchiare qualcosa sugli appunti.

«Cercare un relitto sommerso fino a qualche anno fa era anche un problema di mancanza di mezzi adeguati» intervenne Papadopulos che quel lavoro lo faceva da una vita, quasi a voler dare una diversa spiegazione. «Rastrellare i fondali, in cerca di uno scafo semisepolto, per di più a centinaia di metri di profondità, è come voler trovare il proverbiale ago nel pagliaio».

«Ma oggi, con le attrezzature che abbiamo, non dovrebbe essere così difficile» commentò la biologa.

«E infatti siamo qui anche per questo, dottoressa. Fiorani e il suo amico non sono venuti in crociera, ma a indicarci appunto dove si presume siano quei relitti» continuò Papadopulos. In tono dubbioso poi aggiunse: «Secondo loro, di navi affondate in Mediterraneo con le stive piene di scorie radioattive ce ne sarebbero una trentina...».

«Non so se davvero siano trenta, ma due ci sono di sicuro» ribatté Sica con una certa veemenza, intervenendo per la prima volta nella conversazione. Lo scetticismo di Papadopulos rischiava di rendergli inutile la fatica di stare su quella specie di barattolo galleggiante. «In base ai rapporti dell'assicurazione, ci sono motivi per sospettare che quando la Righel e la Jolly Mare sono affondate trasportavano davvero robaccia simile».

«D'altra parte non siamo solo noi a pensarlo» precisò Enrico. «Mi risulta che anche la Magistratura, da La Spezia a Reggio Calabria, ha avviato diverse inchieste sull'argomento, e alcune sono tuttora in corso».

«Motivo in più per nutrire qualche dubbio, Fiorani: se sui fondali ci fossero tutte le navi radioattive che dite, qualcuno le avrebbe già trovate».

«O invece potrebbe essere che le multinazionali del nucleare abbiano boicottato le indagini, visto il danno che subirebbero qualora una simile verità venisse a galla. Comunque è solo questione di tempo: appena la corrosione avrà la meglio sui contenitori arrugginiti, vedrà che ad accorgersene saranno in molti» ribatté secco Enrico.

Fra i due si stava creando una certa tensione, quindi era meglio non insistere e cambiare argomento. Fatta una breve pausa, con fare amichevole allora domandò: «Che ne dice invece della mia teoria sulle meduse giganti? Ritiene possibile che le radiazioni, almeno in certi esemplari, possano aver causato una crescita anomala?».

«Sono curioso di sapere cos'è che glielo fa pensare».

«Mah, innanzitutto il fatto che le radiazioni possono indurre gravi mutazioni genetiche anche in noi umani, come purtroppo attestano migliaia di casi nell'Ucraina del dopo Chernobyl e negli Urali Meridionali. Quindi, mi sono chiesto, perché non potrebbe accadere anche su animali meno complessi, come sono appunto le meduse? Nel memorandum che le ho dato c'è parecchio sull'argomento».

«Però, siamo sempre nel campo delle ipotesi».

«C'è anche da considerare la corrispondenza geografica fra le discariche radioattive marine del Pacifico e dell'Atlantico con le zone dove sono stati registrati quasi tutti gli attacchi all'uomo. E ritengo che lo stesso discorso valga anche per il Mediterraneo».

«Una teoria davvero interessante, Enrico» intervenne la biologa, illuminata dal sorriso. Abbandonato l'atteggiamento professionale dell'inizio, i lineamenti del suo viso apparivano ora in tutta la loro morbidezza, mentre le parole fluivano dalle sue labbra carnose in tono caldo e suadente. Quindi si rivolse a Papadopulos e disse: «Professore, non pensa valga la pena verificare se è vero?».

«Come ipotesi è interessante, anche se non è altrettanto originale» rispose l'altro. «Non è la prima volta che qualcuno se ne viene fuori con la storia di esseri mostruosi prodotti dalle radiazioni».

«Su questo devo dissentire, professore» sbottò Enrico, contrariato e quasi offeso. Non che fosse permaloso, ma l'allusione alle pellicole cinematografiche di inizio era nucleare, con formiche giganti e vermi orripilanti, non gli andava a genio. «Sarà anche come dice lei, ma nel nostro caso ci sono troppi fatti concomitanti e non possono essere tutti casuali. Senza andare troppo lontano, guardi cos'è successo di recente proprio da queste parti».

«A cosa si riferisce?».

«All'attacco di quella medusa killer al largo di Capo Rizzato, tanto per dirne una. Anche se ufficialmente non ci sono scorie radioattive nei paraggi, guarda caso la Jolly Mare è affondata proprio in quella zona, a poche decine di miglia da dove è avvenuta l'aggressione. Lei che è uomo di scienza, direbbe che è logico parlare di un semplice caso fortuito?».

«Su questo non so che dirle, Fiorani... comunque domani saremo in posizione e potremo toglierci la curiosità: se la Jolly Mare là sotto c'è veramente, mandando giù il ROV la troveremo di sicuro e potremo scoprire cosa trasportava quando è affondata» tagliò corto Papadopulos, spazientito. Ripose alcuni fogli in una cartellina di pelle e chiuse l'agenda, a indicare che la riunione era terminata; quindi si alzò, imitato dall'assistente, e disse in tono conclusivo: «Se vogliamo partire stasera, abbiamo ancora un mucchio di faccende da sbrigare».

Quella sera, mentre cenavano in sala mensa poco prima di salpare da Porto Rizzato, Enrico chiese se poteva salire sul ponte di comando durante le manovre, a rivivere da spettatore la sua lontana esperienza da ufficiale. Sulle prime il comandante aveva tergiversato, ma quando anche la Massei espresse lo stesso desiderio non se la sentì di dirle di no e diede il permesso a entrambi, a patto che si tenessero in disparte e non intralciassero le operazioni.

Così una mezz'ora più tardi, indossati abiti più adatti, Enrico passò a prendere la biologa e insieme salirono in plancia, dove già si trovavano il comandante Nastasi e il suo vice, il primo ufficiale Arconti. Oltre a loro, sul ponte c'erano l'allievo ufficiale di coperta, al telegrafo di macchina, e il nocchiero, alla ruota del timone. Le manovre per sciogliere gli ormeggi erano già iniziate ed Enrico suggerì alla donna di uscire sull'ala di dritta, dalla parte opposta alla banchina, così da seguire le operazioni senza dar fastidio o creare pericolose distrazioni.

Da lassù, una dozzina di metri sopra il livello del mare, la vista spaziava oltre la diga foranea fino all'orizzonte. Sebbene il giorno stesse volgendo al termine la temperatura era gradevole, mentre l'ultima brezza di mare scemava nel crepuscolo della sera: solo di tanto in tanto un refolo arrivava improvviso a scompigliare la chioma della giovane, che subito ricomponeva con le agili dita ambrate.

Dalla parte opposta, sopra l'ala sinistra verso la banchina, Arconti coordinava gli interventi degli ormeggiatori a terra con quelli dei marinai in coperta, e tramite un walkie-talkie impartiva ordini al secondo e al terzo ufficiale, rispettivamente a poppa e a prua della nave. Questi, a loro volta, li ritrasmettevano ai marinai addetti agli argani, sincronizzando il corretto recupero delle gomene d'ormeggio.

«Davvero anche tu eri come loro?» chiese a un certo punto la Massei, accennando col capo al ponte di comando.

«Come fai a saperlo?».

«Ho sentito che lo dicevi stamattina, in sala riunione».

«Vedo che non ti sfugge niente» le sorrise Enrico, lusingato che ricordasse un particolare del genere.

«Non sarei una stimata ricercatrice se non fosse così» ribatté lei, con un sorriso luminoso che ne scoprì i denti perfetti. Il tono della voce aveva ammorbidito la battuta, che altrimenti poteva suonare presuntuosa.

«Comunque è vero: una volta ero anch'io un ufficiale come loro, e navigavo».

«Perché hai smesso?».

«Mi sono sposato e non mi andava di star sempre lontano da casa... così ho cambiato mestiere».

«Sei sposato?» chiese lei, stupita. Il tono denotava sorpresa, ma anche delusione: sicuramente aveva notato che non portava la fede al dito.

«Ormai non più, purtroppo... sono vedovo» rispose lui mesto, mentre un groppo gli saliva in gola. «Una dannatissima disgrazia... quattro mesi fa».

«Oh, mi spiace, Enrico. Davvero non lo sapevo... scusami».

«Non preoccuparti, ci sono abituato» disse lui, stringendosi nelle spalle. «D'altra parte, se non fosse per quella tragedia che mi è piombata fra capo e collo, non sarei qui a cercare scorie radioattive in fondo al mare».

«Perché, cos'è successo?».

«La storia è lunga, ma ora preferirei non parlarne... magari un'altra volta, se non ti dispiace».

«Ma certo».

A strattoni i motori presero improvvisamente a far vibrare tutto, segno che le manovre per scostarsi dalla banchina erano iniziate. A macchine indietro adagio, di tanto in tanto con un colpetto in avanti per compensare la tendenza a riaccostare per effetto della cavitazione, lentamente la poppa si allontanò dal molo finché la nave poté manovrare in acque libere, al centro del bacino.

Il capitano Nastasi diede allora il comando di pari avanti adagio e l'allievo di coperta spostò in avanti le leve del telegrafo, ordine quasi subito confermato dalla sala macchine: allora le vibrazioni si normalizzarono, scandite dal ritmo dei motori, e la prua prese a fendere le calme acque portuali scivolando lentamente parallela alla diga foranea, finché giunse all'imboccatura del porto.

Alle otto e quattro minuti, oltrepassato il semaforo a luce rossa in testa alla diga, finalmente l'Altair entrò in mare aperto e fece rotta per est sudest. Più o meno nello stesso momento il terzo ufficiale, lasciato a prua il nostromo con un paio di marinai a sistemare i cavi d'ormeggio, era salito sul ponte di comando per il suo consueto turno di guardia dalle otto a mezzanotte.

Ormai il sole era sparito oltre i monti, e si stava facendo buio. Sull'ala di plancia i due rimanevano silenziosi, fianco a fianco, come estasiati al cospetto di quegli ultimi attimi di tramonto, intenti a catturare con gli occhi quella placida bellezza. Dietro di loro, sopra la costa rocciosa sempre più lontana, sparuti batuffoli di nubi rosa e fucsia aleggiavano sonnacchiosi nel cielo di fuoco, che dal rosso arancione sfumava nell'acquamarina, quindi nell'ametista sopra le loro teste, per fondersi a oriente col blu cupo dell'orizzonte oltre la prua.

Assorti nei propri pensieri, a respirare il mare con la faccia al vento saturo di salsedine, teso, ora che la nave aveva acquistato velocità, scivolarono nel buio di una notte senza luna. Le luci della terraferma erano sempre più tremule e lontane, finché si persero nella foschia: solo il faro di Porto Rizzato fendeva ancora le tenebre, spazzando le nubi basse con cadenzati lampi di luce, per ricordare ai naviganti che, oltre il buio, c'era un porto sicuro ad attenderli.

«A cosa stai pensando?» chiese la donna a un certo punto con acume tipicamente femminile, percependo il rumoroso turbinare dei pensieri nella mente di Enrico, che sembrava come calamitato dalla lontana fonte luminosa.

«Niente… riflettevo sulle parole di un filosofo greco… una verità tanto ovvia quanto ignorata in quest'epoca illuminata».

«Quale verità?»

«Che nessun vento è favorevole a chi non ha un porto verso cui dirigersi».

«E come ti è venuta in mente una frase del genere?».

«Pensavo al faro laggiù e al motivo per cui mi trovo qui… mi chiedevo dove sono diretto io, e dov'è diretta l'umanità, considerato l'andazzo generale» rispose Enrico con un profondo sospiro. «Tu che ne pensi?».

«Vuoi una risposta da biologa, o da credente?».

«Per ora preferirei da biologa».

«Peccato, hai scelto la risposta peggiore».

«Che vuoi dire?».

«Che con l'andazzo attuale, come lo chiami tu, temo proprio che il Pianeta non ce la farà ancora per molto a sopportarci... è veramente triste vedere come stiamo rovinando tutto».

«Grazie tante! Non c'era bisogno di una laurea per rendersene conto...».

Poi, di nuovo silenzio.

Appoggiati al corrimano dell'ala di plancia, col vento fresco che penetrava attraverso gli abiti e l'aria satura di umidità che imperlava di goccioline ogni cosa, rimuginavano sorpresi sul breve scambio di battute. Pur se tumultuosi, scanditi dal ritmico pulsare dei motori come in una marcia funebre, i pensieri innescati dalla scoraggiante constatazione avevano sortito un effetto del tutto inaspettato, quello di evidenziare le loro molte affinità.

«Perché mi hai chiesto se volevo una risposta da credente?» chiese Enrico ad un certo punto, dopo averci riflettuto su.

«Niente... dicevo così, tanto per dire».

«Dai, sono curioso».

«Come vuoi. Stavo solo pensando all'immensità dell'universo, dove tutto è calibrato con una precisione a dir poco meravigliosa, e mi chiedevo com'è mai possibile che noi umani, piccoli come siamo, riusciamo a combinare così tanti guai» commentò lei con un ampio gesto, come ad abbracciare la volta stellata. Enrico non fece commenti e lei si sentì incoraggiata a proseguire: «E la Terra non è certo meno meravigliosa, né meno straordinaria: avrai visto anche tu una di quelle riprese dallo spazio, quant'è bella nel buio cosmico mentre brilla alla luce... eppure, al di là di ciò che appare agli occhi, il vero prodigio sta in quello che non si vede».

«Cioè?».

«Nei meccanismi che sostengono la vita, per esempio, dalla più elementare e minuscola cellula vivente ai grandi cicli naturali che reintegrano le risorse del Pianeta: da biologa ed ecologa li ho studiati a fondo e posso assicurarti che ovunque tu ti metta a scrutare non troverai mai il caos, ma l'evidenza di un progetto che ha dello straordinario».

Sopra di loro stelle a migliaia, nella tipica concentrazione della Via Lattea, unica fonte di luce nel buio assoluto di quella notte di luna nuova. Fu in tale circostanza che, improvviso, un sentimento insolito li colse di sorpresa lasciandoli prima perplessi, quindi in balia della piacevole e strana sensazione che si era insinuata nell'animo e tentava di artigliare il cuore.

In quel rumoroso silenzio, nel frusciare delle onde lungo la murata, con la volta stellata a far da catalizzatore, l'impeto di emozioni li aveva colti impreparati facendo batter forte il cuore a entrambi: anche senza parole e senza sguardi, ancor prima di poter decifrare le ragioni di quella dolce ebbrezza che li pervadeva, ne percepirono tutta l'emozione, e si turbarono.

«Non mi hai più spiegato la faccenda a cui stamani accennava Papadopulos» chiese lei rompendo il silenzio, nel tentativo di distogliersi dalla seducente sensazione. «Cos'è quella storia del calamaro gigante?».

L'oscurità impediva loro di vedersi in viso, ma l'entusiasmo di Enrico era palpabile mentre riassumeva l'avventura a lieto fine dell'Alvin: lei lo percepiva dal tono della voce, dal trasporto col quale sconfinava nelle esperienze di mare... e man mano che parlava del suo amore per il bel pianeta blu, lei si convinceva di quanto notevole fosse la reciproca sintonia: e se ne preoccupava, non sapendo dove poteva condurla.

«Mi è venuto freddo... rientriamo?» disse lei quasi rabbrividendo, stringendosi nello scialle: non avrebbe saputo dire se era solo per l'umidità della notte, o per la sorpresa di quel sentimento inaspettato a cui tentava di resistere.

«Star qui è bello ma è meglio che rientri, se non voglio buscarmi un malanno».

«Io resto ancora, se non ti spiace... da tanto sognavo un momento come questo» si scusò Enrico. Ma il motivo del garbato rifiuto era un altro: anche lui aveva bisogno di riflettere su quel turbamento del tutto inaspettato, dato che dalla morte di Simona il cuore gli s'era chiuso a riccio e non credeva potesse riaprirsi a nuovi sentimenti di quel tipo. «Se però vuoi, t'accompagno fino alla scala...».

«Non c'è bisogno, conosco la strada».

Non potendo scorgere che i contorni del viso di lei, stagliati contro il cielo lattiginoso di stelle, non s'era potuto accorgere del velo di delusione che per un attimo le aveva attraversato il volto, intristendo quei suoi meravigliosi occhi da gatta.

Comandante, primo ufficiale e allievo si erano già ritirati in cabina, lasciando il comando interamente al terzo ufficiale. Questi, salutata la Massei che rientrava, l'accompagnò alla porta scorrevole che immetteva in Sala Nautica indicandole l'uscita, non prima di essersi offerto di farle da cicerone nel caso fosse tornata a trovarlo sul ponte, una delle prossime sere. Quando fu andata via, dopo un breve scambio di battute col nocchiero sull'avvenenza della giovane biologa, controllò sullo schermo radar che non vi fossero navi in vista e, quando fu sicuro che non c'erano problemi, uscì sull'ala di plancia a far quattro chiacchiere con Enrico.

Fra gli ufficiali si era sparsa la voce che il misterioso ospite era stato pure lui un navigante, così il terzo era curioso di saperne di più; non tanto perché fosse interessato, ma perché a bordo ogni novità era utile a superare la monotonia di una vita ripetitiva. Dopo qualche minuto, però, rientrarono al coperto, al riparo dal vento e dall'umidità che bagnava ogni cosa, ma continuarono a raccontarsi esperienze e avventure di mare. E così facendo, senza immaginarlo neppure lontanamente, lasciarono il campo libero a un'ombra che, pochi metri dietro di loro, sbucò furtiva di lato al fumaiolo e si arrampicò sulla scaletta dell'albero di maestra fin dentro alla coffa, dove si trovavano ermeticamente chiuse le centraline dei sistemi di ricetrasmissione e di rilevamento satellitare.

«Accidenti, sono le undici passate!» esclamò a un certo punto Enrico, controllando l'orologio da polso alla luce della torcia elettrica. Per favorire la visuale notturna sul ponte di comando si era infatti praticamente al buio, a parte una tenue luce azzurrina che consentiva di muoversi senza andare a tastoni. «Sarà il caso che vada a dormire, se domattina voglio essere pronto per le sette, come ha preteso Papadopulos».

In cabina si rese però conto di non avere ancora abbastanza sonno, nonostante la giornata fosse stata stressante... probabilmente anche a motivo di quel sentimento che lo aveva sorpreso e ora inconsciamente lottava dentro di lui, creandogli una sensazione che non sapeva definire se piacevole o di disagio. Ma era anche elettrizzato all'idea di essere ormai a poche miglia dalla

Jolly Mare, convinto che il ritrovamento avrebbe avvalorato la sua teoria. Allora ne approfittò per accendere il computer portatile e dare un'occhiata alla posta.

L'unica e-mail in arrivo non era una delle solite, poiché mancava completamente di mittente e destinatario. Giustamente dedusse che doveva essere transitata attraverso un remailer e che doveva quindi trattarsi della prima e-mail del suo spione, intercettata dall'antivirus di Russo. Il virus, sottratto il testo decrittato dal computer remoto che inconsapevolmente lo ospitava, lo aveva duplicato e glielo aveva inviato come stabilito, a conferma che la trappola era scattata.

Letta e riletta l'e-mail, Enrico rimaneva perplesso: indirizzata a un anonimo comandante, parlava di una misteriosa nascita alle quattro di mattina del 23 settembre, cioè quella stessa notte. Fatto ancor più strano, indicava anche le coordinate geografiche dell'avvenimento: 38° 55' Nord e 17° 58' Est. Non gli ci volle molto a rendersi conto che corrispondevano alla posizione stimata della Jolly Mare. Quando poi lesse che il "materiale" era collocato in certe zone della nave col timer impostato alle quattro, gli sorse un dubbio atroce.

Era passata mezzanotte e quindi mancavano meno di quattro ore a chissà quale evento; oltretutto, il riferimento al timer non faceva presagire nulla di buono.

Superati i primi attimi di incertezza circa il da farsi, per prima cosa corse a svegliare Sica, che dormiva nella cabina a fianco alla sua, e gli gridò di vestirsi alla svelta e raggiungerlo di sopra dal comandante.

Poi, col portatile sotto braccio, fece i gradini a due a due e si precipitò sul ponte di comando.

28

Terribile sospetto

«Signor Foti, può venire un momento?» chiese ansimante Enrico Fiorani dopo le quattro rampe di scale, facendo capolino dalla porta scorrevole a tendine oscuranti della Sala Nautica. Era passata la mezzanotte e di guardia non c'era più Giorgis Basile, ma Sotirios Foti, il secondo di coperta.

«Che c'è?» ribatté sorpreso l'ufficiale, abbagliato da quella luce improvvisa straripata nell'oscurità della plancia. Quando strizzando le palpebre si fu avvicinato alla porta semiaperta, riconoscendo a stento il visitatore in controluce, aggiunse: «Fiorani, cosa ci fa ancora in giro a quest'ora?».

«Deve svegliare subito il comandante!» gli rispose tutto concitato. Poi, aprendo il portatile e puntando il dito sul messaggio sospetto, aggiunse: «Legga qui, guardi cosa mi è appena arrivato: temo che stia per succedere qualcosa di terribile».

Sulle prime l'ufficiale non ne capì il senso, ma quando Enrico gli rilesse alcune espressioni rimarcando perché lo preoccupavano, convenne che era il caso di parlarne subito al capitano Nastasi e gli diede il permesso di andarlo a chiamare nella sua cabina sul ponte di comando.

Nel giro di pochi minuti il comandante era in Sala Nautica, ansioso di conoscere quale emergenza li aveva spinti a buttarlo giù dal letto a quell'ora. Nel frattempo era arrivato anche Basile, il terzo ufficiale smontato da poco, richiamato dal collega per assistere il comandante nel caso ce ne fosse stato bisogno, dato che l'ufficiale di guardia non può assentarsi dalla plancia durante il turno. Per ultimo arrivò anche l'investigatore Sica.

Indicando il portatile appoggiato sul tavolo da carteggio, di fianco alla carta nautica sulla quale a matita era tracciata la rotta dell'Altair, Enrico espose i suoi timori: «Appena ho letto il messaggio mi sono insospettito, notando che le coordinate sono proprio quelle del relitto della Jolly Mare».

«Esattamente qui... dove arriveremo fra meno di tre ore» borbottò pensieroso il comandante, picchiettando con l'indice sul punto nave segnato sulla carta dove finiva la rotta. Dopo un breve pausa di riflessione, aggiunse perplesso: «Mi domando come abbia fatto a saperlo chi ha scritto questo messaggio... un'informazione simile può averla avuta solo qui a bordo».

«Io mi chiedo piuttosto cosa intenda dire con quel pupo che deve nascere all'ora predetta» intervenne Sica, che da investigatore aveva dimestichezza con messaggi in codice e macchinazioni varie.

«A me preoccupa ancor più la faccenda del timer regolato alle quattro, praticamente appena saremo arrivati» commentò Basile aggrottando la fronte. Da sommozzatore aveva fatto il militare nelle squadre guastatori e s'intendeva di mine, bombe, e affini. «Congegni del genere di solito si usano nei meccanismi di innesco degli esplosivi... che potrebbero ben essere sottintesi da quel materiale non meglio specificato».

«L'ho pensato anch'io» interloquì Enrico, annuendo serio. «Per questo mi sono permesso di buttarla giù dal letto, comandante, e spero non me ne voglia».

«Non si preoccupi, Fiorani. Ha fatto bene» sorrise lui rassettandosi i capelli con entrambe le mani, dato che non aveva fatto neppure in tempo a pettinarsi. «Se le cose stanno come sembra, significa che abbiamo un attentatore a bordo».

«E che rischiamo di saltare in aria fra circa tre ore» commentò l'ufficiale dando una veloce occhiata al lucido cronometro d'ottone appeso alla parete, che ormai segnava l'una del mattino.

«Facendo due più due, allora è probabile che quel pupo siamo noi» confermò Sica. Ci pensò su ancora un attimo, poi aggiunse: «Solo che, anziché la nascita di un pupo, alle quattro ci aspetta un bel botto... e poi di finire ai pesci».

«Anch'io purtroppo ne sono convinto, comandante» concordò Fiorani ricordando una recente trasmissione tv, che riproponeva un'intercettazione telefonica in cui un capo mafia confermava l'affondamento di una nave usando un'espressione simile.

«Neppure a pensarla una cosa del genere!» esclamò Nastasi battendo sonoramente il pugno nel palmo della mano. «A tutti i costi bisogna scovare quel dannato attentatore, prima che attui il suo piano».

«Purtroppo non c'è modo di sapere quando e dove è stata spedita l'e-mail… quindi non è detto che chi l'ha scritta sia ancora a bordo» rifletté Enrico, immaginando i molti rimbalzi che doveva aver fatto il messaggio prima di essergli ritrasmesso dal controvirus. «Potrebbe essere sbarcato ieri, dopo aver piazzato l'esplosivo».

«O anche l'altro ieri, dopo il nostro arrivo a Porto Rizzato, magari approfittando del via vai generale» ipotizzò Basile.

«Questo non è possibile» obiettò Enrico.

«Perché no?».

«Perché lunedì nessuno conosceva ancora le coordinate di dove ci saremmo diretti».

«Ha ragione Fiorani» concordò Nastasi rivolto a Basile. «La nostra destinazione l'abbiamo concordata soltanto ieri mattina alla riunione con Papadopulos, quando abbiamo deciso di andare in cerca del relitto della Jolly Mare».

«Giusto, non ci avevo pensato».

«Anch'io penso che sia già sceso dalla nave» commentò Sica. «Mi sembra alquanto improbabile che quel tizio voglia rischiare di saltare in aria rimanendo a bordo».

«Altrimenti non avrebbe avuto bisogno di un sistema a orologeria come quel maledetto timer fa supporre» gli fece eco il terzo ufficiale. «Perciò è probabile che, una volta piazzato l'esplosivo e regolato il meccanismo alle quattro di stamani, poi se la sia squagliata».

«Comunque sia, il nostro problema cambia di poco: la bomba, se c'è, dobbiamo trovarla a tutti i costi… e alla svelta. Visto che un po' di tempo ancora ce l'abbiamo, proviamo a sbrigarcela solo fra di noi ufficiali, senza coinvolgere altri a bordo» continuò Nastasi, dopo aver dato una fugace occhiata al cronometro. «Basile, lei intanto svegli Arconti e l'aggiorni sul problema; nel frattempo io farò lo stesso col direttore di macchina».

«Poi come procediamo, comandante?» chiese Basile.

«Lei e Arconti farete un'ispezione completa della nave partendo da qui sopra, a scendere verso i ponti inferiori… invece, dal ponte di sala macchine fino alla sentina ci penserà il direttore di macchina coi suoi uomini» spiegò Nastasi. Quindi, dandogli una pacca amichevole sulle spalle, si raccomandò: «Basile, lei è più esperto di tutti noi in fatto di esplosivi, quindi conto su di lei».

«Agli ordini, comandante».

Ma terminato il giro in tutti i locali della nave, a partire dalla plancia e fin giù in sentina, di esplosivo non se ne era trovato… ed erano quasi le tre del mattino!

Allora il comandante, dopo aver dato ordine di ridurre la velocità al minimo, convocò in sala riunioni gli ufficiali per fare il punto della situazione.

«Com'è possibile che non abbiate trovato niente?» sbottò ad un certo punto Nastasi, dopo aver udito il loro meticoloso quanto inutile resoconto. «Siete sicuri di aver cercato dappertutto?».

«Certo, comandante!» confermò Arconti. «Giorgis e io abbiamo ispezionato uno ad uno i locali sui vari ponti sopra quello di sala macchine, incluse le tughe in coperta. Abbiamo rovistato dentro armadi e mobiletti di ogni tipo, ma di pacchi o contenitori che potrebbero contenere una sufficiente quantità di esplosivo non ne abbiamo trovati».

«Escluse le cabine equipaggio e passeggeri…» precisò Basile. «Lì non siamo entrati, proprio per evitare di implicarli… come lei ci aveva ordinato».

A questo punto il comandante si rese conto che il non coinvolgere altri nella faccenda, pur se motivato dalle migliori intenzioni, li aveva costretti a trascurare alcuni possibili nascondigli. Quindi, se non voleva mettere a repentaglio la vita di quelli a bordo, ora doveva giocare a carte scoperte.

«Signor Arconti, predisponga le cose per suonare l'allarme generale».

«Ma comandante… come lo spieghiamo ai passeggeri senza rischiare di gettarli nel panico?» chiese preoccupato il primo ufficiale, che non si era mai trovato in una situazione del genere.

«Dica che si tratta di un'esercitazione».

«Alle tre di notte? Sarà un po' difficile dargliela a bere».

«Lei ci provi lo stesso» ribatté Nastasi facendo spallucce e accennando un sorriso. «Così, mentre confluiscono ai punti di raccolta, due di voi possono dare un'occhiata dentro le cabine, nel caso vi fosse nascosto l'esplosivo».

«Posso esprimere un parere?» chiese Fiorani, attento a non minare l'autorità del comandante in un frangente così delicato.

«Certo, ma faccia in fretta».

«Ci ho riflettuto a lungo cercando di mettermi nei panni dell'attentatore e ritengo che non può aver ragionevolmente pensato di causare il naufragio della nave solo col suo esplosivo... altrimenti gliene servirebbe una quantità notevole, impossibile da trasportare a bordo senza farsene accorgere, e ancor più da nasconderlo».

«Fiorani ha ragione, comandante» gli fece eco Basile, che era partito in quarta a cercare qualcosa di voluminoso senza riflettere, come invece aveva fatto Enrico. «Per aprire una grossa falla in uno scafo d'acciaio robusto come questo dell'Altair, di esplosivo ce ne vorrebbe davvero tanto».

Nastasi, perplesso, guardò Enrico con aria interrogativa e chiese: «Quindi?».

«Allora ritengo più probabile che ne abbia collocato una quantità relativamente piccola, ma in un punto nevralgico della nave. Penso che dovremmo quindi chiederci dove una piccola esplosione potrebbe tuttavia produrre un effetto dirompente».

«I serbatoi del combustibile!» esclamò il direttore di macchina dandosi una pacca sulla fronte. «Se esplodono quelli, pieni zeppi come sono, salta tutto in aria».

«Ma Lukas, non li hai già fatti controllare?» chiese il comandante, preso in contropiede.

«Certamente, Alexis, ma prima abbiamo cercato qualcosa di ingombrante... non di piccolo, come state dicendo ora» si scusò il direttore di macchina. Poi, rivolto a Basile, chiese: «Piccolo quanto, esattamente?».

«Se parliamo di esplosivo al plastico, il cosiddetto C4, com'è più probabile, per ogni serbatoio ne basterebbe una quantità grande più o meno così... all'incirca come un pane di burro da un chilo» rispose, indicando con le mani. «Più il detonatore per l'innesco, con un timer e una piccola batteria».

«Non perdiamo altro tempo e vedete di scovare questo dannato esplosivo, Lukas… prima che ci mandi tutti in bocca ai pesci. Vada anche lei, signor Basile, visto che sa cosa cercare» tagliò corto il comandante rivolto prima al direttore Marando e poi al terzo ufficiale di coperta. «Noi qui sopra aspetteremo altri quindici minuti… poi, se non avete ancora trovato niente, sarò costretto a dare l'allarme generale e a far evacuare la nave».

29

Secondo indizio: sul Banco di Cobb

All'alba di mercoledì la Deneb era in posizione, sulla verticale di dove l'Alvin aveva rilevato la presenza sul fondo di quello strano oggetto non meglio identificato, a oltre millecinquecento metri di profondità. D'accordo con Poe, Davon aveva fatto calare in mare il robot Jason e dalla sala controllo i tecnici coordinavano le operazioni, mentre Chrysler lo manovrava dalla console senza staccare gli occhi da due monitor che riproducevano le immagini provenienti dalle telecamere subacquee e quelle tridimensionali del sonar.

Giunto a pochi metri dal fondale, Jason fu messo in assetto orizzontale e cominciò ad avanzare sfiorando lo sconfinato tavoliere del Banco di Cobb. Purtroppo le telecamere non riuscivano a penetrare che pochi metri d'acqua, a causa di un'imprevista corrente contraria che sollevava particelle di sedimenti offuscando la luce dei riflettori: gli unici segni di vita erano le enormi meduse che a fiotti sbucavano dal torbido come diafani fantasmi, in un'incessante teoria che poi si perdeva nelle tenebre dietro al robot.

A fianco di Chrysler, Zelda Russo controllava su un terzo monitor le registrazioni dei dati rilevati dalla sonda multiparametrica, mentre William Poe, Bruce Materson, Larry Lax e Lorna Sherry alle loro spalle sbirciavano da sopra le teste, ansiosi di scoprire cosa ci fosse là sotto.

«Oltre alle meduse Nomura che avevamo già osservato dall'Alvin mi pare di vederne anche del tipo Stygiomedusa gigantea, una rara medusa degli abissi» commentò Lorna Sherry indicandole.

«Sembrano aumentare man mano che Jason si avvicina al nostro oggetto misterioso» fece notare Materson indicando la processione evidenziata dalle eco del sonar. Notando l'espressione interrogativa di Chrysler che stava cercando di capire cosa fosse, e riconoscendo il tracciato sonar già visto, aggiunse: «Fra poco comunque dovresti esserci, Mike: quelli sono gli stessi segnali che vedevo dall'Alvin prima che arrivasse quel bestione a bloccarci».

«Sicuramente non è il relitto di una nave» commentò Chrysler grattandosi il mento, dopo aver ingrandito al massimo la scala di visualizzazione dell'immagine. «Sembra piuttosto un lungo contenitore cilindrico… al limite potrebbe essere un sommergibile affondato».

«Un sommergibile?» chiese scettico Poe, allungando il collo per veder meglio.

«Magari un vecchio sommergibile nucleare» ribatté l'altro con un'alzata di spalle. «Di relitti del genere, da queste parti, ce ne sono parecchi… comunque ormai siamo vicini e fra poco dovremmo riuscire a inquadrarlo con le telecamere».

«Mike, perché pensi che là sotto di quei cosi ce ne siano più di uno?» domandò incuriosita Zelda Russo. «Cos'è, una specie di triangolo delle Bermuda?».

«Niente affatto, Zelda… solo che fino a pochi anni fa questa zona di oceano è stata usata come discarica per materiali radioattivi d'ogni tipo: sottomarini dismessi, carrette del mare piene di rifiuti nucleari, oltre a un'enorme quantità di contenitori sigillati, pieni zeppi di scorie radioattive delle centrali statunitensi».

«Allegria! E dici che ora hanno smesso?».

«Così almeno si spera… anche se ci hanno messo cinquant'anni ad accorgersi che scempiaggine fosse gettare in mare robaccia del genere. Meno male che dal 1993 la Convenzione di Londra lo ha proibito, sebbene non tutti rispettino la decisione. Di certo non le organizzazioni criminali, che ancor oggi si arricchiscono trafficando con le scorie».

«Comunque sia, le decine di migliaia di tonnellate affondate prima della moratoria ci sono ancora tutte» gli fece eco Lorna Sherry, che era a conoscenza del problema. «E nessuno sa dire cosa succederà quando i contenitori cominceranno a perdere».

«Allora ti farà piacere sapere che i livelli di radioattività rilevati dal Jason stanno crescendo a vista d'occhio» la interruppe Zelda Russo, dopo aver letto i dati trasmessi dalla sonda. «In questo momento sono già un centinaio di volte oltre la norma».

«Potreste essere più precisi e far capire anche a me di cosa state parlando?» intervenne Poe.

«Semplice: man mano il robot si avvicina, aumenta di pari passo la radioattività dell'acqua» spiegò la giovane biologa commentando gli ultimi dati. «In questo momento i livelli di radiazione superano i cinque millicurie, soprattutto radionuclidi di cesio-137 e stronzio-90, oltre a molecole di gas radioattivi come il cripto e il tritio… ma c'è anche un altro fatto, alquanto insolito».

«Suvvia, dottoressa» sbottò Poe impaziente. «Non si faccia tirar fuori le parole con le pinze».

«Non so cosa significhi, direttore, ma la composizione dell'acqua evidenzia una consistente presenza di particelle di idrato di metano, oltre che di metano allo stato gassoso. Anzi, più è la percentuale del metano disciolto, più sono elevati i livelli di radioattività. Come se l'idrato di metano si stesse sciogliendo mischiandosi coi sedimenti radioattivi sollevati dal fondale».

«Idrato di metano?» chiese Poe, ancor più perplesso.

«Esatto» confermò lei, annuendo pensierosa. «Non è raro che sui fondali degli oceani ci siano depositi di idrato, ed evidentemente ce n'è uno anche qua sotto. Si tratta di gas metano in una particolare forma solida, una specie di gabbia ghiacciata dove otto molecole di gas si combinano con quarantasei molecole d'acqua. Potrebbe sembrare poca cosa, ma non è così: un metro cubo di idrato di metano racchiude ben centosessantacinque metri cubi di gas. Ovviamente lo stato solido si mantiene solo se perdurano le condizioni fisiche che hanno portato alla sua formazione, ovvero bassa temperatura e pressione elevata, come appunto accade negli strati marini profondi. Se però avviene un surriscaldamento tale da contrastare l'elevata pressione, ad esempio in presenza di un'eruzione sottomarina che liberi magma incandescente, allora l'idrato di metano si scioglie e ritorna allo stato gassoso».

«E perché là sotto si starebbe sciogliendo?» obiettò Poe. «Mica siamo in presenza di un'eruzione vulcanica».

«Vero, dottor Poe. Dato che la pressione dell'acqua sul fondo è legata alla profondità e quindi resta costante, l'alterazione delle condizioni fisiche che garantiscono la persistenza dell'idrato di metano deve per forza derivare da un aumento di temperatura. Non si scappa: sul Banco di Cobb ci dev'essere per forza una fonte di calore, di origine piuttosto recente e tale da sciogliere il metano ghiacciato» concluse la Russo, spiazzando il colto uditorio che fino a quel momento era parso alquanto scettico riguardo alle sue cognizioni scientifiche. Leggendo la sorpresa sul viso dei colleghi, spiegò: «Potete fidarvi: ho fatto diverse ricerche sull'argomento e sono piuttosto ferrata in materia».

«Un'ipotesi davvero interessante, dottoressa» commentò Materson, compiaciuto. «Spiegherebbe la torbidezza dell'acqua nonché le forti correnti ascensionali, che invece dovrebbero essere impercettibili».

«Se le cose stanno così, le domande a cui Jason deve rispondere sono molte» intervenne Lax. Contando con le dita, le riassunse: «Perché là sotto ci sono livelli di radioattività tanto elevati? Cos'è quello strano oggetto sul fondo? Perché l'idrato di metano si sta sciogliendo? E infine, una mia curiosità: come mai tutte quelle meduse?».

«Alla lista io ne aggiungerei un altro paio, Larry. Innanzitutto, perché le zone dov'è sparito il plancton si stanno spargendo come cancrena... e poi, c'entra con questo discorso anche l'enorme calamaro che ci ha aggredito?» intervenne la Sherry, che provava terrore e disgusto al solo ricordo. «Più ci penso, più mi sembra improbabile che siano semplici coincidenze».

«Ecco... proprio come pensavo!» esclamò la Russo picchiettando entusiasta sul monitor, non appena apparvero i nuovi dati rilevati dalla sonda. «La temperatura dell'acqua è cresciuta ancora, come pure la radioattività e il gas disciolto».

«Ed ecco il nostro relitto!» le fece eco Chrysler indicando un enorme cilindro semisepolto improvvisamente emerso dalla foschia limacciosa, ma che già riempiva la visuale delle telecamere. «Che accidenti è?».

«Sicuramente non un sottomarino» commentò Poe con una smorfia mentre scuoteva la testa, dopo essersi avvicinato per vedere meglio.

«Qualunque cosa sia, sta laggiù da chissà quanto» aggiunse Materson notando qua e là i segni della corrosione. «Sembra un enorme serbatoio che sta sprofondando nei sedimenti».

«Questo non fa altro che avvalorare la mia teoria sull'idrato di metano» precisò la Russo.

William Poe, che conosceva poco l'argomento, chiese: «Mi faccia capire meglio, dottoressa».

«Quel serbatoio dev'essere caduto sopra un giacimento di idrato di metano. Evidentemente, sotto il sedimento superficiale, il Banco di Cobb è ricoperto da un consistente strato di metano allo stato solido che, come ho già detto, è una specie di permafrost composto di metano ghiacciato. Per qualche misterioso motivo il serbatoio emette calore, che si propaga per induzione e lentamente scioglie l'idrato circostante, creando sul pianoro quella specie di avvallamento che si vede tutto intorno al serbatoio».

«William, temo proprio che la dottoressa abbia ragione».

«Perché lo temi, Bruce?».

«Facendo due più due, deve trattarsi di uno di quei contenitori per scorie radioattive di cui ci parlava Chrysler» concluse Materson. «Serbatoi del genere possono contenere anche cinquemila metri cubi di scorie liquide, che all'interno continuano a bollire furiosamente per effetto della loro stessa energia».

«Se si trovassero sulla terraferma simili serbatoi dovrebbero essere costantemente refrigerati, onde evitare che esplodano» spiegò Lax. Quindi aggiunse in tono disgustato: «Così, per togliersi il disturbo, hanno escogitato un sistema più comodo, quello di inabissarli nei vari oceani, dove la temperatura sul fondo è prossima allo zero».

«Stai dicendo che è quel coso là sotto a essere la fonte della radioattività che rileviamo?» chiese Poe, con la preoccupazione dipinta sul viso.

«Probabilmente sì, William» assentì Materson, stringendosi nelle spalle con rassegnazione. «Quel serbatoio è una dannata stufa radioattiva che continuerà a bollire per chissà quanto tempo ancora, e che per di più ha già cominciato a perdere!».

«Anche i rilevatori agli infrarossi ci dicono che le pareti del serbatoio sono calde» confermò Zelda Russo, dopo aver verificato gli ultimi dati trasmessi dalla sonda.

«Chissà quanti pacchi sorpresa del genere ci sono là sotto»

aggiunse mesto Chrysler. «Per decenni hanno scaricato migliaia di tonnellate di materiali radioattivi sulla Piana Abissale Alascana, illudendosi che a seimila metri di profondità non possano nuocere… probabilmente anche il nostro bel serbatoio dovrebbe trovarsi più a ovest di dov'è ora, ma per qualche motivo è invece finito sul Banco di Cobb».

«Davvero una pensata intelligente» commentò Lax, dopo un veloce calcolo. «A una media di diecimila curie ogni quarantacinquemila litri di scorie liquide, significa che un serbatoio del genere, se si rompe, può disperdere in mare un milione di curie… quanto basta per avvelenare una consistente fetta di oceano Pacifico».

«Allora è meglio non pensare alla catastrofe planetaria che avverrà quando la corrosione, radioattiva e marina, avrà la meglio e tutte quelle bombe ecologiche che giacciono sui fondali collasseranno una dopo l'altra sotto l'enorme pressione abissale» sospirò Lorna Sherry. Rivolgendosi con gli occhi velati di tristezza al collega, aggiunse: «E considerato che quel serbatoio già disperde radioattività, mi chiedo se non abbia già combinato qualche guaio».

«Per fortuna nell'insieme regge ancora, a parte qualche trasudo dalle saldature che causa un aumento nei livelli… sai a cosa sto pensando, Lorna?».

«No, a cosa?».

«Che forse abbiamo risolto il nostro enigma, trovando la spiegazione per la moria di plancton negli strati superficiali» spiegò Lax, corrugando la fronte. «Se rammenti, quel buco blu evidenziato dalle ultime foto satellitari, dove cioè il plancton è praticamente scomparso, corrisponde più o meno al tratto di mare dove ci troviamo noi in questo momento. Inoltre è sempre qui che le direttrici delle correnti di superficie, provenienti dal Pacifico occidentale, piegano verso nord, per poi snodarsi lungo la costa statunitense fin su alle Isole Aleutine».

«Ho capito dove vuoi arrivare, Larry… ma non penserai davvero che la radioattività che trasuda da quel serbatoio sul Banco di Cobb sia sufficiente a innescare un problema di tali dimensioni?» chiese la biologa, spalancando gli occhi da aschi.

«Certo che no, Lorna. Per giustificare una desertificazione di tale portata, non solo dove siamo ora ma per migliaia di miglia verso nord, fino alle Aleutine, è necessaria una fonte radioattiva ben più consistente».

«E allora?».

«A sentir Chrysler, sopra la Piana Abissale Alascana giacciono chissà quanti contenitori del genere... vero Mike?».

«Esatto, e molti stanno là sotto da decine d'anni» confermò il collega, assentendo con convinzione.

«Lorna, immagina per un attimo che uno di quei contenitori abbia ceduto all'enorme pressione, che sulla Piana Abissale è intorno alle seicento atmosfere, e stia di conseguenza spargendo il suo micidiale contenuto. Sulla base di quello che ha scoperto Jason, cosa pensi che dovremmo aspettarci?».

«Che un milione di curie radioattivi dilaghino lungo le correnti di profondità, contaminando i fondali».

«Ma anche che gli isotopi più leggeri come il cripto e il tritio, trasportati dalle correnti ascensionali risalgano gli strati oceanici andando infine a innestarsi nelle correnti di superficie: o perché in prossimità delle piattaforme continentali, oppure per effetto del gradiente termico, o veicolati dalle particelle gassose...».

«E mentre ascendono, magari agevolati dallo scioglimento dell'idrato di metano che sale più velocemente, le radiazioni ionizzanti contaminano la catena alimentare marina a cominciare dal suo primo anello, il plancton, che via via sparisce ad iniziare dal percorso delle correnti» seguitò la biologa, allarmata dalla sua stessa deduzione. «Larry, vuoi vedere che abbiamo trovato la chiave per risolvere il nostro rebus?».

«Lo temo anch'io, Lorna, ed è peggio di quanto mi aspettassi. Comunque, prima di vendere la pelle dell'orso, per non fare brutte figure dobbiamo verificare la nostra teoria sulla base dei campioni raccolti dall'Alvin... Inoltre, sarà necessario eseguire altri prelievi, sia sulla Piana Alascana a ovest del Banco di Cobb che in prossimità dello zoccolo continentale, per verificare se le correnti di superficie hanno davvero un tasso di radioattività maggiore, soprattutto dove il plancton è assente».

«D'accordo, Larry» acconsentì lei con un sorriso che le illuminò il viso, appagata dal punto di vista scientifico. Poi, però, l'apprensione per ciò che la scoperta potesse significare per il futuro della Terra ebbe il sopravvento, e lei si fece triste. Abbandonata la consueta aria professionale, che era solita erigere come barriera protettiva allorché discuteva di lavoro in presenza di colleghi maschi, i lineamenti le si addolcirono e la bocca assunse una piega morbida, facendola apparire ancor più bella. I presenti ovviamente se ne accorsero e parvero quasi turbati di fronte all'azzurro trasparente dei suoi occhi, limpidi come acque su sabbie coralline.

«Ma la presenza di tutte quelle enormi meduse, per di più a una profondità dove invece dovrebbero essere rare, secondo voi, c'entra qualcosa con questo discorso?» chiese Poe, rompendo il silenzio imbarazzato dei colleghi. Non che fosse del tutto immune al fascino della giovane donna, ma a sessant'anni suonati aveva imparato a padroneggiare questo genere di pulsioni, soprattutto negli ambienti di lavoro dove s'era guadagnato la reputazione di persona seria e morigerata, poco propensa a mischiare il lavoro con affari di altra natura.

Non ricevendo risposta, e non avendo dimenticato che uno degli obiettivi della spedizione era proprio quello di dare una spiegazione al proliferare di tante meduse killer, commentò perplesso: «Visto quante ce ne stanno là sotto e considerato che anche in superficie paiono aumentare di numero, soprattutto nelle zone dove il plancton sta scomparendo, mi chiedo se anche loro non siano in qualche modo collegabili alla radioattività».

Per la risposta, avrebbe dovuto attendere.

30

Alle scialuppe di salvataggio!

Nonostante la velocità ridotta, nel locale serbatoi dell'Altair il rumore e il caldo erano insopportabili. Giunti in fondo all'angusta passerella di metallo, incassata fra i due contenitori del combustibile, Giorgis Basile e il direttore di macchina erano scoraggiati: avevano portato a termine la loro meticolosa ispezione senza trovar nulla.

«Qui di esplosivo non c'è neppure l'ombra» sbottò Lukas Marando dopo che si era infilato a fatica in ogni anfratto, inginocchiandosi sotto le pance d'acciaio inox degli enormi serbatoi longitudinali e facendo contorsioni d'ogni genere per scavalcare tubature, valvole, manometri e congegni vari. Si terse la fronte col fazzoletto e aggiunse: «Secondo me, la storia dell'attentato è soltanto frutto della fantasia di quel Fiorani».

«Può darsi, direttore, ma anche se c'è solo una probabilità su mille che sia vera, come facciamo a ignorarla?» ribatté Basile, anche lui sudato fradicio per i quaranta gradi di temperatura, oltre che nauseato dall'odore drogante dei trasudi di nafta. Guardando l'orologio da polso disse preoccupato: «Ci restano solo pochi minuti… poi il comandante darà l'ordine di abbandonare la nave».

«Una bella scocciatura» borbottò il direttore, seccato all'idea di calarsi col suo quintale e passa di peso dentro una minuscola scialuppa di salvataggio, per di più a quell'ora di notte.

«Direttore, vediamo di non arrenderci e cerchiamo invece di ragionare… se lei fosse l'attentatore e volesse esser certo che nel caso di qualche controllo nessuno si accorgesse dell'esplosivo, dove lo nasconderebbe?».

«Dove nessuno penserebbe mai a guardare, è ovvio».

«Ad esempio?».

«Considerato che il C4 è un materiale malleabile e poco voluminoso lo ficcherei all'interno di una conduttura, per esempio nel circuito di rifornimento del gasolio» rifletté a voce alta Lukas

Marando, indicando la parte dell'impianto in questione. «Quando la nave non è in fase di rifornimento, quella parte del circuito resta praticamente vuota».

«Avete già controllato?».

«Beh, no, non mi pare… sicuramente nessuno è andato a guardare dentro le tubazioni» rispose il direttore, grattandosi la nuca imbarazzato. «Per farlo bisognerebbe smontare la pompa».

«Allora facciamolo ora, e alla svelta…» lo esortò Basile. Dato che però serviva altro tempo, estrasse dal giubbotto il suo walkie-talkie e chiamò Nastasi: «Comandante, può aspettare prima di far suonare l'allarme? Voglio fare un ultimo tentativo».

«Le posso concedere al massimo altri cinque minuti, a partire da ora» ribatté il comandante, dopo che l'ufficiale gli aveva spiegato cosa aveva in mente. «Se trova qualcosa mi avverta… altrimenti venga su in plancia per il piano di evacuazione».

«Mi dia una mano, regga qui…» fece il direttore, armeggiando con la chiave inglese per sbullonare la tubazione da sei pollici di raccordo fra valvola di intercettazione e pompa di bunkeraggio. Mentre svitava i bulloni e l'altro reggeva il raccordo, lungo meno di un metro, spiegò il perché dell'operazione: «Se fossi un attentatore abbastanza esperto da sapere dove metter le mani, questa sarebbe l'operazione più veloce, ma anche la più efficace, un po' come il proverbiale prendere due piccioni con una fava».

Staccato il raccordo subito s'insospettì, sentendo che pesava più del previsto. Sorreggendolo con entrambe le mani a mo' di cannocchiale, ci guardò dentro, ed esclamò: «Mi venga un colpo… non è vuoto, dentro c'è qualcosa!».

«Lo dia a me… piano, mi raccomando».

Dopo averlo delicatamente appoggiato a terra, Basile vi infilò una mano e con le dita palpò all'interno finché riuscì a estrarre una batteria al litio, grande come un pacchetto di sigarette e collegata a un orologio digitale, da cui partivano i fili di rame per l'innesco. Il plastico era stato inserito a forza nel tubo fino a occluderlo ed era difficile estrarlo: doveva disinnescarlo staccando i cavetti che alimentavano i detonatori. Prima di farlo, controllò il circuito per accertarsi che non nascondesse qualche trappola: per fortuna il meccanismo non era complicato e gli fu facile renderlo inoffensivo.

«Comandante, abbiamo disinnescato l'esplosivo!» urlò euforico nel suo walkie-talkie, appena pochi secondi prima che scadesse l'ultima proroga.

Basile fece le raccomandazioni del caso al direttore di macchina e gli lasciò in consegna lo spezzone di tubo pieno di C4, quindi salì sul ponte di comando.

Nonostante il successo dell'operazione, il capitano Nastasi sapeva però che il pericolo non era scongiurato del tutto: l'attentatore poteva aver piazzato un secondo ordigno da qualche altra parte... ed erano già le tre e mezza.

«Signor Foti, faccia fermare la nave» ordinò dopo alcuni attimi di tentennamento, affacciandosi in plancia dalla porta scorrevole della sala nautica.

«Macchine pari ferme» gli fece eco il secondo, dando il comando all'allievo ufficiale. Ancora assonnato per la levataccia fuori programma, il giovane si scosse dal torpore e si precipitò a spostare le leve del telegrafo, mettendole in posizione verticale.

«Ora svegliamo il resto dell'equipaggio e seguiamo il protocollo per abbandonare la nave... spiegate che non è stato suonato l'allarme perché si tratta di un'esercitazione» proseguì Nastasi rientrando in sala nautica e rivolgendosi al primo e al terzo di coperta, che lo guardarono perplessi. «Signor Arconti, lei coordinerà le squadre alle scialuppe di salvataggio di dritta mentre lei, Basile, penserà a quelle di sinistra. Fate salire la gente sulle scialuppe e accertatevi che i marinai tolgano i fermi, pronti ad ammainarle al mio ordine... e accendete subito i riflettori sul ponte di passeggiata: lo voglio illuminato a giorno».

«Ma comandante...».

«Fate come ho detto, è un ordine!» tagliò corto Nastasi, innervosito. Rendendosi però conto che se non ne afferravano il senso difficilmente avrebbero condotto le operazioni come si doveva, spiegò: «Immaginate cosa accadrebbe se ci fosse più di una carica e noi non fossimo preparati all'evento... non possiamo certo correre un rischio del genere solo per farli dormire ancora un po'».

«Non ci avevamo pensato, comandante» si scusò il primo

ufficiale che aveva poca dimestichezza con emergenze del genere, a differenza del comandante che nella sua decennale esperienza di comando aveva collezionato più di una disavventura. «Provvediamo immediatamente».

«Bene. Basile, lei vada intanto a svegliare il marconista: che accenda tutti gli apparati di emergenza e si tenga pronto a lanciare il may-day, nel caso gli eventi precipitassero».

«Agli ordini, comandante».

«Posso chiederle un favore?» domandò poi a Fiorani, che insieme a Sica era rimasto in silenzio ad osservare tutta la scena.

«Certamente, cosa vuole che faccia?».

«Svegli subito Papadopulos e gli spieghi la situazione. Poi insieme avvertite il resto dei passeggeri, ma senza accennare all'esplosivo, mi raccomando... dite solo che si tratta di un'esercitazione» continuò Nastasi, preoccupato che si scatenasse il panico. «Dopotutto non è una bugia, visto che ci auguriamo tutti che non accada niente di tragico».

«Ho capito, comandante, conti pure sulla mia collaborazione... e discrezione».

«Ne ero sicuro... lei ha navigato e sa quanto sia vitale mantenere la calma a bordo, soprattutto nelle emergenze» lo ringraziò il capitano annuendo, ma già con la mente altrove.

Da preoccupata l'espressione si mutò in allarmata appena si rese conto che, non avendo suonato l'allarme, in sala macchine nessuno si era di conseguenza preparato. Così corse all'interfono e chiamò Marando: «Lukas, provvedi a far subito evacuare la sala macchine... andate tutti alle scialuppe di salvataggio».

Nonostante il trambusto generale che ne seguì, i minuti che ancora mancavano sembravano non passar mai, soprattutto per chi era a conoscenza del piano scellerato di far saltar in aria l'Altair alle quattro di quella mattina.

«Enrico, si può sapere cosa succede?» udì chiedere dietro di sé una voce che gli procurò un immediato tuffo al cuore. Era Denise Massei, infilata in un paio di pantaloni e con addosso un maglione di lana a collo alto e, sopra, lo stesso scialle da gitana della sera prima. Secondo il piano d'emergenza le loro cabine risultavano assegnate alla scialuppa numero due e quindi si ritrovarono insieme fra quella calca vociferante. Nonostante non avesse fatto in tempo a truccarsi, i suoi occhi erano ugualmente incantevoli: due nocciole immature, che alla luce dei proiettori sembravano impastate di scaglie dorate.

«Non ti preoccupare, è solo un'esercitazione» rispose lui, facendo eco alle parole della piccola folla, una quindicina di persone in tutto, assiepata intorno al terzo ufficiale di coperta, che faceva del suo meglio per fare la conta dei presenti: di tutti i nomi della lista ne mancava soltanto uno all'appello, quello del sottufficiale di macchina Andrea Papacostinou.

Enrico non voleva ingannarla, ma neppure se la sentiva di raccontarle i particolari e le vicissitudini delle ultime ore, col rischio di metterla in apprensione per niente. Data un'occhiata all'orologio, si sentì di rassicurarla: «Vedrai che ce la sbrighiamo in un quarto d'ora e poi ce ne possiamo tornare a dormire».

«Lo spero proprio» borbottò lei. Con quelle labbra sensuali imbronciate e le sopracciglia aggrottate era ancora più bella. Si strinse nello scialle per ripararsi dall'umidità della notte e, guardando Enrico con aria apprensiva, disse: «Qui fuori fa un freddo cane».

Enrico provò d'istinto l'impulso di metterle un braccio attorno alle spalle, per rassicurarla e riscaldarla, ma si trattenne, sorpreso che un desiderio del genere gli si fosse affacciato alla mente.

«Sarebbe sleale nei confronti di Simona... come un tradimento?» si chiese, ponendosi l'imbarazzante domanda per la prima volta dopo mesi di dolorosa solitudine. Sebbene consapevole che la compagna di un tempo era definitivamente uscita dalla sua vita, non era questo il momento per affrontare un problema tanto delicato. Allora si scosse da tali pensieri e si limitò a sorreggere il braccio della biologa mentre salivano nella scialuppa.

«Comandante, può venire un attimo di là?» disse tutto concitato il radiotelegrafista Carmine Violante entrando di corsa in plancia. Il fatto di cui voleva parlargli era grave ed era meglio farlo in privato. «Devo farle vedere una cosa».

«Che c'è di tanto urgente?» chiese Nastasi mentre lo seguiva nella vicina stazione radio.

«Qualcuno ha manomesso i sistemi di comunicazione mettendo fuori uso tutte le apparecchiature ricetrasmittenti».

«Possibile?».

«Purtroppo sì, comandante. Non funziona più niente, sistemi Gps compresi».

«Non può provare a ripararli in qualche modo?» chiese Nastasi, preoccupato per la concomitanza dell'evento con ciò che sarebbe potuto accadere di lì a poco.

«Mi spiace, ma non è proprio possibile, comandante» ribatté l'altro allargando le braccia sconsolato. «Qualcuno è salito in coffa e ha completamente distrutto le centraline».

«E chi può aver fatto una cosa simile?».

«Questo proprio non so dirglielo, comunque qualcuno che si trova a bordo e che sa dove mettere le mani».

«A bordo?» ripeté Nastasi, incredulo, avendo già scartato l'ipotesi che l'attentatore si trovasse ancora sulla nave. «Non potrebbero averle manomesse mentre eravamo in porto?».

«Impossibile. Quando siamo partiti funzionava tutto… almeno fino a ieri sera quando ho ascoltato l'ultimo bollettino meteo, prima di chiudere la radio».

«Questa è una congiura!» sbottò Nastasi, in un tono che rasentava la disperazione. «Prima l'esplosivo, ora anche questo… mi chiedo cosa debba ancora succedere».

Più o meno nello stesso momento Andrea Papacostinou stava armeggiando alla battagliola del cassero di poppa, pronto a calarsi in mare con l'autogonfiabile sottratto dalle dotazioni di emergenza dell'Altair. Aveva già indossato la speciale muta in neoprene per proteggersi dal freddo, nel malaugurato caso si fosse trovato in acqua, e aspettava il momento propizio per abbandonare la nave, mentre teneva d'occhio l'orologio.

A poppa non c'era nessun altro. Tutti erano affluiti ai rispettivi punti di raccolta sul ponte di passeggiata, illuminato a giorno una trentina di metri da lui… ed era proprio questo a preoccuparlo.

«Come avranno fatto a sapere dell'attentato?» rimuginava

perplesso. Anche se qualcuno aveva fatto la soffiata, l'esplosivo non l'avevano evidentemente trovato, almeno a giudicare dalle operazioni in corso. Tuttavia, venendo a mancare l'effetto sorpresa il piano sarebbe stato attuato solo parzialmente e il committente non ne sarebbe stato felice. Ma cosa poteva farci? Lui la sua parte l'aveva eseguita a puntino.

Comunque la situazione tornava a suo vantaggio: calarsi in acqua a nave ferma era molto più semplice. In caso contrario sarebbe stato costretto a lanciarsi in mare e poi nuotare fino al battello, cosa fastidiosa anche per un sub esperto come lui.

Mancavano dieci minuti alle quattro e non c'era tempo da perdere: così calò il gommone in acqua per mezzo di una cima, dopo averne assicurato un'estremità alla battagliola. Poi, col sacco a tracolla, si calò lui stesso lungo la cima finendo direttamente dentro il battello, guidato solo dal debole chiarore delle stelle che filtrava attraverso il velo di nubi. Quindi liberò il natante, che cominciò ad allontanarsi dalla nave sospinto dal vento.

Prese allora dalla sacca il segnalatore Gps e l'accese, ma per le luci aspettò di essere fuori vista, onde non correre il rischio di farsi scorgere da bordo. Quindi si mise in attesa sul gommone alla deriva, scarrocciando al Maestrale che via via rinforzava.

Scoccate le quattro, e con la nave ancora in vista, non accadde nulla di quanto atteso: nessuna esplosione, nessun incendio. Passarono altri minuti, ma niente. Papacostinou non sapeva come spiegarselo: "Possibile che non abbia funzionato l'innesco?" continuava a rimuginare sempre più allarmato, pensando a come avrebbe fatto a spiegarlo al comandante Leggio, che di certo non gli avrebbe creduto… con tutte le conseguenze del caso.

Gli ultimi bagliori provenienti dal ponte di passeggiata dell'Altair, ancora illuminato dai proiettori, erano ormai scomparsi all'orizzonte, confusi fra gli spruzzi che il vento teso strappava copiosi alle spumeggianti creste delle onde.

Papacostinou accese le luci di posizione, solo per accorgersi che le batterie erano quasi esaurite. Gettò allora in acqua le due boette luminose, ma non funzionavano.

Scacciando il terribile presentimento tese speranzoso l'orecchio, aspettandosi da un momento all'altro di sentire il rassicurante rombo del motoscafo d'altura dei Lo Cascio che venivano a recuperarlo, come rimasti d'accordo.

Non sapendo che neppure il suo Gps funzionava a dovere, avrebbe atteso invano i suoi sleali soccorritori.

31

Rientro forzato

«L'abbiamo scampata per un pelo!» esclamò Nastasi dando una pacca sulla spalla al direttore di macchina. «Considerato dove avevano ficcato quel dannato esplosivo, siete stati davvero bravi a trovarlo».

«Ringrazia soprattutto Basile» ribatté Marando indicando l'ufficiale gongolante di soddisfazione. «Se non fosse stato per la sua insistenza».

«Comunque, siete stati in gamba tutti e due... volevo dirvelo e ringraziarvi a nome di tutti quelli che sono a bordo, anche se molti probabilmente non sapranno mai il pericolo che hanno corso» aggiunse il comandante, che non provava neppure a immaginare quello che sarebbe successo se fossero saltati in aria i serbatoi, e per di più a quell'ora di notte.

Passata ormai l'ora critica, e convinto che non c'era più motivo di temere, dagli altoparlanti del ponte di passeggiata annunciò la fine dell'esercitazione, scusandosi per quel fuoriprogramma attribuito a un non meglio identificato regolamento sulla sicurezza in mare. Quindi invitò tutti i passeggeri a rientrare in cabina e tornare a dormire, assicurandoli che la navigazione sarebbe ripresa al più presto

L'Altair era infatti ancora a macchine ferme e lentamente andava alla deriva, sotto l'influsso delle correnti e spinta del vento che soffiava da nordovest sempre più forte: era quindi urgente prendere una decisione sul da farsi.

«Questa storia dell'attentato non mi convince... e poi bisogna sostituire le centraline degli apparati ricetrasmittenti, completamente fuori uso» borbottava Nastasi camminando preoccupato a testa bassa. Dopo aver fatto avanti e indietro un paio di volte da un'ala all'altra della plancia, alla fine si decise: «Data la situazione, non possiamo far altro che tornare indietro».

«Allora sarà meglio che vada giù a controllare se è tutto a

posto».

«Bene, Lukas. Fra cinque minuti darò l'ordine di partire… tenetevi pronti» proseguì Nastasi, annuendo al collega che usciva dalla plancia diretto in sala macchine. Rivolgendosi poi all'ufficiale di guardia, disse: «Petros, dai tu la rotta al nocchiero… si torna a Porto Rizzato».

Entro mezzogiorno erano di nuovo ormeggiati al molo di Porto Nuovo, praticamente nella stessa posizione da cui erano partiti la sera precedente. L'autorità portuale era stata avvisata con un preavviso minimo proprio per il fatto che l'avaria riguardava i sistemi di ricetrasmissione e per comunicare Nastasi aveva dovuto aspettare di essere abbastanza sottocosta, così da usare un normale telefono cellulare. Udendo dell'attentato a cui erano scampati, la Capitaneria di Porto si era messa in allarme e aveva inviato il guardiamarina Carmelo Avola per effettuare le prime indagini.

Una volta a bordo il comandante lo mise al corrente dei particolari, nonché della misteriosa scomparsa del sottufficiale di macchina Andrea Papacostinou, che a questo punto divenne il principale sospettato. Inoltre, apprendendo che il piano era stato sventato grazie all'e-mail intercettata da un passeggero, il guardiamarina si insospettì e convocò Enrico Fiorani per sentire cosa aveva da dire in proposito.

«Vorrebbe essere così gentile da spiegarci come ha fatto a intercettare il messaggio?» chiese Avola, dopo alcuni preliminari. «Per un semplice passeggero, come lei afferma di essere, non mi pare una cosa normale».

«La storia parte da lontano… ed è piuttosto lunga».

«Abbiamo tutto il tempo, non si preoccupi».

«Devo anche avvisarla che il problema riguarda alcuni fatti coperti dal segreto di Stato».

«Non apparterrà mica ai servizi?» chiese stupito il guardiamarina dopo una breve pausa, preso in contropiede.

«Niente affatto; come ho detto, sono un semplice cittadino… ma se vuol saperne di più sulla faccenda che fa da contesto a questo episodio, deve chiedere al magistrato che sta indagando su certi traffici internazionali in odor di mafia».

«Lo farò... chi è il magistrato?».

«Il sostituto procuratore Bruno Malpigi, di Grosseto... se però vuole solo informazioni su di me, può chiederle al commissario di Corniano Marina, Antonio Caputo».

Le risposte ebbero il risultato di ammansire il guardiamarina, acquietandone i bollenti spiriti inquisitori. Era un giovane di bell'aspetto, sulla trentina, biondo e con begli occhi azzurri nonostante le origini meridionali: eredità normanna, pensò Enrico. Anche Nastasi era rimasto interdetto rendendosi conto che, senza volerlo, rischiava di cacciarsi in qualche oscuro intrigo a livello internazionale.

«Il comandante le ha spiegato perché mi trovo qui?» continuò Enrico. Vedendo in risposta solo lo sguardo interrogativo di Avola, aggiunse: «Se no, glielo spiego io».

«Il signor Fiorani è qui su invito del professor Papadopulos, col compito di guidarci su dei presunti relitti sommersi di cui dice di conoscere le coordinate geografiche» si affrettò a spiegare Nastasi, per evitare di venir frainteso per l'involontaria omissione. «Stavamo per l'appunto dirigendoci su quello della Jolly Mare, quando è successo il fatto».

«La Jolly Mare?».

«Una nave affondata con le stive quasi sicuramente piene di scorie radioattive» precisò Enrico.

«Scorie radioattive?» ripeté Avola, stupito. «E lei come fa a saperlo?».

«Mi spiace ma, come ho detto, i particolari deve chiederli al magistrato titolare dell'inchiesta, dato che mi ha espressamente vietato di parlarne con chicchessia» ribatté Enrico. Per non dare però l'impressione di scarsa collaborazione, spiegò: «Posso comunque dirle che ho intercettato il messaggio perché da tempo mi ero accorto di essere spiato via Internet e avevo preso le precauzioni del caso».

Il guardiamarina si appuntò qualcosa sul taccuino senza insistere oltre, dato che quanto Enrico affermava sembrava collimare con ciò che già sapeva sull'argomento.

Ricordava infatti una storia per molti versi simile, mentre prestava servizio a Reggio Calabria alcuni anni prima. A quel tempo si indagava sulla Righel, una nave battente bandiera maltese affondata misteriosamente circa venti miglia a sud est di Capo Spartivento e mai più ritrovata. Date le condizioni meteorologiche ottimali era da escludere la collisione con altri natanti, anche perché non era stata lanciata alcuna richiesta di soccorso. Fatto ancora più strano, quelli di bordo erano stati tratti in salvo da un mercantile diretto in Tunisia che aveva ignorato le chiamate via radio delle capitanerie di porto di Reggio Calabria e Messina, e poi si erano volatilizzati: dei diciotto membri d'equipaggio si era così persa ogni traccia e nessuno aveva potuto interrogarli per sapere com'erano andate le cose. Anche nel caso della Righel l'ipotesi avanzata dalle varie procure coinvolte nelle indagini era la stessa della Jolly Mare, cioè lo smaltimento illegale di scorie radioattive nell'ambito di un traffico internazionale.

«Fiorani, perché non me ne ha parlato prima?» chiese preoccupato il comandante, afferrando il significato di quelle poche battute col guardiamarina. L'ultima cosa che desiderava era di restare coinvolto in problemi del genere. «Avrebbe dovuto avvisarmi che c'erano di mezzo indagini coperte dal segreto di Stato».

«Non sono mica io a fare quelle indagini, comandante; io do solo una mano a una compagnia di assicurazioni per verificare se la nave trasportava scorie nucleari».

«Doveva dirmelo comunque» ribatté secco Nastasi. «Invece ha messo a repentaglio l'incolumità della mia nave e di tutti quelli che sono a bordo, visto che l'attentato era in funzione delle ricerche che sta compiendo».

A questo punto Enrico si fece silenzioso. Il comandante aveva ragione, il piano dell'attentatore veniva certamente dallo stesso che gli aveva piazzato il virus informatico e non aveva dubbi su chi poteva essere: il suo nemico di sempre, Pluto.

«Ora devo chiedervi, a lei e al suo amico, di lasciare la nave al più presto. Spero capirà la mia posizione... non posso correre altri rischi tenendovi a bordo».

«Come desidera, comandante» ribatté Enrico, contrariato dalla drastica decisione di Nastasi. «Pensi lei a spiegarlo a Papadopulos... io e il mio collega facciamo le valige e togliamo il disturbo».

«Prima di lasciare Porto Rizzato non dimenticate di passare in Capitaneria per una deposizione» intimò il guardiamarina.

«Intesi» annuì Enrico. Quindi si alzò stizzito e si diresse verso l'uscita della saletta ufficiali. Sulla porta, rivolto a Nastasi, disse: «Mi scuso per i problemi che le ho arrecato, comandante, ma mi creda: non potevo immaginare che quelli arrivassero a tanto… Comunque, tenga presente che se vi arrendete e smettete le ricerche, fate il loro gioco».

Dopo aver messo al corrente Sica della decisione di Nastasi nei loro riguardi, per sbollire l'ira e smaltire la delusione, Enrico uscì a prendere una boccata d'aria sul ponte. Doveva cercare di snebbiarsi il cervello per decidere cosa fare: da una parte era deluso per la piega degli avvenimenti, che di fatto gli avrebbero impedito di verificare se le scorie nella Jolly Mare c'erano per davvero; dall'altra era molto preoccupato, rendendosi conto di essere sempre nel mirino di quel fantomatico Pluto.

«Ehilà, Enrico!» udì gridare da lontano una voce femminile. Era Denise Massei, anche lei salita a far quattro passi in coperta dopo la nottataccia in bianco. Nonostante tutto era allegra e sorridente. Quando gli fu abbastanza vicina, mentre con le agili dita cercava di tenere a posto i capelli scompigliati dal vento, chiese: «Come mai quell'espressione preoccupata?».

Rendendosi conto che avrebbe potuto non rivedere più il suo viso provò una stretta al cuore, ma fece del suo meglio per nascondere la tristezza che si aggiungeva alle preoccupazioni. Quindi si limitò a dire: «Purtroppo, sono costretto a lasciare la nave».

«Perché, cos'è successo?» La piega arcuata delle sopracciglia e il tono allarmato della voce di lei indicavano stupore e rammarico.

«Ordine del comandante… di più non posso dirti».

«Continui a fare il misterioso».

«Mi spiace davvero, Denise».

«Quand'è che parti?».

«Ho il treno stasera».

«Stasera! E io che pensavo saremmo diventati amici…» esclamò lei con la voce incrinata dall'emozione.

«Possiamo sempre tenerci in contatto… a me farebbe piacere».

«Non è la stessa cosa».

«Posso chiederti un favore?» chiese Enrico cambiando argomento per togliere entrambi dall'imbarazzo.

«Certo».

«Mi prometti di stare dietro a Papadopulos affinché non interrompa le ricerche della Jolly Mare?».

«Perché ti preme tanto?».

«Voglio sapere se davvero trasportava scorie nucleari al momento del naufragio».

«E se anche fosse?».

«Interessa al mio amico investigatore per una questione di frode assicurativa, ma soprattutto interessa a me per avere una conferma alla mia teoria sulle meduse giganti».

«Per questo, stai tranquillo: vorrei anch'io chiarire il mistero di quei capodogli». Nel pronunciare le parole gli si avvicinò e mise la mano sopra la sua. Ammiccando coi suoi occhi da gatta, aggiunse: «Vedrai che in un modo o nell'altro riusciremo a conoscerci meglio».

Enrico la guardò prima sorpreso, poi turbato, e quasi arrossì: non era abituato a quel tipo di intraprendenza femminile e il tono con cui aveva pronunciato la frase non lasciava dubbi su cosa intendesse dire. Ma anziché compiacersi, la situazione lo fece sentire in colpa nei confronti di Simona.

«Penso che ora dobbiamo salutarci, Denise. Devo sbrigarmi a preparare le valige».

«Ma non hai il treno stasera?».

«Sì, ma prima devo passare in Capitaneria per rilasciare una deposizione».

«Una deposizione! E su cosa?».

«Scusa, ma non posso dirtelo» rispose lui, liberando la mano e porgendogliela per salutarla.

Lei gliela strinse, commentando delusa: «Non riesci proprio a fidarti, eh?».

«Non è questo il motivo, Denise… lo faccio anche per il tuo bene, credimi» disse lui, ricambiando la stretta di mano. Se le avesse detto dell'attentato avrebbe dovuto spiegarle anche i vari retroscena e l'avrebbe spaventata per niente. D'altro canto, una volta che lui e Sica fossero sbarcati, a bordo non avevano più nulla da temere.

A costo di essere frainteso scelse quindi di tacere, limitandosi a promettere: «Quando le cose si saranno sistemate ti racconterò tutto e allora capirai perché ho agito così... e mi ringrazierai. Ma ora devi fidarti di me».

«D'accordo, Enrico, come preferisci» si arrese lei, con le labbra simpaticamente imbronciate. «Io voglio fidarmi: spero che tu non mi deluderai».

32

Eureka!

Costretto a sbarcare dall'Altair ancor prima di aver trovato la Jolly Mare e intimorito per i due attentati mortali a cui era scampato quasi per miracolo, Enrico non se l'era proprio sentita di tornare a casa. Così, mentre Sica aveva proseguito per Roma, lui era invece sceso alla stazione di Cirano Ionica e si era fermato qualche giorno dagli amici che l'avevano ospitato a ferragosto. Sperava che, tirando un po' il fiato, gli sarebbe venuta qualche idea su come liberarsi da quella spada di Damocle che incombeva su di lui.

Come se non bastassero le preoccupazioni per l'incertezza del suo futuro, doveva anche confrontarsi coi sentimenti contrastanti che lottavano dentro di lui. Al dolore ancora vivo per la perdita di Simona si opponeva sempre più spesso il dolce ricordo di Denise: i lineamenti del suo viso, quegli occhi da gatta, le labbra sensuali… immagini che a tratti emergevano inaspettate dai meandri della mente facendolo sentire a disagio.

E poi era anche scoraggiato, ritenendosi sconfitto per non aver portato a termine ciò che si era prefisso, cioè scovare almeno uno dei relitti radioattivi scaraventati in fondo al suo bel mare. Gli restava un'unica certezza: l'eminenza grigia che stava dietro a tutto, dai fatti di Punta Falconiere, causa della tragica morte di Simona, agli ultimi attentati, era il nemico di sempre, l'inafferrabile Pluto. Purtroppo gli stessi episodi avevano anche dimostrato che disponeva di una organizzazione di tutto rispetto, con una forza di penetrazione inversamente proporzionale ai suoi scrupoli.

Da quando aveva decrittato gli archivi dell'Ilvatom, l'azienda che riprocessava le scorie nucleari per estrarne il plutonio e che poi in buona parte finivano in mare, s'era persuaso di aver scalfito solo la superficie di un problema che travalicava i confini nazionali. Ma per disporre di prove concrete, a conferma dei suoi sospetti, avrebbe dovuto trovare almeno uno di quei relitti annotati negli archivi segreti, e su questo aveva fallito.

D'altronde, cosa avrebbe potuto fare di più? Il comandante Nastasi si era spaventato a tal punto da costringerlo a sbarcare su due piedi, e non sapeva se avrebbe ripreso le ricerche della Jolly Mare.

Comunque, egoisticamente, era soprattutto preoccupato per la propria incolumità: due attentati in meno di una settimana non erano davvero una faccenda di poco conto. Doveva a tutti i costi trovare una soluzione, se non voleva trascorrere il resto dell'esistenza nella paura.

Questi erano i ragionamenti, le preoccupazioni, i sentimenti che gli si accavallavano nella testa mentre, dall'alto della terrazza belvedere di Cirano Ionica, osservava meditabondo l'inarrestabile procedere della sera che avvampava il cielo in un tramonto mozzafiato. Davanti a lui il mare, e i gabbiani che volteggiavano come falchi in caccia riempiendo l'aria dei loro stridii.

La scena in cinemascope gli rammentò l'episodio a cui aveva assistito poco più di un mese prima, quando un giovane surfista era scomparso proprio lì davanti e di cui non s'era saputo più nulla.

Aveva seguito alcuni programmi televisivi sull'argomento e ricordava che uno degli esperti intervistati aveva ipotizzato che ci fosse un collegamento con la successiva aggressione di una medusa gigante ai danni del pescatore di Porto Rizzato, appena una trentina di chilometri più a sud. Enrico non solo era convinto di questo, ma era sicuro che la spiegazione del problema andava appunto ricercata nel relitto della Jolly Mare, che secondo gli archivi dell'Ilvatom era affondata zeppa di scorie radioattive proprio al largo di Capo Rizzato. Era certo che se non si correva ai ripari quello sarebbe stato solo l'inizio di una tragedia.

«Quel dannato Pluto dev'essere fermato a tutti i costi» borbottò Enrico. Realisticamente si rendeva conto che toglierlo di mezzo sarebbe stata solo una vittoria parziale, dato che le centinaia di centrali nucleari sparse in mezzo mondo non contavano certo solo su Pluto per smaltire le scorie in modo più o meno ortodosso. C'erano altri individui senza scrupoli che facevano soldi a palate offrendo i loro servigi ai produttori mondiali di scorie, ma bloccare Pluto sarebbe stato comunque un buon inizio. La domanda però era: come riuscirci?

All'improvviso ebbe un'illuminazione: il virus che Pluto aveva escogitato per spiarlo poteva diventare una specie di lepre che lo avrebbe condotto alla tana del suo persecutore. Se ci fosse riuscito non avrebbe dovuto passare il resto della vita a fuggire da lui.

Ma dato che per attuare l'idea era essenziale la collaborazione degli inquirenti, e di Echelon in particolare, telefonò a Caputo per tastargli il polso.

«Come d'accordo, le telefono perché domani rientro a Corniano Marina e ho bisogno di parlarle di una cosa importante».

«Rientra di già?» chiese sorpreso Caputo, che pensava sarebbe restato via molto di più. «Come mai così presto?».

«Ci sono stati degli imprevisti, commissario... ma preferisco parlargliene a quattr'occhi».

Il tono della voce era preoccupato, tanto che l'altro domandò: «Non si sarà mica cacciato in qualche altro guaio?».

«Nei guai ci sono fin dall'inizio di questa storia, commissario, ma le spiegherò tutto quando arrivo... piuttosto, che notizie ci sono da casa mia?».

«Niente di nuovo, Fiorani. Ogni tanto ci mando una pattuglia a controllare, ma è tutto tranquillo».

«Non so se posso fidarmi a tornarci, dopo lo scherzetto col gas... considerato anche quello che è successo a bordo dell'Altair: Non vorrei tirar troppo la corda con la fortuna... mi ha già assistito abbastanza».

«Fiorani, non esageriamo» minimizzò l'altro. «Non so cosa le sia capitato sulla nave, ma qui non avrà problemi, glielo assicuro».

«Apprezzo la sua fiducia, commissario. Ma al di là delle parole, che garanzie può darmi?».

«Se vuole, posso mandare una volante a fare di tanto in tanto un giro davanti alla sua abitazione, per controllare che sia tutto a posto. Se poi ci fornisce un buon motivo per inserirla in un programma di protezione testimoni, il magistrato potrebbe anche disporre di farla mettere sotto scorta».

«Vada per la volante, commissario, ma per la scorta lasciamo perdere: ho altro in mente per risolvere il mio problema, senza essere costretto a passare il resto della vita a guardarmi le spalle...

ma ne parliamo al mio ritorno».

Terminata la telefonata Enrico si sentiva più sollevato: Caputo gli aveva confermato che le indagini proseguivano e non erano state insabbiate, ma anche che poteva contare sulla loro collaborazione.

Ora si trattava di imbastire bene la trappola secondo il piano che aveva in mente.

33

Un cliente poco raccomandabile

Sica non aveva ancora digerito la delusione per il fallimento della missione e ce l'aveva con Enrico Fiorani per averlo trascinato in un'avventura senza lieto fine. Nonostante vi avesse profuso tempo ed energie, non era riuscito a trovare elementi che confermassero il dolo nel naufragio della Jolly Mare e della Righel, e così l'ingegner Marra gli aveva tolto l'incarico e chiuso i cordoni della borsa. Altro che premio finale: con quello che gli avevano versato era sì e no andato a pari con le spese, considerato tutto il tempo perso senza riuscire a cavar un ragno dal buco... per non parlare poi della figuraccia e del fatto che probabilmente quello era l'ultimo lavoro che gli avrebbero affidato. Evidentemente aveva fatto male a fidarsi di quel Fiorani.

Così fu doppiamente contento quando pochi giorni dopo ricevette in agenzia la telefonata di un avvocato, un certo Franco Esposito, che chiedeva d'incontrarlo perché aveva un lavoro interessante da proporgli.

«Premetto che sono qui per conto di un importante cliente, che mi ha incaricato di sondare la sua disponibilità per un lavoro investigativo piuttosto delicato» esordì, dopo che Sica lo aveva fatto accomodare nello studio e lui aveva preso posto di fronte alla scrivania sempre stracolma di carte.

Quando infatti Martin Leggio aveva saputo da Franco, l'avvocato che teneva i contatti coi Lo Cascio, che l'attentato era fallito, aveva ovviamente preteso che qualcuno gli spiegasse cos'era successo. Del loro infiltrato, Andrea Papacostinou, si era persa ogni traccia e quindi aveva insistito che i Lo Cascio mandassero subito qualcuno a indagare sull'Altair, approfittando del fatto che si trovava in porto per le riparazioni. Saputo così che Fiorani e il suo amico investigatore erano stati sbarcati in malo modo dal comandante, aveva pensato di approfittarne e aveva incaricato l'avvocato di andare da Sica per convincerlo a passare dalla loro parte.

«Il mio cliente è a conoscenza della sua recente partecipazione a una spedizione scientifica e sarebbe interessato a certe informazioni che potrebbe fornirgli».

«Informazioni di che tipo?».

«Resta inteso che la nostra conversazione è, e deve restare, riservata: non ci saranno problemi di sorta per il suo onorario, ma è bene sappia che teniamo molto alla discrezione».

«Ma certo, avvocato, di questo non si deve preoccupare».

«Intesi, allora. Detto in poche parole, il mio cliente desidera essere informato sui movimenti dell'Altair e sui futuri esiti delle ricerche del professor Papadopulos».

«Posso sapere perché?».

«No» ribatté secco l'altro. «Lei deve solo dirmi se accetta l'incarico, o se invece devo rivolgermi a qualcun altro».

«Ma certo che accetto, avvocato» disse allargando le braccia con un sorriso che ne scoprì tutti i denti. Poi finse di scusarsi: «Mi spiace se sono sembrato indiscreto con la mia domanda, ma era per capire il tipo di informazioni che vi interessano».

«Qualsiasi notizia sulla nave andrà bene» tagliò corto l'altro. «Lei ne raccolga il più possibile e lasci a noi valutare se ci possono essere utili o no».

«Mi dia almeno un'indicazione di massima».

«Come ho detto, siamo interessati ai lavori della spedizione del professor Papadopulos e a quanto scoprirà in futuro la sua équipe: livelli di inquinamento, relitti sommersi, roba di questo genere».

«Ho capito» annuì l'investigatore, con un sorrisetto sornione sotto i baffetti grigi.

Il misterioso cliente doveva aver saputo del suo incarico per conto delle assicurazioni... magari era uno della controparte, ansiosa di conoscere a che punto stavano con le ricerche dei relitti. In condizioni normali non sarebbe rientrato nell'etica professionale fare il doppio gioco, ma il Lloyd Mediterraneo gli aveva dato il ben servito e quindi non si sentiva più moralmente vincolato a mantenere il segreto professionale. Inoltre l'avvocato aveva precisato che problemi di soldi con loro non ce ne sarebbero stati e non vedeva il motivo di perdere quest'occasione facendosi tanti scrupoli.

«Avrete saputo che il comandante ha sbarcato me e il mio amico Fiorani e quindi, anche volendo, sulla nave non posso tornare…».

«Certo, ma sappiamo anche che siete sempre in buoni rapporti col professor Papadopulos e il resto dell'équipe… quindi non le sarà difficile tenersi al corrente su come procedono le cose».

«Vedo che siete bene informati».

«Per questo ci siamo rivolti a lei».

«Sono lusingato» fece Sica, fingendosi colpito.

«Tenga presente che siamo soprattutto interessati a tutte quelle notizie che possono comportare risvolti giudiziari… cioè possibili interventi da parte delle Autorità».

«Capisco…» commentò l'investigatore lisciandosi il mento. Fatta una breve pausa, azzardò una provocazione: «Saprà già che con l'Altair eravamo a caccia di un relitto affondato, si dice carico di scorie radioattive».

«Mi fa piacere constatare che afferra al volo… ma a questo punto è il caso che s'incontri col mio cliente, che ha già qualche domanda per lei».

«A proposito di cosa?».

«Per esempio su quanto è successo a bordo dell'Altair mentre eravate in navigazione».

«Si riferisce all'attentato?».

«Anche».

«E che altro?».

«Guardi, Sica: io in questa faccenda ho solo un ruolo marginale e non conosco tutti i particolari; ci penserà il mio cliente a fornirle i dettagli. Lei ora attenda una mia telefonata: la chiamerò stasera per dirle quando e dove potrete incontrarvi» continuò l'avvocato in tono conclusivo. Nel frattempo aveva tirato fuori dal portafoglio un assegno circolare, che gli porse con un sorriso d'intesa: «Il mio cliente mi ha autorizzato a versarle questo piccolo anticipo».

«Apprezzo la fiducia».

«Immagino che diecimila euro possano andar bene, tanto per cominciare».

Le tre ore d'auto, da Roma a Punta Sparviero, trascorsero veloci, preso com'era a rallegrarsi per l'inaspettato guadagno. Quasi non riusciva a crederci; eppure l'assegno l'aveva incassato, a riprova che non si trattava di una bufala.

Così il viaggio passò a far volare la fantasia e immaginare i molteplici interessi che doveva avere un cliente tanto munifico: ancor prima di giungere a destinazione, il rammarico per aver perso un buon cliente come l'ingegner Marra aveva fatto posto alla convinzione di averne trovato uno migliore.

Oltre che di manica larga era anche gente di parola, visto che l'avvocato l'aveva puntualmente chiamato per l'appuntamento: il suo cliente, il comandante Martin Leggio, lo aspettava per le undici nella sua villa di Punta Sparviero.

Quella mattina il tempo non era dei migliori, con nubi plumbee che correvano veloci sospinte dal vento di mare. Imboccato il bivio sulla provinciale, percorse gli ultimi chilometri al riparo delle alte chiome a ombrella dei pini domestici, quindi un tratto di strada incuneata nella macchia mediterranea, finché sbucò di fronte alla residenza del facoltoso cliente.

Posteggiò l'auto sullo spiazzo antistante la villa e si diresse verso il cancello d'ingresso. Con occhio esperto valutò l'impianto di videocontrollo a tutela dei suoi inquilini: non solo telecamere piazzate su un alto palo e in altri punti strategici, ma anche sensori a raggi infrarossi e fotocellule installati lungo la recinzione. Un sistema integrato piuttosto sofisticato, in grado di funzionare giorno e notte e tenere l'intero perimetro sotto costante controllo, i cui segnali erano evidentemente ritrasmessi a qualche remota sala di controllo. "Il comandante Leggio deve tenere parecchio alla sua privacy" pensò fra sé suonando al videocitofono, sicuro che ancor prima di pigiare il pulsante qualcuno all'interno si era già accorto di lui.

Sica fu accolto da un compito maggiordomo in divisa e guanti bianchi, che gli fece strada fino al salone open space dove era atteso. Sebbene non piovesse, l'aria era da burrasca e all'aperto faceva piuttosto freddo: così Leggio preferì incontrarlo in soggiorno anziché sulla terrazza, come era solito fare quando il tempo lo permetteva.

«Franco mi ha parlato bene di lei» esordì il padrone di casa, dopo aver invitato l'ospite a sedere sulla poltrona di fronte a lui. «Mi ha anche garantito un totale riserbo, in particolare su quanto emergerà da questa conversazione».

«Naturalmente, comandante. Sarò muto come un pesce».

«La prendo come una promessa».

Dopo essersi sistemato più comodamente sull'ampia poltrona di pelle bianca, continuò: «Vede, Sica, ho un problema che rischia di sfuggirmi di mano. Perché ciò non accada, ho urgente bisogno di sapere alcune cose, per questo ho pensato di ricorrere a un investigatore».

«Dica pure, comandante».

«Deve sapere che, fra le mie varie attività, c'è anche quella di armatore di una compagnia di navigazione, la Sea Tanker Inc. che ha sede a Monrovia, in Liberia. Circa una dozzina d'anni fa ebbi la disgrazia di vedere due delle mie navi naufragare nel Mar Ionio, prima la Jolly Mare e poi la Righel».

«Conosco i fatti».

«Lo so, e so pure che il Lloyd Mediterraneo l'aveva incaricata di svolgere alcune indagini su quanto trasportavano al momento del loro affondamento» annuì Leggio, mentre i suoi occhietti mobili e penetranti scrutavano ogni reazione dell'interlocutore.

«Allora avrà anche saputo che non siamo riusciti a trovare niente di nuovo» continuò Sica scrollando le spalle. Poi si rabbuiò un attimo e divenne pensieroso: le parole di Leggio gli avevano fatto balenare in mente l'idea che potesse essere stato proprio lui a commissionare l'attentato all'Altair. Così provò a tirare una stoccata per vedere come avrebbe reagito: «Purtroppo qualcuno ha avuto la bella pensata di mandarci a picco e per poco non c'è riuscito… l'abbiamo scampata giusto per un pelo».

«Ho saputo anche questo, Sica, e me ne dispiace. Probabilmente quel Papadopulos ha dei concorrenti gelosi e disposti a tutto, pur di mettergli i bastoni fra le ruote».

«Il comandante Nastasi però è di altra opinione».

«Vale a dire?».

«Non so bene il motivo, ma è convinto che fosse Fiorani l'obiettivo dell'attentato».

«Come mai?».

«Come ho detto non lo so, ma dopo l'accaduto Nastasi non ci ha più voluto a bordo. Comunque per me è capitolo chiuso: la compagnia di assicurazioni mi ha dato il ben servito» rispose, stringendosi nelle spalle. «Mi dica invece il tipo di informazioni che servono a lei... il suo avvocato non mi ha voluto fornire molti particolari».

«Le spiego il mio problema, legato al naufragio delle mie due navi: da una parte, mi hanno sospeso il saldo dell'indennizzo che mi deve l'assicurazione, in attesa che si concluda un iter giudiziario che dura ormai da anni; dall'altra ci sono in piedi alcune inchieste da parte di varie magistrature che indagano su presunti affondamenti di scorie radioattive nei mari italiani... e temo che stiano architettando di mettere nel calderone anche la Sea Tanker Inc».

«E perché farebbero una cosa del genere?».

«Interessi, caro mio» fece lui. «Milioni di euro di indennizzo che la compagnia risparmierebbe, se solo riuscisse a dimostrare che nel mio caso si è trattato di dolo».

«Non vedo come potrei aiutarla a evitarlo».

«Informazioni, Sica. Mi serve sapere se quel Papadopulos, o chiunque altro, riprenderà le ricerche delle mie navi e, in caso affermativo, se arriverà a individuarle e a documentare quello che c'è nelle stive».

«Scusi comandante, ma non lo sa di già?».

«In teoria, sì; però io mi posso basare sul piano di carico redatto dal comandante prima della partenza... ma chi mi dice se a mia insaputa trasportava dell'altro, senza che l'avessero indicato nella documentazione?» replicò. Notando che l'investigatore era rimasto interdetto dopo quella spiegazione, per fugare eventuali dubbi circa la sua estraneità al problema, aggiunse: «Soprattutto dovrà accertarsi che non manipolino i reperti, così che qualcuno racconti che nei relitti ci sono scorie radioattive quando invece non è vero».

«Vedrò cosa posso fare».

«Molto bene. Si tenga in contatto con Papadopulos e con Fiorani, ma senza fare il minimo accenno al nostro rapporto. Poi mi riferisca ogni fatto riconducibile ai due relitti, o a eventuali carichi radioattivi, inclusi gli sviluppi nelle indagini di cui abbia avuto notizia» continuò Leggio. Per aiutare l'interlocutore a vincere la sua titubanza, toccò il tasto che gli faceva ottenere sempre la massima attenzione: «Resta inteso che ogni informazione che mi fornirà le sarà pagata adeguatamente».

34

Il virus si fa lepre

Dopo pranzo Enrico Fiorani stava preparandosi per l'appuntamento in commissariato, dove avrebbe proposto il suo piano per tentare di mettere nel sacco Pluto. Nonostante fosse ricercato dalla polizia di mezzo mondo nell'ambito dell'inchiesta "Operazione Berillio", gli inquirenti annaspavano ancora nel buio e non sapevano neppure che faccia avesse: Pluto era solo uno pseudonimo, ma nessuno sapeva chi fosse veramente.

Per tale motivo, e non certo per simpatia verso Fiorani, il sostituto procuratore che coordinava le indagini, Bruno Malpigi, era quindi stato disposto ad ascoltare la sua proposta.

La mattina Enrico aveva illustrato l'idea a Tony Russo per vedere cosa ne pensava: da hacker esperto questi aveva convenuto che poteva funzionare, a patto che i tecnici di Echelon garantissero la massima collaborazione, ed era stato d'accordo che valeva comunque la pena di tentare.

Quando stava per uscire di casa, udì squillare il cellulare in lontananza; si affrettò a cercare l'apparecchio rincorrendone gli squilli e alla fine lo trovò in cucina, dove l'aveva lasciato a fine pranzo. Sperava fosse Russo che aveva cambiato idea, dato che la mattina aveva tentato invano di convincerlo ad accompagnarlo alla riunione per dargli una mano a esporre il piano al tecnico di Echelon, ma lui aveva declinato l'invito: con la polizia di recente aveva avuto delle incomprensioni, come eufemisticamente le chiamava, e preferiva tenersene a debita distanza.

Al telefono era invece l'investigatore Sica che chiedeva se poteva venire a trovarlo approfittando del fatto che si trovava lì vicino da un cliente, precisamente a Punta Sparviero.

«Purtroppo sto andando in commissariato e ora non mi è proprio possibile, Vito» si scusò con una punta di rammarico. Gli avrebbe fatto piacere incontrarlo, dopo una settimana che non si sentivano, anche per metterlo al corrente degli ultimi sviluppi, ma non poteva certo dare la buca a Malpigi. Così fece una controproposta: «Se però ti fermi fino a stasera possiamo cenare insieme».

«Mi spiace, ma non posso: domani devo essere a Roma per un impegno improrogabile».

«Di mattina?».

«Al pomeriggio».

«Allora non c'è problema. Facciamo così: stasera ceniamo insieme all'Esperanto, che conosci già… questa volta offro io. Poi ti fermi a dormire da me e domattina, bello fresco, te ne torni a Roma… che ne dici?».

«Molto gentile da parte tua, ma non vorrei approfittarmene».

«Semmai non faccio che ricambiare la tua ospitalità» insistette Enrico. «Dai, vediamoci direttamente al ristorante dell'albergo, stasera verso le sette».

«Come vuoi… ti spiace però se prima faccio un salto a casa tua, giusto per lavarmi la faccia e darmi una sistemata? Sono fuori da stamani all'alba e vorrei almeno farmi la barba».

«D'accordo, vieni da me verso le sei: a quell'ora dovrei essere rientrato. Dopo che ti sei sistemato prendiamo la mia auto e andiamo insieme al ristorante… il venerdì è dedicato al fritto di paranza e vedrai che ne sarà valsa la pena».

Ma non era solo un problema di barba, quello che aveva in mente l'amico Sica.

Alle quattro in punto Enrico si presentò al piantone di guardia e disse che aveva un appuntamento col commissario. Questa volta l'agente non fece troppe questioni e, dopo l'identificazione, chiese al collega di accompagnarlo di sopra: evidentemente Caputo aveva lasciato detto di farlo salire senza perder tempo, dato che Malpigi aveva altri impegni e non poteva trattenersi troppo.

Quando giunse in cima alla rampa di scale, trovò il commissario ad attenderlo fuori dell'ufficio.

«Stiamo aspettando solo lei» lo informò.

Enrico consultò l'orologio e si accorse che effettivamente era in ritardo di quattro minuti, tutti spesi a superare le barriere burocratiche all'entrata. «Buon per voi che avete dei mastini tanto coscienziosi» commentò con una battuta, indicando di sotto.

«L'avverto che oggi Malpigi è piuttosto nervoso, quindi si regoli di conseguenza».

Quando entrarono nella stanza, il sostituto procuratore era seduto al posto normalmente occupato dal commissario e tamburellava impaziente con le sue dita massicce sul ripiano metallico. Caputo gli indicò la sedia vuota di fronte alla scrivania, vicino a un secondo uomo sulla quarantina, e prese posto di lato.

«Signor Fiorani, vado piuttosto di fretta. La prego quindi di essere conciso nell'esporre la sua idea all'ingegner Consorti, uno dei tecnici preposti all'interfaccia Echelon» esordì Malpigi dopo le presentazioni. Detto questo, si appoggiò allo schienale e si mise in attesa, mentre i suoi occhi azzurri fissavano Enrico da sopra un anacronistico paio di occhialetti tondi che, più che a un magistrato, lo facevano somigliare a un professore d'altri tempi.

«Ho preparato questo promemoria proprio per essere il più preciso e breve possibile» disse Fiorani, porgendone una copia a ciascuno dei presenti. «C'è scritto per filo e per segno tutto quello che bisogna fare».

«Che roba è?» chiese Malpigi, dopo aver dato una rapida scorsa al contenuto del fascicolo senza capirci molto. Indicando il foglio con un diagramma a blocchi a tutta pagina, aggiunse in tono sarcastico: «Pensa che bastino questi disegnini per incastrare quel dannato Pluto?».

«Fossi in lei, non li sminuirei tanto quei disegnini: quello è uno schema con indicate tutte le azioni, informatiche e non, da attuare. Le ho sintetizzate con quel flow-chart per dar risalto all'ordine cronologico con cui dovranno essere eseguite» ribatté Enrico, punto nel suo orgoglio professionale. «Sempre che vi interessi davvero acchiapparlo».

Notando l'espressione contrariata di Enrico, Caputo gli ammiccò rassicurante, come per dirgli di non prendersela per il commento disfattista del magistrato. D'altronde, lo aveva avvertito che non era in giornata.

«Io penso che potrebbe funzionare» interloquì Consorti dopo averci dato una scorsa, non comprendendo il motivo di un commento tanto negativo da parte del magistrato. Gli era bastata una veloce occhiata al diagramma di flusso per afferrare il succo del discorso, e non gli era sfuggita l'originalità del piano. Pertanto ignorò Malpigi e chiese, rivolto a Fiorani: «Vorrebbe illustrarmelo?».

«Certo, ma perché lei possa inquadrare la situazione è necessaria qualche premessa» acconsentì Enrico. Dopo una breve pausa per organizzare i pensieri, iniziò a esporre gli antefatti: «Di recente mi sono accorto che, quando lavoravo al computer in ufficio, qualcuno mi spiava sul web. Così mi sono messo a caccia del probabile intruso e, con l'aiuto di un amico esperto in sicurezza informatica, ho scovato il virus troiano che si era inserito nel mio computer andandosi a installare sul boot-strap del disco fisso...»

«Allora si è convinto che non siamo stati noi a metterglielo?» chiese Caputo, rammentando l'accusa.

«Certo, commissario, ora lo so».

«Ha anche scoperto il responsabile?».

«Senza dubbio è opera di Pluto... e fra poco capirete perché ne sono così sicuro». Enrico fece un'altra pausa per prender fiato, quindi proseguì: «Dopo quella scoperta, a dir il vero scioccante, ho deciso di passare al contrattacco. Così ho chiesto al mio amico di mettersi nei panni dell'ignoto hacker che mi aveva fatto il regalo e preparare un antivirus che lo ripagasse con la stessa moneta».

«Sarebbe a dire?».

«Facendo in modo di spedire a me una copia di tutto quello che anche lui faceva al computer».

«Perché mai?».

«Ovvio... per scoprire chi ci stava dietro».

«E ci è riuscito?».

«Certo, e vi spiego come. Per prima cosa mi sono auto inviato la versione modificata del virus. Contavo sul fatto che quello l'avrebbe ricevuta in copia e, leggendola, si sarebbe contagiato a sua volta grazie alle nostre modifiche. L'esca ha funzionato e da quel momento l'antivirus invia a me una copia di tutto quello che lo spione scrive al suo computer. Con questo sistema sono venuto a conoscenza in tempo dell'attentato all'Altair, oltre a convincermi che alla regia dev'esserci per forza Pluto».

«Come fa ad esserne tanto sicuro?» domandò Malpigi, che invece restava scettico.

«Ma se è così chiaro!» esclamò Enrico. «Solo chi mi stava spiando da giorni poteva sapere che mi sarei unito alla spedizione di Papadopulos per cercare i relitti della Jolly Mare e della Righel. Prima ha provato a fermarmi col gas e poi, visto che non c'era riuscito, ha tentato di mandandomi a picco con la nave».

«Chi le dice che sia stato Pluto?» obiettò Malpigi, puntandogli contro la matita sospesa a mezz'aria.

«Secondo voi, chi è che per la seconda volta ha mandato i suoi giannizzeri a riprendersi gli archivi dell'Ilvatom... fortuna che ne tenevo una copia nel bagagliaio dell'auto. Ora riflettiamo: chi è il più interessato a far sparire gli archivi? E poi, a parte Pluto e voi due» disse, additando il commissario e poi Malpigi, «nessuno sapeva che li avevo io, neppure l'Ilvatom. Evidentemente scottano a tal punto che chi gestisce quei traffici è disposto a tutto pur di toglierli dalla circolazione... di certo non gli conviene che si sappia dove sono affondate tonnellate di scorie radioattive e altre schifezze simili, quando non si tratta di intere navi».

«Come la Jolly Mare?».

«Per l'appunto».

Malpigi si raddrizzò sulla poltroncina di finta pelle nera, su cui tendeva sempre a scivolare un po' troppo a causa della sua bassa statura, e si fece pensieroso. Anche se per i suoi gusti Fiorani era un po' troppo ficcanaso, probabilmente aveva ragione: le tessere del puzzle cominciavano a combaciare, confermando come nel contesto internazionale del contrabbando di materiali nucleari, plutonio incluso, quel personaggio in apparenza inafferrabile rappresentava la chiave di volta.

«Ma torniamo al mio piano per incastrare Pluto» disse Enrico riprendendo l'argomento. «Stavo appunto dicendo che sono riuscito a inserirmi nel suo computer...».

«Intanto, complimenti a lei e al suo amico hacker» commentò ammirato il tecnico di Echelon, conoscendo gli ostacoli che avevano superato. «Mantenendo come vettore il virus originale e la sua lunghezza avete gabbato i sistemi di protezione, che altrimenti vi avrebbero scoperto e bloccato... inoltre siete arrivati al destinatario reale, nonostante usasse un remailer per camuffarsi».

«Non solo, abbiamo anche superato il problema della crittazione dei dati, dato che il virus attinge le informazioni alla fonte».

«Da un monitor di tastiera, immagino».

«Esatto, vedo che mi ha capito al volo» annuì Enrico, soddisfatto che qualcuno fosse in grado di apprezzare quel lavoro di alta chirurgia informatica. «Ma ora veniamo al nostro piano e auguriamoci di essere fortunati… purtroppo qualche lacuna dovrò riempirla ricorrendo anche all'immaginazione».

«Immaginazione?» l'interruppe Malpigi. Era possibile che stesse sprecando del tempo prezioso solo per ascoltare i voli di fantasia di Fiorani?

«Non si allarmi, dottore, ora mi spiego» lo rassicurò Enrico, facendo cenno con le mani di pazientare. «Dovete sapere che il virus è strutturato in modo da trasmettere al computer di Pluto, con cadenza temporale, blocchi di informazioni prelevate durante le sessioni attive del sottoscritto».

«Immagino che l'ultimo blocco sia invece spedito via web al remailer quando lei chiude la sessione finale» intervenne Consorti, mentre osservava il folw-chart per vedere se lo menzionava».

«Esatto, ingegnere» annuì Enrico. Fece una pausa per accertarsi che anche il resto dell'uditorio lo stesse seguendo, quindi continuò: «Penso che se sfruttiamo bene questa particolarità possiamo incastrare lo spione».

«Come?».

«Pensavo di utilizzare il computer che ho in ufficio, dov'è installato il virus originale, per battere una lettera qualsiasi, ma inserendo nel testo una sequenza prefissata di parole e codici, una specie di password, da concordare preventivamente coi vostri tecnici. Echelon potrebbe mettere sotto controllo la password, monitorando l'intero web finché riuscirete a intercettarla. Immagino che dovreste essere in grado di farlo, vero?».

«Certo, è il nostro pane quotidiano».

«Ma quella è solo la prima fase: servirà dell'altro per incastrare il nostro uomo».

«Vale a dire?».

«Appena avrò battuto la password nel testo, chiuderò la sessione e vi avviserò, in modo che possiate iniziare l'intercettazione. La prima volta che catturerete la password non servirà ancora al nostro scopo: ciò avverrà quando il virus trasmetterà al remailer i dati prelevati dal mio computer inserendovi un destinatario fasullo, che poi il remailer sostituirà con quello reale, avendolo nei suoi database. Voi dovrete continuare a monitorare la rete finché non intercetterete la password per l'ultima volta».

«Che non è detto avvenga di lì a poco».

«Esattamente. Di solito i remailer trattengono i dati per un certo lasso di tempo prima di inoltrarli, al preciso scopo di rendere più difficile fare il collegamento fra dati in entrata e dati in uscita».

«Quando invece intercetteremo la password per l'ultima volta sapremo che l'ultimo remailer della catena sta rispedendo i dati al vero indirizzo, quello di Pluto, e avremo una traccia sicura per arrivare a lui» lo interruppe Consorti battendo sonoramente la mano sul ripiano della scrivania. Malpigi e Caputo non dissimularono una certa sorpresa di fronte all'entusiasmo del loro ospite, l'unico ad aver capito il meccanismo della trappola.

«Speriamo bene, ingegnere... più esattamente, rincorrendo la lepre, arriveremo al computer di Pluto. Se poi ci sia lui a lavorarci in quel momento, o invece la sua segretaria, non possiamo saperlo» aggiunse Enrico facendo spallucce. Poi guardò Malpigi e aggiunse: «Ecco cosa intendevo quando parlavo di qualche lacuna da colmare con l'immaginazione. Comunque le probabilità sono a nostro favore: non riesco a immaginare Pluto che lascia altri a ficcare il naso nel suo computer».

«Scusi la mia ignoranza in materia, ma a cosa serve tutto questo marchingegno?» chiese Caputo, perplesso.

«Serve eccome, commissario! Una volta intercettato il messaggio che ha per destinatario il computer di Pluto, si può risalire al relativo IP dinamico di trasmissione, il protocollo preposto all'indirizzamento di ogni computer connesso al web in un dato istante».

«E da quello, tramite un sistema di localizzazione satellitare, a Echelon possiamo sapere dove si trova il computer di Pluto in quel momento» continuò Consorti pregustando il successo dell'intera operazione. Poi aggiunse con un certo orgoglio: «Con le attrezzature che abbiamo, siamo in grado di risalire a un qualsiasi punto del globo con l'approssimazione di un metro».

«Vedo con piacere che il piano le è chiaro» commentò soddisfatto Enrico.

Notando che gli altri due erano confusi dopo la spiegazione troppo tecnica, rivolgendosi al commissario disse: «A questo punto l'ingegner Consorti vi comunicherà le coordinate geografiche del punto localizzato e toccherà a voi intervenire per bloccarlo, prima che riesca a dileguarsi. Se fallite, state pur certi che non ci caschera una seconda volta».

Malpigi era in ritardo per un'importante riunione col procuratore capo di Grosseto, così cercò di concludere: «D'accordo, stabiliamo quando fare l'operazione. A Echelon quando potreste essere pronti, ingegnere?».

«Ci servono un paio di giorni per ottenere le autorizzazioni» rispose Consorti, mentre estraeva di tasca un'agendina. Dopo averla consultata, spiegò: «Dato che oggi è venerdì, per andar sul sicuro direi che l'operazione potrebbe partire martedì prossimo, se a voi sta bene».

«Allora restiamo intesi in questo modo» concluse Malpigi alzandosi, dopo aver lanciato per l'ennesima volta uno sguardo preoccupato all'orologio. «Per i particolari mettetevi d'accordo col commissario, che ha carta bianca... ora scusatemi, ma devo proprio lasciarvi».

Andato via il sostituto procuratore, i tre dedicarono qualche altro minuto a definire la password che Enrico da una parte, ed Echelon dall'altra, avrebbero utilizzato per far scattare la trappola. Infine, terminata la riunione, rimasero d'accordo di risentirsi lunedì mattina per confermare il tutto.

35

Lealtà in vendita

Quando nel tardo pomeriggio Enrico tornò a casa dal commissariato trovò Sica ad aspettarlo in giardino, spaparanzato sulla sdraio sotto la veranda all'ingresso.

«Scusa se ho approfittato della tua ospitalità, ma è da stamattina che sto in giro e sono parecchio stanco» scherzò alzandosi a fatica e porgendogli la mano.

«Hai fatto benissimo».

«Vedo con piacere che non ti hanno rinchiuso in gattabuia».

«Altro che gattabuia!» ribatté Enrico. «Se va come spero, questa volta dovranno darmi una medaglia».

«Perché, cosa c'è in ballo che non so?».

«Dai, entriamo, poi ti racconto».

Erano appena le sei e potevano prendersela comoda, visto che all'Esperanto aveva prenotato per le otto. Mentre il suo ospite si dava una sistemata, Enrico andò nello studio e ne approfittò per rivedere gli appunti che aveva preso durante la riunione. Scrisse un bigliettino autoadesivo di promemoria, che appiccicò di lato al monitor, per ricordarsi lunedì di sentire Caputo a conferma dell'operazione e stabilire quando liberare la lepre informatica. Quindi buttò giù alcune idee di testo in cui inserì la password concordata e annotò le frasi in agenda, che poi ripose nel cassetto della scrivania appena udì la voce di Sica.

«Sempre al lavoro?» gli chiese facendo capolino dalla porta dello studio, di ritorno dalle abluzioni tutto sbarbato e profumato.

«Come ti dicevo, stiamo preparando la trappola per il famoso Pluto e voglio essere certo che funzioni tutto a dovere».

«Di che si tratta?».

«Andiamo in salotto, che te lo spiego».

Mentre Sica sprofondava in poltrona, Enrico si diresse verso il mobile bar e aprì l'anta a vetri. «Qualcosa da bere?».

«Due dita di whisky mi risolleverebbero il morale, bourbon,

magari».

«Four Roses può andar bene?».

«Ottimo, grazie».

Enrico versò per entrambi, posò i bicchieri sul tavolino fra le due poltrone, quindi gli sedette di fronte. Dopo un paio di sorsi, accompagnati da altrettanti sospiri di piacere, gli riassunse i punti salienti della riunione in commissariato.

«Pensi davvero che funzionerà?» chiese Sica alla fine del resoconto. Enrico gli aveva sempre parlato di Pluto come di qualcuno inafferrabile e gli pareva strano che bastasse così poco per mettergli il proverbiale sale sulla coda.

«Con un pizzico di fortuna ce la possiamo fare... a condizione che quando scatterà la trappola ci sia lui al computer, e non la segretaria o qualcun altro» rispose Enrico, annuendo.

«Allora, auguri!».

«Tu, invece, come mai da queste parti?».

«Un cliente a Punta Sparviero mi ha proposto un lavoro, ma niente di importante» rispose Sica con fare indifferente. Non era certo il caso di rivelargli come stavano le cose, sia perché Leggio glielo aveva espressamente vietato, sia perché non sapeva come avrebbe reagito. Così cambiò argomento e, senza dar a vedere che la cosa gli interessava particolarmente, fece una domanda: «Dall'Altair hai più avuto notizie?».

«Niente di nuovo. Ieri ho sentito Papadopulos per telefono e mi ha confermato che la nave è sempre in porto: stanno ancora aspettando che arrivi la nuova centralina per il sistema di trasmissione».

«Sai se hanno intenzione di riprendere le ricerche dei relitti?» domandò in tono distratto.

Enrico non era al corrente del fatto che il Lloyd Mediterraneo gli aveva tolto l'incarico e che quindi il suo interesse era di ben altra natura.

«Lo spero. Papadopulos mi ha assicurato che proverà ancora a convincere il comandante Nastasi, ma al momento non ne vuol sapere di rischiare la nave una seconda volta... dice che devono pensarci le Autorità marittime, visto che ci sono di mezzo indagini della Magistratura».

Sica si strinse nelle spalle e commentò: «Staremo a vedere cosa succede».

«Io sono fiducioso, anche perché ho chiesto alla dottoressa Massei di star dietro alla faccenda».

«La tua bella biologa?».

«Mia, proprio per niente, Vito» si schermì Enrico, imbarazzato. Quasi arrossì all'illazione, rendendosi conto che i suoi sentimenti a bordo non erano passati inosservati. «Da quando siamo sbarcati non ho più avuto modo di sentirla... mi pare dovesse andare a un convegno, ma dove non so».

«Dicevo tanto per dire» replicò sornione, col sorrisetto sotto i suoi baffetti grigi. «A proposito di relitti... volevo chiederti se puoi prestarmi il cd dell'Ilvatom».

«A cosa ti serve?».

«L'ingegner Marra mi sta col fiato sul collo... sai quello delle Assicurazioni» mentì Sica con fare indifferente, facendo spallucce. «Dice che quella delle scorie radioattive è una mia invenzione per spillare soldi alla Compagnia, e minaccia di togliermi il caso».

«E con gli archivi cosa pensi di farci?».

«Vorrei esaminarli insieme a Marra, in modo che si renda conto che il traffico di scorie non l'ho inventato io, ma esiste davvero e fa capo a una vera e propria organizzazione internazionale. Se riesco a convincerlo, potrebbe concedermi altro tempo per trovare le prove...».

Vedendo che Enrico s'era di colpo rabbuiato, chiese: «C'è qualche problema al riguardo?».

«A dir il vero, un problema ci sarebbe. Ti ho già raccontato come ho avuto quegli archivi... in maniera, diciamo, non proprio ortodossa. Se ora Malpigi viene a sapere che li ho anche dati in giro, allora sì che mi spedisce in gattabuia e getta via la chiave» rispose preoccupato.

Dopo quello che gli aveva raccontato Caputo su come aveva reagito il sostituto procuratore quando Enrico aveva spedito ai mass-media la raffica di e-mail col memorandum, non faceva fatica a immaginarsi la sua reazione se ora gli archivi dell'Ilvatom fossero divenuti di dominio pubblico, mentre erano ancora in corso le indagini. Ma neppure voleva deludere Sica. Così suggerì un compromesso: «Facciamo così, Vito. Il cd è meglio se per ora non va in giro, ma posso farti uno stralcio dei file con le navi che t'interessano».

L'investigatore si strinse nelle spalle e, con un'espressione delusa, commentò: «Per convincere Marra sarebbe stato meglio tutto quanto… comunque, cercherò di convincerlo che sono stralci originali e non me li sono inventati».

«Allora vado subito a prepararteli, prima che me ne scordi» disse Enrico, alzandosi. Indicando il bicchiere vuoto con cui l'investigatore si gingillava, aggiunse: «Mentre aspetti, serviti pure».

Quindi sparì lungo il corridoio, lasciando Sica a rimuginare su come avrebbe potuto rimediare all'intoppo.

Dopo una decina di minuti Enrico era di ritorno, con in mano il cd in una custodia di plastica trasparente. Mentre glielo porgeva, ribadì le condizioni: «Esaminalo pure col tuo ingegnere rompiscatole, ma guardati dal farne copie o darlo ad altri. Ricorda che il contenuto è materiale top-secret e che le indagini sono coperte dal segreto di Stato».

«Lo terrò presente» rispose l'altro riponendolo nella sua cartella di cuoio. «Ne farò un uso discreto e te lo restituirò alla prossima occasione».

«Ora è tempo di andare a cena, Vito» lo esortò Enrico dopo aver guardato l'orologio, rendendosi conto che, fra una chiacchiera e l'altra, si erano fatte le otto. «Se arriviamo troppo tardi perdiamo la prenotazione».

Enrico avrebbe presto imparato che non sempre l'amicizia viene ricambiata e che la lealtà, quando ci sono di mezzo i soldi, è una perla rara.

Rientrati a casa dopo un'ottima cena a base di pesce fresco e Vermentino di Sardegna, con la scusa che era in piedi dall'alba Sica chiese di poter andar subito a dormire. Ma mentre si ritirava al piano superiore, nella camera preparata per gli ospiti, aveva in mente anche dell'altro.

Infatti, prima di addormentarsi, appuntò la sveglia alle tre, dato che a notte fonda avrebbe potuto agire indisturbato. Quindi, una volta sveglio, prese dalla ventiquattrore la torcia tascabile e un cd nuovo di zecca, infilò la vestaglia prestata dal suo ospite e uscì dalla camera. Per prudenza restò alcuni attimi in ascolto sul pianerottolo, ma non udì alcun rumore, segno che Enrico, due stanze più avanti, stava dormendo.

Allora scese furtivamente le scale, dirigendosi verso lo studio. Qualche ora prima il suo ospite aveva fatto lo stralcio degli archivi dell'Ilvatom e Sica contava sul fatto che gli archivi originali fossero ancora lì. Chiusa la porta, accese la lampada da tavolo, quindi avviò il computer. Per prima cosa si accertò che le lucette del modem fossero spente, ricordando che il virus poteva trasmettere solo quando il collegamento Internet era attivo.

Verificò uno dopo l'altro il contenuto dei vari cd sparsi sul ripiano, ma nessuno corrispondeva ai file che stava cercando. Allora provò a guardare nel cassetto della scrivania.

La voluminosa agenda di Enrico catturò subito la sua attenzione e notò un cd nella sua bustina di carta, che sporgeva a mo' di segnalibro. Sfilò il dischetto lasciando la custodia nella stessa posizione e lo inserì nel lettore. Appena il pc ne visualizzò il contenuto non ebbe difficoltà a capire che si trattava degli archivi segreti dell'Ilvatom. Allora ne fece una copia integrale sul proprio cd, verificando alla fine che contenesse l'intero materiale dell'originale. Infine spense il computer e rimise tutto a posto.

Prima di metter via l'agenda, diede una scorsa agli ultimi appunti di Enrico: corrispondevano più o meno a ciò che sapeva già, ma in più erano annotate la frase che sarebbe servita da password e la data prevista per l'inizio dell'operazione, cioè il prossimo martedì mattina. Ne prese nota, ripose l'agenda nel cassetto, quindi tornò in camera sua. Nessuno s'era accorto di nulla.

Non conoscendo nei dettagli il contenuto del cd non aveva idea di quanto potesse valere per il suo cliente, ma il fiuto gli diceva che quella miniera di informazioni sui traffici di scorie radioattive poteva fruttargli un bel gruzzolo, a patto che il facoltoso comandante di Punta Sparviero ne percepisse il valore. Era quindi indispensabile, per ottenere il massimo della resa, studiare il materiale e poi escogitare il sistema migliore per proporglielo.

Con tali pensieri in testa non riuscì più a prender sonno, agitato com'era all'idea dei quattrini che avrebbe potuto scucire al suo ricco mecenate. Quando le prime luci iniziarono a filtrare dalla tapparella annunciando il nuovo giorno, si vestì in tutta fretta, scrisse due righe di ringraziamento per Enrico inventandosi una scusa per la partenza repentina e, senza far rumore, uscì di casa.

Salito in macchina, si diresse quindi verso la superstrada: doveva rientrare al più presto a Roma, a infiocchettare la sua preziosa mercanzia.

36

Cambi di programma

Da quando Simona non c'era più, la mattina del sabato la dedicava alle pulizie di casa. Questa volta c'era da dare una sistemata anche alla stanza degli ospiti dove Sica aveva trascorso la notte, ma sperava che un po' di lavoro manuale in più lo avrebbe aiutato ad allentare la tensione.

E intanto che rassettava la camera, pensava a Sica e al biglietto che gli aveva lasciato.

Già la sera prima all'Esperanto, mentre cenavano e intanto commentavano le recenti vicissitudini sull'Altair, gli era sembrato diverso dal solito. Nonostante il pesce e il vino fossero ottimi e al ristorante li avessero trattati con i guanti, non aveva manifestato grande entusiasmo, quasi non vedesse l'ora di andarsene. Enrico non sapeva a cosa imputare la sua impressione, ma questa volta l'aveva trovato davvero strano. E anche che se la fosse svignata alla chetichella lasciando un foglietto con poche righe di scuse, lo lasciava perplesso: gli aveva forse fatto qualche sgarbo senza rendersene conto?

Mentre rimuginava in tal modo, a infrangere il suo desiderio di pace ecco giungere incalzanti gli squilli dei vari cordless disseminati nelle stanze. La sinfonia di musichette era talmente irritante che, pur di controvoglia, per farla smettere fu costretto a rispondere.

«Salve signor Fiorani, sono Caputo. Come va?».

«Come vuole che vada, commissario: si sopravvive».

«Suvvia, non faccia il disfattista… non è da lei».

«Non mi avrà mica telefonato per sapere come sto» tagliò corto Enrico. Quindi, andando al sodo, chiese: «Che novità ci sono questa volta?».

«Ho parlato poco fa col sostituto procuratore: mi ha detto di aver ricevuto una telefonata dall'ingegner Consorti, sa… il funzionario di Echelon».

«E allora?».

«Da Roma hanno anticipato l'operazione a lunedì mattina, alle dieci».

«A Roma?» chiese perplesso Enrico, fraintendendo. «Non mi dirà che bisogna andare laggiù?».

«No, stia tranquillo. Sarà sufficiente tenerci in contatto telefonico col loro centro operativo. Noi dobbiamo restare a Corniano perché l'esca dovrà lanciarla lei, dal computer del suo ufficio... per il discorso del virus. A Roma ci saranno invece i tecnici di Echelon a intercettare il messaggio trasmesso dal suo computer e tentare di seguirlo fino al vero destinatario».

«Meglio così» commentò Enrico, tirando un sospiro di sollievo. Era stanco di andare in giro per l'Italia. Così chiese: «Noi come restiamo d'accordo?».

«Verrò io da lei, lunedì mattina. L'importante, hanno ribadito, è che venga rispettato l'ordine delle operazioni che dovrà fare» rispose Caputo che se le era annotate: «Alcuni minuti prima delle dieci accenderà il pc e il collegamento Adsl; quindi batterà a tastiera un breve testo con dentro la password concordata; infine alle dieci in punto chiuderà la sessione. Nello stesso momento i tecnici di Echelon inizieranno a monitorare la rete».

«Intesi, commissario. Allora l'aspetto lunedì mattina, verso le nove e mezza».

Terminata la telefonata, sfilò la spina del cavo telefonico dalla centralina di comando dei cordless: gli stava venendo mal di testa e fino a lunedì non voleva risentire quella snervante musichetta.

All'oscuro del cambiamento di programma, Sica aveva trascorso il sabato pomeriggio e parte della domenica nel suo ufficio in Trastevere, a studiare gli archivi segreti dell'Ilvatom.

Anche se gli c'era voluto parecchio prima di raccapezzarsi in mezzo a tutto quel materiale, alla fine del lavoro era più che soddisfatto: dopo aver esaminato a fondo il cd copiato di nascosto a Enrico s'era convinto di avere in mano una miniera di informazioni, certamente di grande valore per il suo cliente.

Man mano che incontrava una parte interessante, la stampava: alla fine aveva collezionato una cinquantina di fogli, con gli stralci dei dati che riteneva più significativi, e quindi più facili da monetizzare: gli elenchi delle navi adibite negli anni al trasporto di scorie radioattive, le sigle dei materiali trasportati, le quantità imbarcate e sbarcate, le relative date e i porti di approdo. A parte aveva poi stampato un elenco delle navi che invece risultavano sparite nel nulla, con tanto di sigle e relative quantità del carico, e soprattutto con le coordinate geografiche di dove s'era inspiegabilmente interrotto il loro viaggio. Controllando i relativi punti nave sull'atlante geografico, come aveva visto fare a Enrico, aveva notato che corrispondevano sempre a zone di mare particolarmente profonde.

Terminato di preparare il materiale cartaceo, aveva duplicato il cd consegnatogli da Enrico con gli stralci relativi alle due navi sotto indagine, cioè la Righel e la Jolly Mare: lo avrebbe aggiunto al dossier cartaceo per dar più peso alla contrattazione che intendeva avviare col cliente. La copia del cd originale se la sarebbe invece tenuta di riserva, in vista di future trattative; senza sapere che Leggio possedeva già tutto da un bel pezzo.

Quindi telefonò al suo intermediario, l'avvocato Esposito, e chiese di fissargli un appuntamento col cliente per l'indomani, spiegando che il breve preavviso era perché la questione era della massima urgenza.

«Il comandante si augura che sia davvero importante come lei dice» esordì l'avvocato quando lo richiamò verso sera. Il tono della voce era severo, quasi minaccioso. «L'aspetta domani alle quindici in punto, al solito posto».

«D'accordo, ci sarò».

«Spero per il suo bene che non lo deluderà: il comandante non ama perdere tempo».

«Si rilassi, avvocato» ribatté tranquillizzante l'investigatore. «Vedrà che ne sarà valsa la pena».

Più o meno in quel momento Enrico stava cenando in cucina e distrattamente seguiva il telegiornale, ma con la mente ormai proiettata al giorno dopo, quando avrebbe liberato la lepre che faceva da esca. Pensandoci bene, aveva di che preoccuparsi: se qualcosa fosse andato storto, anziché riappropriarsi dell'agognata libertà, in modo da poter vivere finalmente senza timore, quello si sarebbe incattivito ancora di più, peggiorando la sua situazione. Ma poi rifletté che, dopo due attentati potenzialmente mortali nel giro di una settimana, non gli poteva andar peggio di così: valeva quindi la pena di tentare.

Nel mezzo di tali pensieri, il cellulare cominciò a vibrare sopra il tavolo: lo aveva impostato silenzioso a causa del mal di testa, che nel pomeriggio gli era peggiorato rendendolo insofferente ai rumori molesti. Non riconoscendo il numero visualizzato sul display evitò di rispondere. Dopo qualche minuto vibrò nuovamente, ma la sua reazione fu la stessa.

Risentiva tanto dello stress accumulato nelle ultime settimane che ogni volta che provava a rilassarsi, come aveva fatto quel pomeriggio, poi le forze sembravano abbandonarlo del tutto lasciandolo spossato, quasi esausto, e predisposto all'emicrania. In tale stato non se la sentiva proprio di affrontare altre grane: voleva sistemare i piatti e andarsene a letto.

Ma l'ignoto disturbatore non si arrendeva e continuava a chiamare ogni cinque minuti. Alla fine Enrico prese il cellulare, intenzionato a dirgliene quattro.

«Si può sapere cosa vuoi?» quasi gli sbraitò contro. «Se uno non risponde avrà le sue buone ragioni, no?».

«Ciao Enrico, sono Denise… Denise Massei» risuonò una voce femminile nel mezzo di un vocio di folla in sottofondo. Evidentemente la confusione era tale che non si era accorta del tono brusco con cui lui aveva esordito. «Sono appena tornata da una conferenza tenuta al Centro di Oceanografia di Portland. Ora mi trovo all'aeroporto di Fiumicino e sto aspettando la coincidenza per Bari… a minuti dovrebbero chiamare per l'imbarco».

Udire quella voce gli causò un vero tuffo al cuore. Nei dieci giorni trascorsi dall'ultima volta che si erano visti aveva cercato in tutti i modi di dimenticarla, evitando di indulgere ai dolci ricordi dei suoi occhi, della sua bocca, delle sue mani, ma ora quella voce, pur se distante e confusa, d'un tratto glieli richiamò nitidi alla mente.

«A Bari?» chiese lui, cercando di mantenere il controllo della voce e non tradire l'emozione. «Non devi tornare sull'Altair?».

«Non ti ha detto niente Papadopulos?».

«No. L'ho sentito qualche giorno fa... mi ha detto che avevi approfittato del fatto che la nave sarebbe rimasta in porto ancora qualche giorno per andare appunto a un convegno... ma avevo capito che saresti tornata sulla nave per riprendere le ricerche».

«Così infatti doveva essere. Poi l'altro ieri Papadopulos mi ha chiamato dicendo che c'era stato un cambiamento di programma: le ricerche sulla radioattività in mare, quindi le tue sui relitti e le mie sui capodogli, andavano immediatamente interrotte... così ho deciso di tornarmene a casa. I bagagli rimasti a bordo penseranno loro a spedirmeli».

«E quale sarebbe il motivo del cambiamento?».

«Vallo a sapere! Il professore ha detto che si è intromessa la Magistratura, che sono in corso indagini vincolate dal segreto di Stato, che ai relitti ci penserà la Capitaneria, e via dicendo» rispose lei, non nascondendo la delusione. «Ha detto anche che al Ministero vogliono evitare a tutti i costi di creare allarmismi fra i pescatori e la popolazione costiera».

«Meglio un po' di sana radioattività, allora».

«Evidentemente nelle alte sfere la pensano così» commentò la biologa. Poi aggiunse, dubbiosa: «Comunque, non riesco a spiegarmi come abbiano fatto a sapere così presto delle nostre intenzioni, prima ancora che potessimo cominciare».

«Sarà stato Nastasi a fare la soffiata, preoccupato com'era di non farsi coinvolgere. Li avrà messi in allarme col suo rapporto alla Capitaneria dopo l'attentato di quella notte» disse lui senza riflettere. Rendendosi conto dell'errore, si morse la lingua e tentò di distogliere l'attenzione da quanto aveva appena detto: «Anche il guardiamarina avrà però fatto la sua parte... non mostrava certo un atteggiamento amichevole mentre mi interrogava sui motivi della mia presenza a bordo, come se gli seccasse che degli estranei andassero a ficcare il naso in problemi che non li riguardavano».

«Attentato, hai detto?» domandò stupita, avendo afferrato al volo la frase maldestra di Enrico. Come molti a bordo, la biologa non sapeva che quella notte non si era trattato di un'esercitazione, ma di una questione di vita o di morte. «Di quale attentato stai parlando?».

«Ma niente, Denise… e poi non è un argomento che possiamo discutere ora, e per di più per telefono».

«Fai sempre il misterioso, eh?».

«Ti ho già detto che a tempo debito ti racconterò tutto, Denise. Ma ora ti prego di non insistere» ribatté lui, perentorio.

«D'accordo, non ti arrabbiare. Ti ho telefonato solo per un saluto, non certo per litigare» rispose lei, con voce altrettanto ferma. Ma dal tono si avvertiva che era rimasta delusa. In quel momento una voce dall'altoparlante chiamò al cancello d'imbarco. «Enrico, ora devo lasciarti, hanno annunciato il mio volo… telefonami, quando ci sono novità».

Poi il silenzio.

E un velo di tristezza che calava sul suo cuore.

37

Il problema della concentrazione biologica

Per alcuni giorni avevano tentato di catturare una delle tante meduse giganti che fluttuavano in profondità sul Banco di Cobb, senza però riuscirvi. Nel frattempo erano andati avanti con le misurazioni dei livelli di radioattività dell'acqua alle diverse profondità, sia sul Banco che più a ovest sopra la Piana Abissale Alascana, in corrispondenza delle zone dove le foto satellitari avevano rivelato quel misterioso buco blu.

All'altezza del quarantesimo parallelo avevano poi fatto rotta verso nord, continuando i prelievi sulla scia delle correnti di superficie e lungo il ciglio della piattaforma continentale, finché erano giunti in vista dell'isola di Vancouver.

Grazie a quel meticoloso lavoro Larry Lax e Lorna Sherry avevano potuto dimostrare che la loro tesi era fondata: la concentrazione radioattiva in alcuni punti superava 5 microcurie per metro cubo d'acqua, dieci volte quanto raccomandato dall'Aec, l'ente americano preposto alla sorveglianza sull'inquinamento nucleare. Si trattava in prevalenza di isotopi di stronzio-90, cesio-137 e carbonio-14, nonché di gas radioattivi disciolti, quali il cripto e il tritio. Sebbene il grado di radioattività non fosse ancora così allarmante, superava comunque il limite normale stabilito in 0,6 microcurie, non solo in prossimità dei fondali dove giacevano le scorie, fatto di cui si era già accorta la sonda multiparametrica dell'Alvin, ma stranamente anche negli strati più superficiali che, a detta degli esperti, non si sarebbero dovuti mescolare con le acque profonde.

Avrebbero continuato con le rilevazioni fin su all'Alaska e alle Isole Aleutine se non fosse stato per l'inaspettato colpo di fortuna che, la notte dell'ultimo venerdì di settembre, aveva fatto incappare una enorme medusa nella rete di profondità a grandi maglie trainata dalla Deneb.

Dopo che col bigo di poppa l'avevano sollevata fin quasi a pelo d'acqua, due subacquei si erano immersi e l'avevano filmata mentre era ancora viva. Dalla conformazione arruffata del cappello era chiaro che si trattava di una Cyanea capillata arctica, la cosiddetta "Criniera di leone", una tra le più grandi meduse del mondo, il cui abbraccio provoca paralisi e arresto cardiaco. Le dimensioni erano considerevoli: il cappello aveva un diametro di oltre due metri e i tentacoli erano lunghi quasi venti.

Così, anziché proseguire verso nord, avevano preferito rientrare alla base per esaminarla accuratamente: l'avevano quindi issata in coperta e messa in una grande piscina gonfiabile riempita d'acqua di mare.

Doppiato poi Capo Flattery, avevano imboccato lo Stretto Juan de Fuca navigando tutta la notte, finché la domenica mattina avevano attraccato nelle calme acque del porto di Vancouver.

Appena finito di leggere il rapporto redatto dai suoi collaboratori, Sam Kelly sollevò gli occhi dal fascicolo e guardò sbalordito i due biologi seduti all'altra parte del tavolo. A Larry Lax e Lorna Sherry erano infatti bastati pochi giorni di esami sui campioni raccolti per rendersi conto che nel Pacifico stava consumandosi una tragedia annunciata: la sparizione del plancton era direttamente proporzionale all'aumento della radioattività dell'acqua.

«Ma siete davvero sicuri di quello che avete scritto qui?» quasi li aggredì, agitando i fogli.

Annuendo con enfasi Lax prese la sua copia da sopra il lucido ripiano e lesse: «I campionamenti effettuati in mare confermano una presenza al di sopra della norma di vari isotopi radioattivi, soprattutto a nord del quarantesimo parallelo».

«… e questo causa una progressiva desertificazione lungo la scia delle correnti di superficie, dove il plancton è in costante diminuzione o è già sparito» continuò la Sherry, leggendo la parte conclusiva del documento. Poggiò il rapporto e, guardando Sam Kelly coi suoi meravigliosi occhi, ora velati di tristezza, disse: «Direttore, la situazione è peggiore di quanto si pensasse: se non corriamo ai ripari l'ecosistema del Pacifico settentrionale rischia di cedere… e allora quelle megattere morte sul Fraser saranno una bazzecola in paragone alla catastrofe a cui andiamo incontro».

«Penso che Lorna non abbia tutti i torti, Sam» intervenne William Poe, notando la smorfia di scetticismo sul viso di Kelly. In qualità di coordinatore della spedizione, quella mattina Poe era arrivato in aereo da Portland proprio per concordare una strategia comune, allarmato dai primi risultati delle analisi. «Se il plancton continua a diminuire al ritmo attuale, in poco tempo dobbiamo aspettarci un'ecatombe di animali marini».

«Sentiamo che ne pensa il nostro esperto» disse Kelly, cupo in volto dopo l'ulteriore conferma del collega, rivolgendosi a Thomas Colson, un fisico nucleare che aveva invitato nella speranza che potesse ridimensionare le fosche previsioni dei suoi biologi.

La mattinata era soleggiata e l'oceano baluginava in lontananza oltre l'ampia vetrata, al ventottesimo piano dell'edificio ministeriale a Vancouver dove era in corso la riunione. Guardato da lassù il Pacifico pareva quello di sempre, immutato da millenni: un'immensa distesa brulicante di vita e, al tempo stesso, delicato meccanismo perfettamente calibrato per sostenerla. Nessuno si sarebbe accorto della cancrena che da anni gli dilagava nelle viscere se non fosse stato per le piaghe che, da pochi mesi, avevano preso ad affiorare con la loro scia di morte.

Da quando era stato lanciato l'allarme e si erano radunati quel primo lunedì di agosto per affrontare il problema, erano trascorsi appena due mesi: ora, portata a termine la spedizione e raccolti sufficienti dati, era tempo di tirare le somme.

«L'argomento è complesso e va esaminato da diverse angolazioni» esordì Colson. Data una rapida occhiata alla copia del rapporto, su cui aveva annotato le sue osservazioni, si tolse gli occhiali e disse: «Partendo dal presupposto che i dati siano attendibili e che i livelli di radioattività abbiano davvero raggiunto i valori qui indicati, dobbiamo per prima cosa interrogarci sulle cause».

«Fin qui siamo tutti d'accordo, Colson» intervenne il direttore del Centro, impaziente di ricevere indicazioni concrete su come arginare il problema. «Vediamo però di trovare delle soluzioni».

«Colson, mi pare che sulle cause non dovrebbero esserci più dubbi» interloquì Lax, irritato per l'allusione alla non certa attendibilità dei suoi dati. Contando con le dita precisò: «Primo:

tutti i prelievi d'acqua evidenziano la presenza di isotopi radioattivi in quantità oltre la norma, soprattutto vicino ai fondali. Secondo: i livelli sono particolarmente alti in prossimità di quel serbatoio, a dimostrazione che la contaminazione è prodotta dal suo contenuto. Terzo: la concentrazione biologica in alcuni campioni viventi è stratosferica».

«Larry ha ragione» intervenne Lorna Sherry per dar man forte al collega. Guardando l'esperto con espressione severa, aggiunse: «Dottor Colson, pensi solo alla radioattività del granchio che abbiamo raccolto sul Banco di Cobb, vicino al serbatoio: il carapace aveva una concentrazione di stronzio-90 almeno 2.000 volte oltre il normale».

«D'accordo, non era certo mia intenzione mettere in dubbio il vostro lavoro» quasi si scusò Colson alzando le mani in segno di resa, conscio di aver urtato la suscettibilità dei due ricercatori. Rivolgendosi a Sam Kelly, commentò: «Quel granchio ci rammenta giustamente che una caratteristica dell'inquinamento radioattivo è appunto quella della concentrazione biologica. Significa che anche dove l'acqua contiene isotopi radioattivi in quantità molto diluita, in breve tempo gli esseri viventi sono in grado di riconcentrarli, fino a raggiungere livelli migliaia di volte più elevati dell'ambiente circostante. Di studi in questione riguardo al plancton ce ne sono pochi, però sappiamo che l'alga marina è in grado di farlo».

«Immagino che la stessa cosa possa avvenire anche a livello microscopico, ad esempio nel fitoplancton» dedusse la biologa.

«Probabilmente… ma, come ho detto, studi specifici non ne sono stati fatti».

«Sta dicendo che finora gli esperti hanno preferito mettere la testa sotto la sabbia?».

«Diciamo che si tende piuttosto a enfatizzare gli aspetti positivi del nucleare».

«Già, visto che quelli negativi sono talmente angosciosi da non essere neppure presi in considerazione» ribatté lei, sarcastica.

Colson accennò un sorriso e incassò la battuta. Sapeva bene che le potenti lobby che sovvenzionano il gotha nucleare, nel perseguire i loro ambiziosi obiettivi commerciali, preferiscono sorvolare sul problema della concentrazione biologica.

«Posso solo dirle che se in mare il meccanismo è simile a quello in terraferma, non ci è difficile immaginare una certa concatenazione negli eventi» rispose l'esperto.

«Sarebbe a dire?».

«Le cito quello che è accaduto sul fiume Columbia, dove industrie del settore scaricano le acque di raffreddamento: nelle larve di un tipo di mosca delle friganee la concentrazione di isotopi radioattivi era più di 300.000 volte quella dell'acqua. Così accade che le centrali nucleari diluiscano le acque reflue per portarle a un livello tollerabile, prima di scaricarle nei fiumi o in mare, ma che poi il fitoplancton e le alghe riconcentrino la stessa radioattività. Quando zooplancton e insetti se ne nutrono, la concentrano ulteriormente; a papparsi quegli insetti arrivano poi gli uccelli migratori, che così portano bella e impacchettata in giro per il mondo una radioattività anche 75.000 volte quella di partenza, come si è appunto riscontrato nelle rondini di quella zona».

«Una moltiplicazione che sembra la storia del chicco di riso sulla dama cinese» commentò Lax.

«Proprio così. Ma il discorso va ben oltre i vostri serbatoi in fondo al mare» annuì Colson.

«Che vuoi dire?» chiese Kelly allarmato.

«Che la fonte della contaminazione radioattiva degli oceani va cercata anche in altre direzioni».

«Nelle esplosioni nucleari?».

Non solo, Sam... anzi, quelle attualmente costituiscono il pericolo minore. Invece sono le centinaia di reattori nucleari, civili e militari, a riversare nella biosfera enormi quantità di inquinanti radioattivi, che via via si accumulano nell'ambiente».

«Ma le scorie vengono accuratamente trattate e custodite» obiettò il direttore agitandosi sulla poltroncina divenuta sempre più scomoda. «Cosa vuoi che inquinino...».

«Attento a non commettere anche tu l'errore che fanno in molti, trascurando ad esempio i gas radioattivi come cripto e tritio, emessi in notevole quantità dalle centrali in esercizio. Solo questi due gas hanno già superato quello naturale, il radon: nell'atmosfera terrestre ormai c'è un accumulo di cripto pari a un milione di megacurie… più o meno come l'attività di 900 tonnellate di radio a cielo aperto».

«Non vedo però cosa c'entri col discorso del plancton» commentò Kelly, perplesso. «Anzi, negli ultimi decenni il plancton è aumentato del 40 percento».

«A livello globale è vero, come conseguenza di un processo di eutrofizzazione dei mari derivante da inquinamento e effetto serra. Ma il nostro problema è diverso: le molecole radioattive possono vagare nell'atmosfera per lungo tempo finché, diluite nella pioggia, per effetto della circolazione delle masse d'aria ricadono in una stretta fascia compresa fra il 30° e il 50° parallelo. Il risultato è che buona parte della radioattività mondiale cade concentrata sul dieci per cento del pianeta, vale a dire Europa e Stati Uniti».

«Incluso il Pacifico Settentrionale» precisò la Sherry.

«Ovviamente».

«Quello che si dice una bella doccia corroborante» borbottò sarcastico Larry Lax.

«Quindi ci sta dicendo che potremmo non accorgercene per anni finché, superati determinati livelli di accumulo, comincerebbero i guai?» chiese stupita Lorna Sherry. La risposta era scontata e quindi, senza attenderla, aggiunse: «Di fatto sta già accadendo lungo la scia delle correnti marine: col duplice bombardamento, da sopra e da sotto il mare, sommato al discorso della concentrazione biologica, si è superato il punto critico».

Sul gruppetto cadde il silenzio, mentre cercavano di immaginarne le molte conseguenze. Fu allora la biologa a riprendere l'argomento: «Direttore, rammenta la prima volta che ne abbiamo discusso? Avevamo ricordato che il fitoplancton non è solo alla base della catena alimentare marina, ma produce anche buona parte dell'ossigeno del pianeta».

«E allora?».

«Perciò non si tratta solo di evitare un'ecatombe di animali marini… se diminuisce il fitoplancton, che da solo produce il settanta percento dell'ossigeno del pianeta, in pochi anni non ne resterebbe più a noi per respirare».

«Voi due avete proprio deciso di terrorizzarci» sbottò, dimenandosi sulla poltroncina come fosse irta di spilli.

«Cerco solo di essere realistica».

«Io piuttosto lo definirei catastrofico» commentò Kelly, scuotendo la testa.

«Larry, non mi hai ancora detto se avete scoperto qualcosa di strano esaminando la medusa» intervenne William Poe, per spostare la conversazione su qualcosa di meno tragico.

«C'è solo un aspetto osservato da Lorna, che può spiegarti meglio lei stessa» rispose lui, passando la parola alla collega.

«Ho qui un paio di foto interessanti» fece la biologa estraendo dalla cartellina di cuoio due ingrandimenti a colori, che riproducevano una sezione anatomica del reperto sullo sfondo di un righello, per dar l'idea delle dimensioni. Posandoli sopra il tavolo di fronte a Poe, spiegò: «Come può notare, nonostante l'animale non fosse in periodo riproduttivo, intorno al dotto boccale le gonadi sembrano ingrossate, forse malformate, in ogni caso anomale per la specie».

«E questo cosa dimostrerebbe?» interloquì il direttore, prendendo una delle foto per vedere meglio.

«Forse niente» rispose lei, con apparente noncuranza. Spostò l'altra foto al centro del tavolo, così da esser vista da tutti i presenti, e puntò la matita sulla parte sospetta, aggiungendo: «Ma questo potrebbe anche essere un apparato riproduttivo alterato dalle radiazioni, considerato che le gonadi presentano una concentrazione notevole di cesio-137».

«Secondo lei, come mai?».

«Potrebbe averlo assorbito dalle scorie uscite da uno di quei serbatoi affondati sulla Piana Abissale Alascana».

«La cosa non sarebbe impossibile, Sam» interloquì il fisico nucleare osservando la smorfia di scetticismo comparsa sul volto del direttore dopo la spiegazione. «Dopo i primi vent'anni il 99 percento delle scorie nucleari è composto da stronzio e da cesio perché il resto dei radionuclidi a vita più breve, dopo quel periodo è ormai decaduto».

«A questo punto vorrei sapere cosa ne pensi delle meduse giganti, le cosiddette killer» intervenne Poe rivolgendosi a Colson. «Secondo te è possibile che siano il risultato di qualche modificazione genetica prodotta dalle radiazioni?».

«Il discorso è interessante, William» rispose il fisico inforcando gli occhiali. Data una veloce scorsa ai suoi appunti, proseguì: «Che le radiazioni possano alterare il patrimonio genetico dell'uomo non c'è dubbio. Ad esempio lo stronzio-90, che il nostro organismo scambia per calcio e incorpora nelle ossa, mentre decade libera ittrio-90, un isotopo che predilige le gonadi. Se le radiazioni ionizzanti che emette centrano il DNA di ovuli e spermatozoi, possono produrre mutazioni genetiche che saranno trasmesse al nascituro, e da lui alle sue future generazioni».

«Non pensi che qualcosa di simile potrebbe succedere anche alle meduse?» chiese Poe.

«Perché no? Anzi, è più facile che capiti negli organismi meno complessi, come sono appunto i celenterati».

«O il plancton» interloquì la Sherry.

«Anche quello, certo» concordò Colson. «Uno scienziato russo ha dimostrato che già a livelli molto bassi le radiazioni ionizzanti alterano il DNA nelle uova dei pesci e causano errori nello sviluppo dell'embrione».

«Fra l'altro, l'assembramento di meduse che abbiamo osservato sul Banco di Cobb si può spiegare col riscaldamento dell'acqua in prossimità del serbatoio di scorie, temperatura che crea le condizioni per l'attecchimento dei banchi di polipi da cui deriveranno le meduse adulte» rifletté a voce alta Larry Lax. Notando l'interesse degli astanti, precisò: «Acqua più calda, ma radioattiva, con tutto ciò che ne consegue».

«Secondo te, William, è possibile che il problema abbia in qualche modo coinvolto forme di vita più complesse» chiese Poe al collega, «per esempio i calamari?».

«In teoria tutto è possibile» rispose Colson, annuendo col capo. Dopo aver riflettuto qualche istante, spiegò: «Considerato che i calamari vivono in profondità, se quei contenitori cominciassero a perdere sarebbero i primi a subirne le conseguenze».

«Come mai ti interessano i calamari?» chiese Sam Kelly rivolto a Poe, incuriosito dalla domanda.

«Di sicuro stava pensando al bestione che voleva trasformarci in uno spuntino!» esclamò Lorna Sherry, lanciando un'occhiata turbata a Poe.

«Anche a quello, certo» le sorrise lui, comprensivo. «Ma riflettevo anche su quanto mi ha raccontato il collega del Cunep, il professor Papadopulos, che è attualmente impegnato in una spedizione simile alla nostra ma in Mediterraneo».

«A proposito di cosa?» fece Kelly.

«Mi ha detto che avevano intenzione di verificare i livelli di radioattività nell'Adriatico, a partire dall'Isola di Zante, visto che certi capodogli di quella zona erano inspiegabilmente finiti sulle spiagge del Gargano».

«E che nesso ci sarebbe col nostro problema?».

«Il fatto che alcune delle loro carcasse contenevano ambra grigia radioattiva».

«Accidenti!» esclamò il direttore. «Si sa perché?».

«Ancora no, ma un'ipotesi è che potrebbero essersi alimentati con dei calamari contaminati».

«In Adriatico?».

«Già... pare che anche nei mari italiani ci siano decine di relitti con le stive zeppe di scorie nucleari».

«Ma quello è un mare praticamente chiuso» commentò allarmata Lorna Sherry. «Se i contenitori cedono e milioni di curie dilagano sui fondali, il mare va in cancrena e diventa un cimitero».

«Speriamo per loro che non succeda mai» commentò Kelly, in un tono che voleva essere rassicurante.

«Già, ci resta giusto di sperare... magari in un miracolo» ribatté la biologa con sarcasmo.

«Insomma, avrete pure qualche idea per affrontare il problema in maniera più costruttiva» sbottò Kelly, esasperato dal tono apocalittico del discorso. «Secondo te, Thomas, qual è la soluzione?».

«La soluzione? Una bella domanda, Sam... davvero una bella domanda».

38

Nella tana del lupo

Come stabilito, il lunedì mattina Enrico Fiorani accese il computer e preparò il testo con la password concordata; quando l'ebbe fatto, spense tutto e fece segno a Caputo di dire che potevano procedere. L'ingegner Consorti si teneva in contatto telefonico da Roma e appena ricevette il via libera fece partire il monitoraggio della rete: alle dieci in punto gli analisti di Echelon, in collaborazione con quelli di Londra, diedero inizio alla caccia.

Enrico aveva impostato il telefono in modalità viva voce così che entrambi potessero seguire l'andamento delle operazioni, casomai al centro operativo avessero perso il segnale e fosse stato necessario rilanciare l'esca informatica.

«Abbiamo catturato la stringa dati della password» risuonò a un certo punto la voce di Consorti, distorta dall'altoparlante. «Da come si presenta, direi proprio che proviene da un monitor di tastiera... è appena transitato sul provider di Fiorani».

«Adesso viene la parte interessante» commentò Enrico rivolgendo un sorriso d'intesa al commissario Caputo, che se ne stava seduto di fronte a lui a tamburellare nervosamente con le dita sul ripiano della scrivania.

«Ora il messaggio viene rispedito a un remailer...» continuò la voce di Consorti. Dopo alcuni istanti, precisò: «Il sistema di localizzazione satellitare lo posiziona niente meno che nelle Antille... per l'esattezza, sulla Grand Cayman».

«Se Pluto si trova laggiù, possiamo pure dire addio alla speranza di acchiapparlo» commentò Caputo.

«Non è ancora detta l'ultima parola, commissario» ribatté Enrico. Parlando poi in direzione della cornetta del telefono poggiato sulla scrivania, disse a voce alta: «Consorti, mi raccomando: dica ai suoi di restare sul segnale».

«Stia tranquillo, Fiorani. I ragazzi sanno che i remailer trattengono i messaggi prima di rispedirli... ma noi abbiamo pazienza e sappiamo aspettare». Quindi, prima di chiudere la comunicazione, aggiunse: «Vi chiamo io appena ci sono novità».

Trascorse quasi un'ora senza che accadesse niente di nuovo. Nel frattempo Enrico preparò il caffè e lo prese insieme a Caputo, mentre gli raccontava i fatti avvenuti sull'Altair. Non aveva ancora terminato, che il telefono prese a squillare.

«Il messaggio è ripartito, diretto a un altro remailer… questa volta a Monrovia, in Africa» irruppe dalla cornetta la voce di Consorti. «Temo che la nostra lepre ci farà correre per un bel po'… comunque noi non la molliamo».

Nelle ore seguenti il segnale rimbalzò nel Belize, poi ad Aruba e infine a Panama; e ogni volta, prima di essere rispedito, le procedure automatiche del sito di remailer sostituivano gli indirizzi di mittente e destinatario, oltre a trattenerlo per periodi di tempo diversi. Finché verso le due del pomeriggio, giunto a un provider di San Marino, fu rispedito all'ultimo destinatario, quello reale.

«Commissario, non ci posso credere!» esclamò Consorti appena il localizzatore Gps, incrociando i segnali di tre diversi satelliti, proiettò sullo schermo a muro della sala controllo di Roma la zona geografica corrispondente alle coordinate. «Se le dico dove si trova il computer che ha appena ricevuto il vostro messaggio, penserà di sicuro a uno scherzo».

«Si spieghi meglio: dove sarebbe questo posto?» chiese di rimando Caputo, temendo fosse chissà dove.

«Vicino a dove siete voi ora, a meno di quaranta chilometri da Corniano Marina» rimbombò la voce metallica. «Per la precisione in una villa a un centinaio di metri dal porticciolo turistico di Punta Sparviero… a giudicare dalle immagini che arrivano dal satellite, direi che il vostro spione non se la passa poi tanto male».

«Punta Sparviero?».

«Proprio così, commissario, ci ha fatto girare mezzo mondo, e ce l'avevate sotto il naso!».

«Commissario, non le dice niente il posto?» domandò Enrico dopo alcuni attimi di perplessità. Ripensando ai passati avvenimenti non poté fare a meno di vedere il nesso con l'altro personaggio di spicco vissuto in quella zona: il defunto professor Cortis, che aveva un ruolo di primo piano nel giro delle scorie nucleari e del contrabbando di plutonio gestiti dall'Ilvatom, finché era stato liquidato senza troppi complimenti quando la copertura gli era saltata.

«Beh, effettivamente è difficile che sia un semplice caso» rispose Caputo pensieroso, dopo che Enrico gli aveva fatto notare la coincidenza. «Prima Cortis, ora quest'altro… si direbbe che da queste parti ci sia un covo di trafficanti».

«Comunque, almeno abbiamo scoperto dove si trova Pluto!».

«Vediamo allora di non farcelo scappare» esclamò il commissario. Così dicendo, chiese a Consorti di mandargli via e-mail i riferimenti per rintracciare la villa e alcune foto satellitari del posto, così da poter organizzare il blitz. Data un'occhiata all'orologio e resosi conto dell'ora, si alzò in tutta fretta: «Fiorani, io torno in commissariato a informare Malpigi… forse faccio ancora in tempo a rintracciarlo in Procura. Se vogliamo fare una sorpresa al nostro amico mi serve alla svelta un mandato di perquisizione… prima che l'uccellino spicchi il volo».

Il commissario non aveva tutti i torti a nutrire un timore del genere.

Il tempo quella mattina non preannunciava niente di buono: il cielo all'orizzonte si oscurava minaccioso e il Libeccio iniziava a strappare dalla superficie del mare creste spumeggianti.

Sica aveva fatto buona parte del viaggio da Roma sotto una pioggia incessante, che fortunatamente in quell'ultimo tratto aveva smesso facendo posto al vento sempre più teso.

Erano passate le tredici quando, lasciata la provinciale, imboccò la deviazione per Punta Sparviero, mentre le raffiche scuotevano le alte chiome dei pini facendo cadere sulla carreggiata pigne vuote e pezzi di rami secchi.

Dato che era parecchio in anticipo sull'ora dell'appuntamento, ne approfittò per fermarsi a mangiare qualcosa. Così oltrepassò la villa del comandante e, senza fermarsi, proseguì lungo la discesa per qualche centinaio di metri. Giunto in fondo alla strada posteggiò sulla piazzetta antistante il porticciolo: alcuni lussuosi yacht erano accostati di fianco lungo la diga foranea, mentre una cinquantina di barche a vela più piccole traballavano ormeggiate di poppa al molo che delimitava lo spiazzo.

Appena scese dall'auto fu investito dal vento saturo di salsedine che sibilava attraverso la selva di alberi metallici facendovi sbattere rumorosamente le sartie d'acciaio, quindi si diresse verso l'unico bar della zona.

Ordinati un paio di tramezzini e una spremuta di arance, andò poi a sedersi a un tavolino a ridosso della vetrina.

Attraverso i vetri osservava i nuvoloni carichi d'acqua rincorrersi veloci cambiando continuamente forma, mentre all'orizzonte i primi lampi zigzagavano muti fra le nubi plumbee, quando gli giunse la voce roca da fumatrice della barista: «Farsi un giro in mare oggi non è proprio il caso» commentò la donna con un sorriso amichevole. Lo aveva osservato guardar fuori preoccupato mentre sbocconcellava i tramezzini e probabilmente lo aveva scambiato per il proprietario di una delle tante imbarcazioni che capitava lì anche col tempo più strano.

«Niente del genere... sono qui per lavoro» spiegò l'investigatore, senza ricambiare il sorriso.

«Venditore?».

«Sì e no» rispose lui, stringato. Facendo segno con la mano in direzione del promontorio, si limitò a dire: «Ho un appuntamento col comandante che abita in quella villa laggiù, sopra il porticciolo».

«Il comandante Leggio?».

«Proprio lui, lo conosce?».

«Certo che lo conosco: è uno dei pochi che vive qui anche d'inverno. Non so esattamente cosa faccia, ma di sicuro ha un sacco di quattrini» annuì la donna continuando a pulire il bancone d'acciaio. Stese il braccio verso l'estremità del porticciolo, in direzione della villa, e aggiunse: «Quel grosso motoscafo d'altura, quello con lo scafo tutto blu ormeggiato là in fondo, è appunto il suo».

«Buon per lui» commentò Sica. Quindi tornò silenzioso al suo pasto scoraggiando un'ulteriore conversazione: ora non aveva tempo da perdere in chiacchiere. Finiti i tramezzini, tirò fuori dalla tasca un foglio ripiegato in quattro e l'aprì sopra il tavolino: prima di incontrare il cliente voleva rivedere le argomentazioni che aveva preparato, così da essere il più convincente possibile circa il valore delle informazioni che aveva per lui.

Quando mancava un quarto d'ora all'appuntamento, pagò la consumazione e tornò alla macchina, lottando contro il vento che a tratti pareva formare un invisibile muro di gomma. Quindi si diresse deciso verso la villa, certo che quello sarebbe stato l'affare della sua vita.

Negli uffici bunker di Echelon, due piani sotto il livello stradale di un vecchio edificio alla periferia di Londra, la talpa di Pluto non sapeva che pesci prendere. Aveva appena saputo che i colleghi del centro operativo di Roma avevano concluso l'operazione di monitoraggio della rete con l'identificazione delle coordinate geografiche del computer di Pluto e si rendeva conto che doveva avvertirlo, anche se non aveva idea di come poterlo fare.

Se avesse usato il solito metodo del cd da spedire a una certa casella postale non avrebbe ottenuto alcun risultato utile, dato che la Polizia voleva intervenire in giornata. Altri recapiti non ne aveva, a parte il telefono del centro servizi di segreteria telefonica dove era solito lasciare l'avviso dopo ogni spedizione: avrebbe potuto lasciar lì un messaggio, chiedendo di richiamarlo prima possibile, ma la cosa non sarebbe stata immediata.

Doveva comunque avvisarlo a tutti i costi: non tanto perché gliene sarebbe stato riconoscente, il che poteva significare una bella sommetta extra, ma soprattutto per evitare che, una volta catturato, per alleggerire la sua posizione nei confronti della giustizia Pluto non scegliesse la strada del pentimento e magari smascherasse anche lui, mandandolo in galera per il resto dei suoi giorni. Così approfittò dell'operazione di intelligence appena conclusa per attingere ai dati archiviati nel sistema informativo di Echelon e risalire al numero di telefono del comandante di Punta Sparviero.

Erano già le tre del pomeriggio e doveva affrettarsi, ma non sarebbe stato prudente telefonare dall'ufficio, dove tutto era sotto controllo, e neppure usare il cellulare. Allora prese un permesso per uscire in anticipo e con un taxi si fece portare in città: ma dopo alcuni chilometri, scorta una cabina telefonica all'angolo della strada, chiese di farlo scendere e di attenderlo qualche minuto.

«Sono l'investigatore Sica» rispose al videocitofono. «Il comandante Leggio mi aspetta… e qui diluvia».

Con la battuta sperava di intenerire l'invisibile custode affinché gli aprisse alla svelta, ma evidentemente non funzionò. Con tutta probabilità lo stavano scrutando dalla telecamera installata sul palo all'ingresso della villa quando, in risposta, udì un indifferente e gelido: «Attenda un attimo».

Sica aveva parcheggiato l'auto a una decina di metri, troppi per tornare a ripararsi in attesa che dall'interno verificassero le sue credenziali e si decidessero ad aprire. Pioveva a dirotto e l'ombrello pieghevole che reggeva a fatica contro il vento era insufficiente a ripararlo dagli scrosci d'acqua che arrivavano di traverso e gli inzuppavano i calzoni.

Quando finalmente il cancello si aprì entrò di corsa nel giardino, correndo poi rasente il muro per ripararsi sotto il cornicione. Alla porta dell'abitazione fu accolto dal solito ermetico maggiordomo che lo scortò fino al salone, dove il comandante Martin Leggio era intento a leggere sul portatile l'ultimo messaggio che il virus di Linke gli aveva appena trasmesso.

«Spero che sia per una cosa davvero importante» esordì il padrone di casa con un'espressione severa, dopo che l'investigatore gli si fu seduto di fronte. «Le avranno detto che sono molto impegnato e non mi piacciono le improvvisate».

«Certo comandante, ma questa volta si tratta di una questione della massima urgenza».

«Sarebbe a dire?».

«Intanto, le ho portato questo dischetto che contiene una miniera di informazioni sulle navi che le interessano, la Jolly Mare e la Rigel: ci sono registrazioni di traffici di scorie radioattive, porti di scalo e materiali trasportati, posizione del luogo dove sono affondate, e via dicendo» disse porgendogli il contenitore di plastica trasparente che conteneva il cd».

«Sta parlando degli archivi dell'Ilvatom?».

«Proprio quelli, comandante» rispose Sica gongolante, anche se non si spiegava come il suo cliente facesse a saperlo.

«Quella è roba che non mi serve» ribatté Leggio con indifferenza, continuando a trafficare con la tastiera.

«Come, non le serve… ma ha capito di cosa si tratta?».

«Certo. Non mi serve per il semplice fatto che ce l'ho già» tagliò corto, spegnendo di colpo gli entusiasmi di Sica che, deluso, ritrasse la mano col cd. In tono di rimprovero, aggiunse: «Anche se mi rendo conto che non poteva saperlo, non vedo comunque il motivo di tanta fretta… poteva farmelo avere con comodo».

«L'urgenza non era per questo».

«E per cos'altro, allora?».

«Visto che lei mi aveva chiesto di informarmi sulle indagini in corso e poi riferirle le novità, ho fatto qualche indagine e sono venuto a sapere quale sarà la prossima mossa degli inquirenti».

«Quale sarebbe?».

«Sa quel mio amico… Fiorani» disse l'investigatore prendendo tempo, per capire dalle reazioni del padrone di casa se il nuovo argomento destava maggiore interesse.

«Ebbene?» chiese Leggio sollevando lo sguardo dal monitor e fissandolo coi suoi occhietti penetranti.

«L'altro ieri c'è stata una riunione in commissariato, a Corniano Marina… io ero a cena con Fiorani e mi ha raccontato cosa avevano deciso: la Magistratura ha chiesto l'aiuto di Echelon per tendere una trappola a un personaggio ritenuto di spicco nei traffici delle scorie nucleari, un certo Pluto» spiegò Sica con fare indifferente. «Visto che lei ha diversi interessi nell'ambiente, pensavo le avrebbe fatto piacere saperlo in anticipo».

«La notizia è interessante ma dovrebbe essere più preciso» commentò Leggio, cercando di nascondere l'espressione allarmata che per un attimo comparve sul suo volto. «Quando hanno intenzione di fare l'operazione?».

«Domani. Fiorani dice che lancerà un'esca informatica, ma non ho capito bene di cosa si tratta».

«Come, non ha capito!» sbottò l'altro in un moto di collera, che cercò subito di padroneggiare. Da buon volpone, a Sica non sfuggì l'improvviso mutamento d'umore del suo ospite che, nel tentativo di rimediare, subito aggiunse: «Se devo pagare per delle informazioni è ovvio che le voglio complete».

«D'accordo, comandante, d'accordo... come però le dicevo, Fiorani non mi ha fornito i particolari: ha solo parlato di un'esca che doveva lanciare dal computer di casa sua».

«Che genere di esca?».

«Una specie di password da far intercettare al computer di Pluto, in modo che poi Echelon potesse risalire al luogo dove si trovava in quel momento».

Il padrone di casa ammutolì per qualche attimo, cercando di capire a che livello di gravità fosse il pericolo. Quindi chiese: «Quando ha detto che faranno l'operazione?».

«Domattina».

C'era quindi ancora tempo. Leggio si alzò pensieroso e andò fino alla vetrata che dava sulla terrazza. La pioggia aveva su di lui un effetto rilassante così che, mentre osservava le gocce che fuori scivolavano mute sulla parete di cristallo, gradualmente riuscì a contenere l'irritazione.

«Comandante, c'è una telefonata per lei» irruppe d'un tratto la voce del maggiordomo, affacciato alla porta del salone. Leggio si voltò, contrariato per l'interruzione, ma prima che potesse dire qualcosa quello aggiunse: «Si tratta di una cosa urgente».

Leggio riponeva la massima fiducia in Zadig, il suo maggiordomo armeno, all'occorrenza anche guardia del corpo, e non aveva motivo di dubitare che la faccenda meritasse subito la sua attenzione. Così lasciò lì Sica e andò a rispondere dall'ufficio in fondo al corridoio.

«Chi parla?» esordì Leggio.

«Echelon» fu la risposta stringata.

«Che c'è di tanto urgente... non potevi seguire la prassi?».

«Non c'era tempo: sono certo che lo capirà appena le dirò il motivo della telefonata».

«Ti ascolto».

«Volevo avvisarla che la Magistratura ha appena concluso una procedura di monitoraggio della rete che ha portato all'identificazione di Pluto» spiegò l'altro con voce sommessa, che tradiva l'apprensione per il timore di essere scoperto.

«Come sarebbe... oggi?» chiese incredulo, incassando la notizia peggio di un cazzotto allo stomaco. «Ma l'operazione non doveva essere domani?».

«In un primo momento sì, ma poi hanno deciso di anticiparla a oggi» ribatté l'altro a voce bassa per non farsi sentire dai passanti, mentre si guardava attorno per assicurarsi che non lo stessero spiando. «Volevo informarla che l'operazione li ha condotti a questo numero di telefono, e ovviamente anche al relativo indirizzo».

«E mi avvisi solo ora?» sbottò il comandante.

«L'operazione non dipendeva direttamente da Londra e purtroppo non ne ero al corrente: anch'io l'ho saputo solo pochi minuti fa... mi dispiace». Sentendo che l'interlocutore s'era ammutolito, prima di chiudere la comunicazione aggiunse: «Corre voce che la Polizia interverrà oggi stesso, quindi si regoli di conseguenza... ora devo proprio andare».

Quando Leggio posò la cornetta si sentì con le spalle al muro e avvertì di nuovo il sinistro presagio che, soprattutto negli ultimi tempi, faceva di tanto in tanto capolino nei suoi pensieri. Sotto l'impeto del Libeccio fuori pioveva a scrosci sferzando i vetri dello studio: tempo inclemente, che ben s'intonava coi suoi sentimenti in tumulto.

Guardò l'orologio: erano quasi le quattro. Quanto tempo gli restava? Non poteva saperlo, ma di sicuro meno di quanto avrebbe voluto.

Allora chiamò il suo fidato Zadig.

39

Il Dragonfly

«Penso sia arrivato il momento di levare le tende» disse pensieroso con lo sguardo alla finestra appena il maggiordomo fu entrato. «Sta per arrivare la Polizia e non è consigliabile farsi trovare qui».

«Quanto tempo abbiamo?» chiese di rimando il suo imperturbabile collaboratore. Nei vent'anni e passa da che era al suo servizio gli era capitato altre volte di trovarsi in situazioni del genere e sapeva come comportarsi.

«Non molto, forse un'ora o anche meno».

«Allora dirò a James di preparare l'essenziale» annuì Zadig senza batter ciglio. «Come pensa di partire?».

«Ce ne andiamo col motoscafo» rispose Leggio scrutando le nubi cariche di pioggia che, al di là dei vetri, correvano basse nel cielo plumbeo. Notando l'espressione perplessa dell'altro, spiegò il perché di una scelta del genere: «Quando arriveranno, non trovandoci ci sguinzaglieranno dietro tutti i loro segugi, ma con un tempo simile a nessuno verrà in mente di cercare in mare».

«Penso avrà notato che il Libeccio sta rinforzando».

«Zadig, non dirmi che hai paura di un po' di vento!».

«Non volevo dir questo, ma...».

«Allora qual è il problema?» tagliò corto Leggio guardandolo con espressione severa, a indicare che non avrebbe gradito altre obiezioni. «Piuttosto, va a dire ai marinai di scendere a preparare la barca: partiamo fra mezz'ora».

«D'accordo, comandante».

«Un'altra cosa: manda subito uno dei nostri al bivio con la provinciale. Che resti là e ci avvisi appena vede la Polizia imboccare per Punta Sparviero... calcolando i chilometri che rimangono, dalla telefonata avremo cinque minuti per sparire».

«E dell'investigatore di là, cosa ne facciamo?».

«Quasi me ne dimenticavo!» esclamò Leggio, dandosi una pacca sulla fronte col palmo della mano. «Non possiamo certo lasciarlo qui, a spifferare alla Polizia le cose che mi riguardano. Non mi va che quello vada in giro a raccontare del mio interesse per le ricerche dell'Altair e la faccenda delle scorie... dobbiamo per forza portarlo con noi».

«Ma non ci sarà d'impaccio?».

«Non ti preoccupare, con noi farà solo una parte del viaggio» replicò, ammiccandogli col sorrisetto maligno. «Ci penserai tu, al momento opportuno, a farlo scendere».

Il commissario Caputo era riuscito a contattare il sostituto procuratore Malpigi e si era fatto inviare via fax il mandato di perquisizione per Martin Leggio; nel frattempo, aveva dato inizio ai preparativi per il blitz. Malpigi gli aveva chiesto esplicitamente di non informarne Fiorani per non rischiare di ritrovarselo fra i piedi, ma questi, non sentendo più notizie e non riuscendo a rintracciare Caputo neppure al cellulare, spinto dall'irrefrenabile desiderio di sapere come sarebbero andate le cose aveva mangiato un boccone di corsa ed era partito in auto per Punta Sparviero, dove era arrivato molto prima del commissario.

Enrico non sapeva esattamente qual era la villa, ma da quanto avevano spiegato quelli di Echelon doveva trovarsi a un centinaio di metri dal porticciolo turistico, quindi facile da rintracciare. Purtroppo la giornata era pessima e quando giunse sulla piazzetta di fronte alla banchina pioveva a dirotto: unico segno di vita, un piccolo bar con le luci interne accese. Allacciò il cappuccio del giaccone impermeabile che aveva indossato per l'occasione, scese dall'auto e, lottando contro il vento, corse dentro il locale.

«Giornataccia davvero!» esclamò quando fu entrato, scrollandosi di dosso la pioggia e strusciando i piedi sullo straccio messo a mo' di zerbino. La barista stava seguendo tutta assorta un reality televisivo e rispose con una specie di grugnito. Vista la scarsa propensione al dialogo, cercò di catturarne l'attenzione ordinando qualcosa e chiese un punch al mandarino: «Bollente, mi raccomando... per togliermi di dosso questa dannata umidità».

«Non sarà stato in mare con questo tempo?» fece lei con voce sgraziata, adattando la solita tiritera che ripeteva in simili circostanze agli avventori sconosciuti.

«Non sono così matto» replicò Enrico con una smorfia, facendo segno di no col capo. «Sto cercando la villa dove lavora mio nipote ma non conosco l'indirizzo né il nome del proprietario... so solo che si trova a un centinaio di metri dal porticciolo».

«Sarà quella del comandante Leggio: è l'unica nei paraggi abitata tutto l'anno» fece lei. Poi, incuriosita, insinuò: «Non sarà mica anche lei un venditore... come il tizio che è stato qui poco fa?».

«Di che tizio sta parlando?».

«Un piccoletto dalla cadenza romanesca, con un paio di baffetti grigi e gli occhi da furetto».

«Non credo di conoscerlo».

«Comunque, la villa che cerca dovrebbe essere quella color crema laggiù, ai piedi del promontorio, appena sopra il porticciolo, dove... che mi venga un colpo!».

«Che c'è?» chiese Enrico sorpreso dall'esclamazione, guardando oltre la vetrata nella direzione indicata dalla barista.

«Direi che quelli stanno preparandosi ad andarsene col motoscafo del comandante» osservò lei, incredula.

«Possibile?».

«Altrimenti, perché avrebbero levato i teloni di copertura?» dedusse giustamente la donna.

«Dovranno fare manutenzione».

«Con questo tempo? E poi, hanno già messo in moto il radar... vede l'antenna, che gira?».

Aguzzando la vista, attraverso il muro di pioggia battente Enrico riuscì a scorgere l'elegante scafo blu con sovrastrutture bianche ormeggiato all'estremità opposta del porto. Si trattava di un lussuoso cabinato d'altura, robusto e molto veloce: se, come gli sembrava, era un Majestic 56, coi suoi diciassette metri di lunghezza e i quasi cinque di larghezza sarebbe stato in grado di affrontare il mare anche in quelle condizioni meteo.

«Mi sa proprio che ha ragione lei» ammise Enrico notando i due marinai con le caratteristiche cerate gialle che, ripiegati i teloni, ora iniziavano ad alleggerire gli ormeggi.

«Cos'è meglio che faccia?» si stava chiedendo Enrico, riflettendo fra sé. «Resto qui, o vado su alla villa?».

Ammesso che Pluto stesse davvero per squagliarsela, sarebbe salpato con quel tempo? Oppure quei marinai avevano altri compiti e lui sarebbe magari partito in auto?

Se Pluto fosse riuscito a dileguarsi prima dell'arrivo della polizia, Enrico poteva dire addio alla speranza di liberarsi dal suo persecutore, e questo non poteva permetterselo. Visto che da casa sarebbe comunque dovuto uscire, forse era meglio mettersi di guardia alla villa, così eventualmente da seguirlo per vedere dove andava.

«Devo sbrigarmi, prima che vadano via tutti» disse affrettandosi a uscire, dopo che la barista gli aveva spiegato come arrivare. Quando poi parcheggiò a una decina di metri dal cancello, di fianco a un'altra auto ferma sulla piazzola, riconoscendola sotto la pioggia battente restò di stucco: era quella di Vito Sica.

Nel salone l'investigatore cominciava a dare segni di impazienza: quanto durava quella telefonata? Era passata mezz'ora e Leggio ancora non tornava.

Lo aveva lasciato lì ad aspettare con quella musica in sottofondo, che sulle prime aveva trovato rilassante ma che ora cominciava a dargli sui nervi: nel frattempo si era alzato e riseduto più di una volta, a guardare i quadri alle pareti o, col naso alla vetrata, i lampi all'orizzonte. Ora però si era proprio seccato: erano quasi le quattro e non aveva ancora concluso nulla, oltre al fatto che per cena doveva essere a Roma.

In quel momento si aprì la porta che dava sul corridoio ed entrò Zadig in compagnia di uno sconosciuto. Il maggiordomo non era più in divisa e guanti bianchi, ma indossava una mantella impermeabile e degli stivaloni di gomma, come il tizio che era con lui; anche i suoi modi compiti di prima avevano fatto posto a un atteggiamento risoluto, accentuato dall'espressione glaciale di quei suoi occhi dal taglio leggermente a mandorla.

«Il comandante l'aspetta» fece lui, allungandogli in malo modo una mantella impermeabile. «Se la metta e facciamo presto».

Sica fissò sbigottito Zadig. «Per andar dove?».

«Glielo dirà il comandante. Ora si sbrighi a indossare la mantella: Tom l'accompagnerà…».

«Io non vado proprio da nessuna parte» insistette Sica, tenendogli testa. «Il comandante Leggio mi ha detto di aspettarlo qui ed è ciò che ho intenzione di fare».

«Vedo che sei duro di comprendonio» ribatté Zadig cambiando tono e facendo un cenno brusco al collega. Senza scomporsi Tom estrasse una pistola automatica e gliela puntò in faccia; poi, facendo segno con quella, ripeté l'ordine: «Hai capito o no che dobbiamo sbrigarci?».

A quel punto Sica si rese conto della situazione e non provò a resistere ulteriormente: non era un semplice invito e quel Tom non pareva in vena di scherzi.

«Dove andiamo?» chiese mentre indossava la cerata.

«Ho detto che te lo spiegherà il comandante» tagliò corto Zadig. Indicando il corridoio, disse: «Tom, passa dal tunnel e portalo al motoscafo: mettilo sottochiave nella cabina di poppa».

«Vai avanti tu» ordinò l'uomo in tutta risposta, facendo a Sica un segno minaccioso con la pistola.

In fondo al corridoio scesero le scale fino al piano di sotto dove, al di là di una vetrata, s'intravedeva la piscina a sfioro nel centro del prato all'inglese. Tom gli fece segno di aprire una porticina laterale, da dove scesero una seconda rampa che li condusse nel vano tecnico della piscina. Attraverso una porta blindata entrarono in un tunnel scavato nella roccia lungo una ventina di metri che, passando sotto la recinzione, terminava con un portellone di ferro sprangato dall'interno, a poche decine di metri dal molo dove era ormeggiato il motoscafo.

Sica non riusciva a raccapezzarsi: cos'era accaduto in quella mezz'ora che aveva fatto precipitare la situazione? Soprattutto, cosa c'entrava lui coi loro problemi e di cosa avevano paura?

Nel turbinio di domande che gli si accalcavano in testa mentre percorreva il tunnel sotto la minaccia di quella pistola, cercò di mantenere la calma e al tempo stesso escogitare qualcosa, prima che lo rinchiudessero a bordo.

Il dubbio che lo aveva sfiorato mentre parlava con Leggio, cioè che fosse proprio lui il fantomatico Pluto da tempo nel mirino degli inquirenti, si era fatto più consistente: avrebbe spiegato perché, solo per averlo messo al corrente della trappola, ora si trovava in quella situazione. Doveva a tutti i costi lasciare un segno del suo passaggio, nella speranza che la Polizia, una volta arrivata, si potesse mettere sulle sue tracce.

Purtroppo i suoi oggetti personali erano rimasti nella ventiquattrore lasciata sotto chiave nel bagagliaio della sua auto; in tasca aveva solo quel cd che Leggio aveva snobbato: però, sempre meglio di niente.

Approfittando quindi della scarsa luce all'interno del tunnel estrasse dalla tasca della giacca la custodia di plastica col cd, senza che l'uomo che lo tallonava se ne accorgesse: poi, appena furono all'aperto, fece finta di incespicare e lo infilò di nascosto sotto la siepe, lungo il viottolo che conduceva alla banchina.

Caputo aveva richiamato tutti gli agenti disponibili a Corniano Marina ed era riuscito a riempire due volanti della Polizia; quindi erano partiti a sirene spiegate. Arrivati al bivio sulla provinciale intorno alle quattro e mezza, imboccando per Punta Sparviero avevano spento le sirene, così da non mettere in allarme il loro obiettivo. Senza sapere che l'uomo di vedetta, vedendo passare le auto, aveva immediatamente telefonato alla villa, prima di risalire in macchina e volatilizzarsi come gli era stato ordinato.

Allora Leggio aveva dato ordine di abbandonare la villa. Chiuso il borsone di pelle con dentro i documenti, il denaro e i preziosi tolti dalla cassaforte, insieme ai suoi fedeli Zadig e James, ciascuno con due valigie stracolme, dal tunnel sotterraneo si era affrettato al molo, dove il Dragonfly era in attesa coi motori accesi.

«Levate gli ormeggi e andiamocene alla svelta» ordinò al marinaio più anziano che fungeva da pilota. Poi, rivolto a uno degli uomini, chiese: «Tom, tutto a posto col nostro ospite?».

«Certo, comandante. All'inizio non voleva proprio saperne di unirsi alla compagnia…» sogghignò scoprendo un incisivo spezzato, ricordo della sua ultima zuffa. Battendosi con la mano in corrispondenza dell'ascella sinistra, dove teneva la fondina della sua automatica, aggiunse: «Ho dovuto dargli un calmante… ora dorme come un angioletto nella cabina di poppa».

«Meglio così» approvò Leggio.

«Dove siamo diretti, comandante?» chiese il pilota, accelerando verso l'uscita del porticciolo.

«Rotta per Capo Corso: una delle nostre navi ci sta aspettando per il trasbordo. Vedi di arrivarci prima possibile».

«Farò del mio meglio, comandante, ma con questo tempo ci vorranno almeno tre ore» rispose pensieroso il marinaio, dando altro gas. Lo scafo s'impennò e in una manciata di secondi oltrepassò il fanale della diga foranea, entrando in mare aperto.

Senza più riparo, investito dal vento che gonfiava le onde, il Dragonfly beccheggiava e rollava con veemenza. Allora il marinaio ai comandi timidamente aggiunse: «Con l'ultimo avviso meteo che dava il Libeccio in aumento, finché possiamo ci conviene navigare a ridosso dell'Isola d'Elba».

«Così allunghiamo troppo!» obiettò Leggio.

«Però ne guadagniamo in velocità, comandante... e poi, col mare già a forza sei, non ci conviene rischiare troppo».

Leggio lanciò un'occhiata interrogativa al fidato Zadig, quasi a chiedere il suo parere, e lui ricambiò con un impercettibile cenno di assenso: il nocchiero non aveva tutti i torti a voler usare un minimo di prudenza.

Spinto dai due potenti motori diesel accoppiati, lo scafo procedeva a velocità sostenuta, mentre il timoniere manovrava in modo da fendere le onde obliquamente e prenderle al mascone, e il più delle volte riusciva a cavalcarle anziché piantarsi nel muro liquido che si parava dinnanzi. Incessantemente, una dopo l'altra, il Dragonfly risaliva le creste spumeggianti, a cui il vento strappava brandelli che scagliava contro le finestrature, annullando per lunghi istanti la visibilità; quindi precipitava nel cavo dell'onda successiva.

«Qui siamo in troppi» commentò Leggio guardando gli impalliditi Tom e James che, insieme all'altro marinaio, tentavano di reggersi a qualche sostegno per non sbattere l'uno contro l'altro. «Zadig, resta tu col nocchiero: io intanto scendo in cabina... è meglio se anche chi non serve se ne va in branda».

«Vada pure, comandante, qui me la sbrigo da solo» rispose l'armeno, impassibile, mentre sedeva di fianco al marinaio alla barra. «Stia tranquillo, penso io ad avvertirla quando stiamo per arrivare».

40

Inizia l'inseguimento

«E lei che accidenti ci fa qui?» chiese Caputo scendendo dalla volante e vedendo Fiorani che gli veniva incontro tutto incappucciato davanti alla villa di Leggio. «Non doveva rimanere a Corniano Marina e aspettare una mia telefonata?».

«Ha ragione, commissario... solo che lei non mi ha fatto sapere più nulla e così ho pensato di venire per conto mio a dare un'occhiata» si scusò Enrico: sapeva benissimo che non lo avrebbe mai chiamato per assistere al blitz. Anticipando la probabile obiezione, aggiunse subito: «Meno male che siete arrivati in tempo, prima che quelli levino le tende».

«Perché, cos'è successo?».

«Ho l'impressione che là dentro stiano per prendere il volo» rispose Enrico accennando col capo in direzione del grosso cancello di ferro che sbarrava l'ingresso alla villa. Quindi aggiunse: «Poco fa ero giù al porto e ho visto un paio di marinai che stavano preparando un grosso motoscafo d'altura...».

«Non è detto che la faccenda ci riguardi».

«Io penso invece di sì, visto che il proprietario dell'imbarcazione è proprio il nostro amico, il comandante Martin Leggio... alias Pluto» ribatté Enrico. Notando la preoccupazione comparsa sul viso di Caputo, lo rassicurò: «Tranquillo commissario, sono qui da più di mezz'ora e non è ancora uscito nessuno... perciò dovrebbero essere tutti dentro».

«Meglio accertarcene» fece l'altro di rimando. «Noi ora proviamo a entrare... lei però rimanga qui: l'accoglienza potrebbe non essere delle migliori e non voglio averla sulla coscienza».

Rivolgendosi quindi al suo vice, Mancuso, sceso dall'altra volante col resto della squadra, gli ordinò di appostare degli agenti agli angoli della recinzione e raggiungerlo al cancello. Quando Mancuso fece segno che gli uomini erano in posizione e controllavano che nessuno potesse svignarsela, Caputo suonò ripetutamente al citofono. Non ricevendo risposta, allora ordinò all'agente di scavalcare la recinzione e aprirgli dall'interno. Aveva notato i sensori a raggi infrarossi sopra il muro si aspettava che scattasse l'allarme facendo partire l'urlo di una sirena, ma evidentemente era disinserito e non accadde nulla del genere.

Una volta dentro, il commissario si diresse deciso all'abitazione, seguito dagli altri. Bussò più volte alla porta intimando a voce alta di aprire, ma nessuno rispose.

Allora girarono attorno alla casa e scesero nel giardino di sotto. Provarono alla porta a vetri che dava sulla piscina all'aperto, ma era chiusa a chiave. Oltre la vetrata che delimitava il patio non si vedeva anima viva, così ordinò di forzare la porta.

Seguendo il commissario Caputo, gli agenti irruppero all'interno e, armi in pugno, si sparsero nelle stanze ormai deserte, sebbene fosse evidente che qualcuno era stato lì fino a pochi minuti prima: un paio di mozziconi di sigarette, ancora fumanti dentro il posacenere, e il televisore ancora caldo lo dimostravano. Caputo ordinò a Mancuso di continuare la perquisizione mentre lui, rammentando ciò che aveva detto Fiorani a proposito del motoscafo, disse che sarebbe sceso al porto a dare un'occhiata.

«Purtroppo se ne sono andati tutti» annunciò deluso a Enrico, che aspettava impaziente lo sviluppo degli eventi fuori dal cancello. Il commissario gli fece segno di salire con lui sulla volante: «Andiamo giù al porto e mi faccia vedere quel motoscafo...».

Quando però arrivarono in banchina, del Dragonfly era rimasto solo il cavo d'ormeggio arrotolato di fianco a una bitta.

«Non so davvero che dirle, commissario» si schermì rammaricato stringendosi nelle spalle. Indicando il molo, aggiunse: «Le assicuro che fino a poco fa era qui».

In quello stesso momento si udì la voce di Mancuso che chiamava da una collinetta poco distante: «Commissario... commissario!»

«Cosa ci fai là sopra?».

«Venga a vedere cosa abbiamo trovato».

Il tunnel sotterraneo, via di fuga di Leggio e della sua compagnia, non era più un segreto.

La domanda a cui dovevano rispondere era da quanto tempo se l'erano svignata.

Così Enrico suggerì di chiederlo alla barista, dall'altra parte del piazzale, che di certo lo avrebbe saputo dire. E infatti la donna confermò che lo yacht era salpato da meno di un quarto d'ora, con diversi uomini a bordo fra cui il comandante Leggio. Ne era certa perché, con un tempo del genere, uscire in mare era secondo lei da matti e la stranezza l'aveva talmente colpita da non staccare gli occhi dal Dragonfly fin quando non era scomparso in mare aperto, oltre la diga foranea.

Nello frattempo un agente aveva rinvenuto il contenitore col cd che Sica aveva nascosto durante la fuga. Quando lo consegnò al commissario di ritorno dal bar, Fiorani era quindi presente.

«Ma questo è mio cd!» esclamò Enrico togliendolo dalle mani di Caputo, avendo riconosciuto la scritta sul dischetto. L'aveva fatta lui stesso a pennarello il venerdì prima quando l'aveva consegnato a Sica, con dentro vari stralci degli archivi dell'Ilvatom. Dopo averlo rigirato più volte fra le dita, convintosi che si trattava proprio di quello, chiese al poliziotto: «Dov'è che l'avete trovato?».

«Sotto una siepe all'uscita del tunnel, lungo il viottolo che conduce alla banchina» rispose quello, indicando la direzione col braccio.

Il commissario era rimasto interdetto, non riuscendo a vedere il nesso fra le cose. «Mi spiega come fa a essere suo?» chiese, riprendendoglielo di mano.

«Guardi lei stesso: quella è la mia calligrafia».

«Intende questa scritta: 'Righel' e 'Jolly Mare'?».

«Esatto: sono le navi su cui Sica stava facendo indagini per conto di quella compagnia di assicurazioni... se lo dovrebbe ricordare anche lei».

«Allora non mi spiego come ha fatto ad arrivare quaggiù...»

«Una mezza idea io ce l'avrei... ha notato l'auto posteggiata di sopra vicino alla mia, all'ingresso della villa?».

«Certo... e allora?».

«Quella è la macchina di Vito Sica».

«E che ci fa da queste parti?» replicò l'altro, dopo un attimo di perplessità.

«Non ne ho la minima idea, commissario».

«Ma Sica dov'è?».

«Altra domanda a cui non so rispondere, a parte azzardare l'ipotesi che qualcuno l'abbia costretto a seguirlo contro la sua volontà... forse lo hanno sequestrato».

«Addirittura! E cos'è che glielo fa pensare?».

«Proprio il cd che ha in mano» ribatté. «L'avevo preparato io stesso per Sica: mi disse che gli serviva per un cliente... potrebbe essersene servito per lasciarci una traccia, per farci sapere che è passato dal tunnel».

Caputo rimase alcuni attimi pensieroso, a valutare se quel semplice indizio poteva portare a una simile conclusione. Per fugare i diversi dubbi che aveva in proposito, chiese al poliziotto che l'aveva rinvenuto: «Secondo te, può esserci finito per caso là sotto, dove l'hai trovato?».

«Difficile, commissario» rispose l'altro, facendo segno di no con la testa. «Come ho già detto, la custodia del cd era infilata dentro una siepe molto fitta... se ci fosse caduta per caso, non sarebbe mai potuta arrivare dove l'ho trovata: là sotto qualcuno deve avercela infilata di proposito».

«Come appunto dicevo io, commissario».

«Comunque, è evidente che il suo amico a Punta Sparviero c'è venuto di sua spontanea volontà: la sua auto lo testimonia... il resto sono solo supposizioni. A quanto ne sappiamo, Sica potrebbe anche far parte della combriccola» tagliò corto Caputo. «Ora il problema più urgente è bloccarli in tempo, prima che escano dalle acque territoriali: la Corsica è a un tiro di schioppo e con un motoscafo del genere possono arrivarci in meno di due d'ore».

Dato che non era il caso di perdere altro tempo, Caputo telefonò immediatamente a Malpigi aggiornandolo sui recenti sviluppi e suggerendo di chiedere l'intervento della Capitaneria di porto, così da intercettare il Dragonfly prima che fosse troppo tardi.

Visto però lo stato agitato del mare e le condizioni meteo in ulteriore peggioramento, il comandante della locale Capitaneria si rifiutò di far uscire in mare i suoi uomini, non avendo mezzi adatti ad affrontare un tempo del genere senza mettere a repentaglio la loro vita. Tuttavia fu disposto a mettere a disposizione i dati rilevati dalla locale stazione di controllo radar, situata in vetta al promontorio di Corniano Marina.

Il centro operativo fu pertanto messo in stato di allerta, con l'incarico di rilevare il natante e comunicarne posizione e rotta. Ma per il tecnico preposto al monitoraggio dell'Arcipelago Toscano non fu difficile farlo: aveva infatti già notato la temeraria partenza del motoscafo d'altura, l'unico attualmente presente sugli schermi radar nel raggio di trenta miglia, quando neppure i traghetti più grandi si azzardavano a salpare. Cosicché, appena dalla Capitaneria arrivò l'ordine di rintracciare il motoscafo non fece fatica ad accontentarli: il Dragonfly era da poco passato al traverso di Capo della Vita, aveva accostato a sinistra e ora navigava a velocità sostenuta tenendosi a ridosso dell'Isola d'Elba. La nuova rotta non lasciava dubbi circa la sua destinazione: la Corsica.

Se non si faceva alla svelta, in meno di due ore sarebbe entrato in acque francesi, rendendo tutto più complicato. Allora dalla Procura chiesero l'intervento della Capitaneria posta a presidio dell'Isola d'Elba, attrezzata per interventi anche in mare agitato: l'ordine era di bloccare il motoscafo prima che uscisse dalle acque territoriali e scortarlo al porto più vicino. Avrebbero dovuto usare particolare cautela, trattandosi di elementi pericolosi su cui pendeva un mandato di cattura.

Questa volta non ci furono intoppi: nel giro di una ventina di minuti la CP2301, una motovedetta d'altura della classe Saetta in dotazione alla Guardia Costiera, si lanciò all'inseguimento.

«Comandante, mi sembra di averlo visto!» esclamò tutto concitato il guardiamarina Losi, puntellandosi con le gambe contro l'armadietto in modo da non perdere l'equilibrio in quel generale sballottamento. Col viso incollato al visore della campana oscurante che schermava il radar dalla luce diurna, scrutava il monitor cercando di identificare i segnali riflessi dal Dragonfly. In simili condizioni, riuscirci era già di per sé un'impresa: onde gigantesche confondevano la visuale, apparendo all'improvviso sullo schermo come enormi montagne verdi, che poi scomparivano di colpo quando la motovedetta, sballottata dai marosi come un fuscello, cambiava repentinamente d'assetto. «Eccolo! Ora lo abbiamo a due miglia di prua, dodici gradi a sinistra».

«Barra quindici gradi a sinistra… stabilizzare la velocità a venti nodi» comandò Mingozzi al sottufficiale ai comandi, che faticava non poco a mantenere la rotta ed evitare di incunearsi con la prua nei cavalloni che incalzavano da sudovest. Considerando lo scarroccio dovuto all'impatto del vento sulle sovrastrutture, con una velocità di poco superiore al Dragonfly calcolava di raggiungerlo di sopravvento nel giro di mezz'ora così da affiancarlo o, se necessario, bloccargli la via virando di dritta.

Il cielo intanto incupiva sempre più mentre il veloce scafo andava incontro alla burrasca. Tutto intorno le saette zigzagavano di sinistri bagliori attraverso le nubi plumbee e, quando colpivano l'acqua fin troppo vicine, abbagliavano la vista con esplosioni d'argento liquido. In mezzo alla furia degli elementi la pioggia, frammista ai copiosi spruzzi strappati dal Libeccio alle creste delle onde, s'infrangeva violenta contro i vetri della plancia, in un turbinio che rendeva problematico riuscir anche solo a intravedere la prua.

Impassibile in mezzo alla confusione degli elementi Luciano Mingozzi, il quarantenne comandante della CP2301, dalla sommità delle creste più alte scrutava l'orizzonte col suo pesante binocolo, approfittandone prima di ripiombare nel cavo dell'onda successiva.

I motori, due MAN accoppiati da 1100 hp ciascuno, gelosamente accuditi dal sottufficiale motorista, ruggivano imperterriti spingendo lo scafo in lega leggera di alluminio, lungo una ventina di metri e largo sei, alla considerevole velocità di venti nodi nonostante le condizioni proibitive. Cavalcava le onde una dopo l'altra e, quando non ci riusciva per l'imponenza di un maroso, infilava la prua nel muro d'acqua trapassandolo come un coltello affilato e riemergendo dalla parte opposta, dopo essersi fatto incappucciare fin sopra la plancia per istanti che al giovane guardiamarina parevano interminabili.

«Ora è a poco più di mezzo miglio» disse a un certo punto Losi tutto infervorato, sollevandosi dal radar col segno del visore impresso sulla fronte. Al suo primo inseguimento in mare, per di più in mezzo a una burrasca del genere, l'agitazione gli traspirava da tutti i pori. «Comandante, non sarebbe meglio diminuire la velocità... prima che rischiamo una collisione?».

«Lei mantenga il contatto radar e non si preoccupi d'altro» ribatté secco Mingozzi, irritato che un pivello fresco d'accademia si fosse permesso di dargli un simile consiglio.

«Agli ordini, comandante» rispose l'altro, rammaricato di aver dato un'impressione sbagliata. L'esperienza del superiore in grado era fuori discussione e sarebbe stato stupido pretendere di saperne più di lui.

Il comandante da parte sua, ricordando che l'entusiasmo giovanile poco s'accorda col saper restare nei ranghi essendo stato lui stesso piuttosto irruente da cadetto, mitigò il rimprovero aggiungendo in tono paterno: «Finché non riusciamo a stabilire il contatto visivo col bersaglio, in mezzo a questa buriana il radar è l'unico strumento che ci evita di passargli vicino senza accorgercene. Se non li raggiungiamo prima che entrino in acque francesi, saranno loro a vincere la partita... quindi di rallentare non se ne parla».

«Le chiedo scusa comandante, non era mia intenzione sollevare obiezioni» disse l'altro, mortificato, e si rituffò sul visore.

«Eccolo là... l'ho visto!» esclamò poco dopo Mingozzi col binocolo incollato al viso mentre scrutava il mare di prua. Un lampo in lontananza era esploso sull'acqua illuminando l'orizzonte fumoso di bruma e aveva scorto in controluce il Dragonfly, poco scostato di dritta. Mentre ripiombavano nel cavo dell'onda successiva, abbassò il binocolo e ordinò al timoniere alla barra: «Alla via così... cerchiamo di accostarci sopravvento».

A quella velocità, e finché navigavano a ridosso dell'Isola d'Elba, contava di raggiungerli in pochi minuti, prima di entrare nel Canale di Corsica dove il Libeccio sarebbe stato ancora più violento, e le onde di conseguenza.

Sempre che sul Dragonfly non si accorgessero di averli alle calcagna.

Ma aveva fatto male i conti.

41

Uomo in mare!

«Maledizione, qualcuno ci sta inseguendo!» sbottò Zadig battendo le nocche sul vetro del radar.

«Stai scherzando? Chi vuoi che sia tanto matto da uscire in mare con un tempo simile?» obiettò il timoniere storcendo il naso mentre ruotava velocemente la barra per scavalcare un enorme cavallone, appena in tempo per non farsi prendere di fianco e rischiare di capovolgersi. «Saranno le onde… in mezzo a questo caos i segnali del radar non sono affidabili: arrivano riflessi da tutte le direzioni e non è facile capire se sono veri o fasulli».

L'enorme cresta s'infranse contro la prua e un muro d'acqua dilagò sul Dragonfly incappucciandolo di schiuma. Per loro fortuna le sovrastrutture erano a chiusura stagna e l'acqua passò sopra senza che una sola goccia penetrasse nella timoneria.

«Onde un corno, quella è una motovedetta della Guardia Costiera!» esclamò Zadig mentre scrutava l'orizzonte col binocolo da cinquanta ingrandimenti. Attraverso la foschia quasi impenetrabile riusciva a intravedere fra un'onda e l'altra la nave inseguitrice, ormai a meno di mezzo miglio dietro di loro. «Metti i motori al massimo, Tony. Non devi farli avvicinare più di così… fra mezz'ora entreremo in acque francesi e dovranno per forza desistere».

«Posso provarci, ma dubito che con un mare simile riusciremo a correre più di così».

«Tu provaci lo stesso, se non vuoi passare i prossimi anni in galera» insistette l'altro. Quindi si sganciò dal seggiolino di pilotaggio e cercando di reggersi ai vari sostegni andò barcollando verso la scala interna che conduce alle cabine. «Io intanto scendo ad avvisare il comandante della bella sorpresa».

Il timoniere si puntellò con le gambe, poi con entrambe le mani sollevò al massimo le manette e diede altro gas ai motori: di colpo si avvertì l'accelerazione, anche se il rombo e le vibrazioni si confondevano con i colpi dei marosi contro la prua. Nonostante il notevole pescaggio dello scafo in vetroresina, a volte il beccheggio accentuato sollevava la poppa del Dragonfly fuori dall'acqua e per qualche attimo le eliche sembravano impazzire girando a vuoto, prima che il regolatore automatico entrasse in funzione e riducesse i giri, evitando che il motore s'imballasse.

Ma la motovedetta continuava ad accorciare le distanze: per qualche attimo l'occhio esperto di Tony riuscì a intravederla di poppa quando entrambi i natanti si trovarono in cima a due onde.

Di lì a pochi istanti Martin Leggio irruppe visibilmente turbato nella timoneria, seguito a ruota da Zadig.

«Riesci almeno a tenerci a distanza di sicurezza?» chiese minaccioso il comandante all'uomo al timone, quasi fosse sua la colpa. Interpretando in chiave negativa l'espressione rammaricata di Tony, che in risposta si era limitato a storcere la bocca, inforcò il binocolo portogli da Zadig. «Dov'è che si trova quella motovedetta della malora?».

«Dietro di noi, comandante, leggermente scostata sulla sinistra» rispose il pilota facendo cenno con la mano. «A circa mezzo miglio… quando le onde e la pioggia lo consentono, si riesce a vedere anche a occhio nudo».

Ignorando il commento, Leggio si puntellò con la schiena contro il seggiolino di pilotaggio e scrutò oltre la poppa col potente binocolo. A dispetto dei copiosi piovaschi e della bruma sollevata dal Libeccio, che strappava alle onde copiosi schizzi scaraventandoli contro i vetri della timoneria come fossero proiettili, i cinquanta ingrandimenti dello strumento gli diedero la spiacevole sensazione di poter allungare la mano e quasi toccarla: la CP2301 gli si parò davanti in tutta la sua imponenza, con la prua affilata che si tuffava in un'onda dopo l'altra in un ritmico succedersi di esplosioni di schiuma.

«Maledizione, Tony! Così non ce la facciamo».

«Mi spiace, comandante, ma i motori ormai sono al massimo» si scusò l'altro, senza staccare gli occhi dal prossimo cavallone che avanzava di lato. «Il Dragonfly fa del suo meglio, ma con un mare simile non ce la fa a competere con quella motovedetta».

In mezzo alla furia degli elementi, improvvisamente si udì

l'ululato penetrante e minaccioso di una sirena, mentre dal ponte di comando della CP2301 arrivavano le segnalazioni luminose in alfabeto morse che intimavano di rallentare. Col binocolo Leggio notò che avevano anche issato sul pennone le caratteristiche bandierine che ordinano di accostare e prepararsi per l'ispezione a bordo. Avendo infatti il Dragonfly interrotto ogni comunicazione radio gli altri tentativi di avvisarli erano andati a vuoto.

«Zadig, fatti venire qualche idea» disse Leggio con l'apprensione dipinta sul volto.

«Potremmo guadagnare del tempo approfittando del ficcanaso che teniamo sottochiave» rispose impassibile l'armeno, che aveva già in mente un piano.

«Che intendi dire?».

«Che se il nostro ospite finisse accidentalmente in acqua, poi la Guardia Costiera dovrebbe fermarsi a soccorrerlo».

«E noi potremmo guadagnare quel tanto che basta a entrare in acque territoriali francesi» commentò l'altro, avendo afferrato al volo il suggerimento.

«Proprio così, comandante».

«Ottima idea, Zadig; allora pensaci tu» lo esortò Leggio con gli occhi che gli brillavano di soddisfazione per l'inaspettata via d'uscita, dandogli un pacca sulla spalla. «Fatti dare una mano dagli uomini di sotto: mettetegli un giubbotto di salvataggio e fategli fare un bel tuffo… fatelo però mentre siamo dentro il cavo di un'onda, così che dalla motovedetta non se ne accorgano».

«Perché il giubbotto di salvataggio?».

«Non capisci? Senza quello, con questo mare s'affoga subito e allora la Guardia Costiera potrebbe ritenere inutile fermarsi… se invece lo vedono annaspare fra le onde, non possono far finta di niente: si devono fermare per forza a soccorrerlo» spiegò col suo solito sorrisetto furbesco. «Quando poi hai fatto, torna subito qui: lanceremo via radio un avviso di uomo in mare».

«Comandante, abbiamo appena ricevuto un segnale di soccorso!» gridò il marconista irrompendo in plancia. «Dal Dragonfly comunicano che c'è un uomo in mare».

«Lo avranno escogitato apposta per farci fermare» commentò il guardiamarina sollevandosi di colpo dal visore, prima ancora che il comandante potesse dire la sua. Mingozzi ignorò l'osservazione non degnando il giovane neppure di uno sguardo e si mise a scrutare il mare col binocolo.

Rendendosi conto di aver mancato di rispetto, Losi si morse la lingua, ma evitò di profondersi in nuove scuse, che a questo punto sarebbero parse insincere. Se voleva far carriera, avrebbe dovuto imparare l'arte di star zitto davanti al comandante, parlando solo quando veniva autorizzato a farlo.

«Uomo in mare, un quarto di miglio dritto di prua» disse Mingozzi a voce alta dopo alcuni minuti, avendo scorto fra le onde l'arancione del giubbotto di salvataggio. «Macchine avanti adagio… Losi, lei si prepari a recuperare quel poveraccio».

«In mezzo a questa burrasca?».

«E quando, se no… oppure preferisce aspettare che faccia bel tempo?».

«Agli ordini, comandante» rispose il giovane, ferito dal sarcasmo del superiore mentre lanciava un'occhiata interrogativa al timoniere; ma quello si guardò bene dall'aprir bocca. Dopo aver riflettuto qualche istante, il guardiamarina chiese con fare remissivo: «Mi sto solo chiedendo come riuscirci, con un tempo del genere».

«Niente di più semplice: lei indossi una bella cerata, prenda con sé un marinaio e scenda alla murata di dritta. Quando sarete allo scoperto dovrete state attenti alle ondate… ma almeno potrete lavorare sottovento» spiegò Mingozzi, come se fosse la cosa più naturale del mondo. Finalmente poteva impartire una lezioncina pratica a quel pivello, così che imparasse cosa significa la vita di mare. «E ricordatevi di agganciarvi al cavo di sicurezza… non vorrei dover ripescare in mare anche voi».

«Ma come lo tiriamo su, in mezzo a questa buriana?» chiese Losi più preoccupato che mai, essendo alla sua prima esperienza del genere.

«Con le macchine al minimo quel tanto che basta per governare, vi porterò con la murata di dritta il più vicino possibile al naufrago, in modo che possiate lanciargli un salvagente assicurato a una cima. Si porti dietro il megafono per comunicare con quel poveretto e dirgli cosa deve fare: basta che afferri il salvagente e se lo infili... poi agganciate la cima al bigo di poppa e issatelo a bordo. Semplice, no?».

«Ma intanto quelli se la squagliano...».

«Poche chiacchiere e si sbrighi a eseguire gli ordini, senza discutere ogni volta!» ribatté spazientito Mingozzi. «Lo so anch'io che quelli ne approfitteranno, ma se lei non mi fa perdere altro tempo forse riusciamo a riacchiapparli finché siamo in acque italiane».

«Corro, comandante».

L'operazione di recupero del povero Sica non richiese più di una decina di minuti.

Le manovre furono eseguite senza intoppi e il naufrago alla fine venne issato in coperta mezzo svenuto. Quindi fu portato di peso in infermeria, dove gli fecero indossare abiti asciutti.

Nel frattempo Losi era tornato in plancia e aveva fatto rapporto.

«Il naufrago come sta?» chiese Mingozzi alla fine dell'entusiastico resoconto del guardiamarina.

«Più morto che vivo... soprattutto di spavento» commentò il guardiamarina sogghignando.

«Vorrei veder lei, al posto suo» tagliò corto Mingozzi, la cui lunga esperienza di soccorsi in mare lo aveva reso particolarmente sensibile, sapendo quale enorme stress fisico e psicologico affronta chi si trova sperduto in balia delle onde.

«Dicevo tanto per dire» si scusò Losi, notando l'occhiataccia di disapprovazione del comandante.

«Le ha almeno spiegato com'è finito in acqua?» chiese Mingozzi, ignorando le scuse.

«Borbottava che l'hanno gettato fuoribordo, ma non so se ho capito bene. Purtroppo è sotto shock e non è in grado di fare un discorso sensato... indosso non ha neppure documenti».

«Aspetteremo che si riprenda» concluse il comandante. «Quando potrà raccontare come sono andate le cose lei rediga un verbale e me lo consegni, insieme a un rapporto sull'operazione».

«Agli ordini, comandante».

«Vediamo ora di riacchiappare quei furbacchioni, che nel frattempo sono di nuovo spariti» fece Mingozzi, posando il binocolo «Losi, si rimetta al radar e ci dia la loro posizione».

«Comandante, lo abbiamo a poco più di tre miglia, rilevamento due-sette-zero» disse il guardiamarina, col viso incollato al visore.

«Nocchiero: macchine pari avanti tutta, rotta due-sei-otto».

«Agli ordini, comandante» rispose il pilota, annuendo.

«Guardiamarina: posizione e distanza» ripeté Mingozzi dopo altri cinque minuti. Non smetteva di scrutare l'orizzonte col binocolo, nella speranza di veder ricomparire il bersaglio. Ormai erano quasi le sette di sera e fra un'ora avrebbe cominciato a far buio. Per di più stavano per entrare nel Canale di Corsica e l'Isola d'Elba non faceva più da riparo: il Libeccio soffiava furioso sollevando muraglie d'acqua che l'affilata prua della CP2301 trapassava una dopo l'altra. Ma tutto sommato era anche un bene perché anche il Dragonfly, di certo meno adatto ad affrontare un mare del genere, sarebbe stato costretto a rallentare.

«Ora si trovano a due miglia, dritto di prua, comandante» rispose Losi, sempre chino sul visore radar. «Le coste della Corsica sono a meno di venti miglia».

Mingozzi posò il binocolo e andò al tavolo di carteggio, su cui era aperta la carta nautica della zona. Segnò con la matita la propria posizione rilevata dal sistema di localizzazione Gps, quindi col compasso misurò due miglia sulla scala graduata e la riportò a matita sul prolungamento della rotta, allarmandosi.

«Bisogna sbrigarsi… entro un quarto d'ora saranno in acque territoriali francesi e dovremo desistere».

Ma correre più di così non era possibile: il mare impetuoso e i giganteschi frangenti al traverso costringevano il timoniere a contrastare quelli più pericolosi prendendoli al mascone: per riuscirci doveva zigzagare con colpi di barra a sinistra, per poi rientrare in rotta una volta superato il muro d'acqua.

«Comandante, ho captato un mayday sul canale VHF16» gridò il marconista irrompendo in plancia per la seconda volta.

«Un mayday! E da chi?».

«Dal Dragonfly… stanno per affondare» rispose l'altro allarmato. «Chiedevano assistenza... poi la comunicazione si è interrotta».

Losi si sollevò dal radar con un'espressione perplessa, e chiese:

«Comandante, posso farle notare una stranezza che forse conferma il mayday?».

«Oggi le sorprese non mancano… comunque, dica pure». Poi, rivolto al marconista, aggiunse: «Lei torni in sala radio e mi avverta se ci sono novità».

«Da qualche minuto ci stiamo avvicinando parecchio, come se il Dragonfly fosse fermo» spiegò il guardiamarina. «Ora è a meno di mezzo miglio».

«Che sia un altro trucco» si chiese Mingozzi rimuginando fra sé, memore delle furbizie di ogni sorta sperimentate in quasi vent'anni a inseguire contrabbandieri, scafisti e simili. Ma, rifletteva, con un mayday nessuno scherzerebbe se non fosse davvero in pericolo di naufragio, o comunque di morte imminente.

«Dritto di prua, comandante» avvertì il guardiamarina sollevandosi dal radar. «A un quarto di miglio».

Mingozzi sollevò il binocolo e prese a scrutare con attenzione la distesa di bianche creste spumeggianti.

All'orizzonte nubi scure e minacciose erano percorse da lampi sinistri, anche se non se ne udiva il tuono, portato via dal Libeccio. In un momento in cui la motovedetta cavalcava un cavallone e la visuale aumentò, fra gli scrosci di pioggia battente gli parve di vederlo.

«Che accidenti succede, laggiù?» esclamò a un certo punto il comandante, mentre la motovedetta sprofondava nel cavo dell'onda e la visuale spariva per l'ennesima volta. Gli era parso di scorgere qualcosa, un enorme ammasso semisommerso da cui spuntava solo la poppa bianca del Dragonfly, ma non aveva fatto in tempo a capire esattamente cosa fosse.

Allora regolò il binocolo per ottenere una visione più nitida e attese di cavalcare la successiva onda. Sapendo in che direzione guardare, appena lo scafo fu sulla cresta non ebbe bisogno di perdere tempo a cercare.

«Mi venga un colpo, se quella non è una medusa!».

42

Collisione mortale

Appena saputo da Malpigi che la motovedetta della Guardia Costiera si era lanciata all'inseguimento del Dragonfly, il commissario Caputo aveva messo i sigilli alla villa di Leggio ed era rientrato a Corniano Marina. L'intenzione era di fare un salto in commissariato e poi andarsene a casa per una bella doccia calda, più che meritata dopo la dura giornata. Ma una seconda telefonata, questa volta da parte del comandante della Capitaneria, Dario Donati, lo aveva costretto a cambiar programma per raggiungerlo d'urgenza al Centro Controllo Aereonavale dell'Arcipelago Toscano, situato in vetta al promontorio di Corniano.

Da parte sua Enrico, impaziente di sapere se Pluto l'avrebbe fatta franca anche questa volta, non si era accontentato delle parole di ringraziamento del commissario, che diplomaticamente aveva così provato a toglierselo di torno, ma lo aveva seguito fin su alla stazione radar. Poi, una volta arrivati, aveva insistito tanto che alla fine gli aveva permesso di accompagnarlo dentro il Centro.

«Alla buon'ora, commissario» sbuffò impaziente Donati quando entrarono nella sala operativa. Il comandante era seduto di fronte a un grande monitor e stava parlando nel microfono da tavolo collegato al computer. Dalla sua espressione traspariva tutta la tensione del momento tanto che, vedendo Enrico, neppure domandò chi fosse e passò immediatamente a esporre la situazione a Caputo: «Siamo in collegamento con la motovedetta della Guardia Costiera… hanno appena intercettato il Dragonfly».

«Finalmente li abbiamo acciuffati!» esclamò il commissario in un moto di esultanza.

«Sì e no» replicò l'altro, freddando l'entusiasmo dell'interlocutore.

«Che significa?».

«Venga a sedere… le faccio spiegare qual è il problema» disse di rimando, scostando una sedia lì vicina. Poi, al microfono, disse:

«Comandante Mingozzi, è arrivato Caputo, il commissario che coordina le operazioni di terra... vuole aggiornarlo sugli sviluppi della situazione?».

«Posso solo confermarle quanto ho detto poco fa» rispose quello in tono preoccupato. «Purtroppo, dopo la collisione con la medusa, il Dragonfly corre il rischio di affondare».

«Collisione con una medusa?» ripeté Caputo sbigottito, fissando sullo schermo il viso di Mingozzi. «Cos'è, uno scherzo?».

«Niente affatto, commissario. Se non lo vedessi coi miei occhi anch'io non ci crederei... invece le assicuro che è proprio così» ribatté l'altro. «Il motoscafo si è letteralmente incastrato dentro un'enorme medusa, la più grossa che io abbia mai visto».

«Ma come può essere?».

«Che vuole che le dica... certo, la mole dell'animale è eccezionale per il Mediterraneo ma, a parte questo, con onde del genere può anche succedere» rispose Mingozzi. La voce giungeva a tratti distorta e non sincronizzata col movimento delle labbra, per uno sfasamento nel collegamento satellitare dovuto al rollio esasperato che faceva oscillare da banda a banda la parabola ricetrasmittente. Azzardando un'ipotesi, spiegò: «Durante la loro corsa si saranno infilati in un'onda dove per caso si trovava anche la medusa, così che, riemergendo, se la sono trovata sulla groppa».

«Ma è davvero tanto grande?».

«Eccome! Da come riesco a vedere da qui sopra in plancia, solo i tentacoli saranno lunghi più di quaranta metri... per non parlare del cappello gelatinoso che copre buona parte del motoscafo: resta fuori solo la zona poppiera, con visibile il nome Dragonfly sullo specchio di poppa. In mezzo al groviglio di tentacoli sul ponte mi par di scorgere anche dei corpi, ma non danno segni di vita».

«E non potete far niente per soccorrerli?» chiese Donati.

«Con un mare del genere e tutti quei tentacoli sparsi sull'acqua non posso certo mandare qualcuno a dare un'occhiata. Se però avete qualche idea voi...».

In sala controllo per alcuni istanti cadde un imbarazzato silenzio, rotto solo dal crepitio delle interferenze provenienti dall'altoparlante: Caputo e Donati si guardavano perplessi, non sapendo cosa rispondere. Prima che potessero comunque dir qualcosa, la stessa voce concitata aggiunse: «Però vi avverto che non abbiamo molto tempo: la medusa evidentemente non gradisce la situazione e sta facendo di tutto per liberarsi. Se continua così, il Dragonfly non ce la farà ancor per molto a resistere alle violente contrazioni di tutte quelle tonnellate di peso…».

Silenzioso e in disparte, Enrico seguiva attonito il rapido scambio di battute: come Caputo, anche lui sulle prime stentò a crederci. Poi d'un tratto rammentò un episodio della sua trascorsa vita di mare e cambiò opinione.

Allora fu assalito dal tumultuoso riaffiorare dei ricordi, e una sfilza di sentimenti contrastanti gli si affollarono alla mente.

La reazione istintiva fu che sì, ben gli stava a Pluto e ai suoi degni compari di fare una fine del genere, considerato come s'era arricchito sulla pelle di tante ignare vittime, inclusa la sua povera Simona. Per anni aveva impunemente attentato al cuore del suo mare con montagne di scorie millenarie e gli sembrava più che giusto che fosse il mare a chiedergliene conto, e con tanto di interessi.

Ma per quanto l'avvenimento costituisse una sorta di rivalsa nei confronti di quel trafficante senza scrupoli, che gli dava una sorta di intimo compiacimento, Enrico proprio non ce la faceva a rimanere impassibile di fronte a una fine tanto orribile. Inoltre era convinto che Sica si trovasse ancora a bordo del Dragonfly e doveva far qualcosa per salvarlo.

Scotendosi dal tumulto dei pensieri, ruppe il silenzio e azzardò un suggerimento: «Ditegli di provare coi getti di vapore, o di acqua bollente…».

Caputo lo guardò interdetto: gli aveva permesso di accompagnarlo a patto che rimanesse in disparte, senza impicciarsi di nulla, e invece ora se ne veniva fuori con un'altra delle sue trovate. Ma intervenne Donati, con l'espressione perplessa tipica di chi non ha capito: «Che vuol dire con questo?».

«Al punto in cui sono mi pare l'unico tentativo possibile» rispose Enrico. «Inoltre c'è un precedente, un episodio accaduto in passato dove il sistema ha funzionato».

«Vorrebbe farci credere che non è la prima volta che succede un fatto del genere?» intervenne Caputo, visibilmente scettico.

«Proprio così, commissario: diversi anni fa, fra l'Australia e le isole Fiji, una gigantesca medusa Criniera di leone entrò in collisione con la nave Kuranda e rischiò di capovolgerla. L'equipaggio raccontò che si erano infilati in un'onda anomala ed erano riemersi dall'altra parte con l'animale abbarbicato al castello di prua. Per fortuna il mayday era stato captato da un rimorchiatore d'alto mare che si trovava in zona e che riuscì a liberarli lanciando appunto contro l'animale getti di vapore ad alta pressione».

Prima che potesse proseguire, dall'altoparlante giunse concitata la voce di Mingozzi: «Non c'è più niente da fare: come temevo, le sovrastrutture hanno ceduto e il Dragonfly, schiacciato sotto il peso della medusa, ha preso a imbarcare fiumi d'acqua e sta purtroppo affondando».

Se la Guardia Costiera li avesse raggiunti solo pochi minuti prima, avrebbero anche potuto assistere ai loro disperati quanto inutili tentativi di liberarsi dalla presa mortale.

Quando infatti erano incappati nella medusa, dopo i primi attimi di smarrimento Pluto aveva ordinato a Zadig di darsi da fare per risolvere il problema alla svelta. E l'armeno aveva obbedito, non rendendosi conto delle conseguenze a cui lui e gli altri sarebbero andati incontro.

«Tom, prendi gli uomini e seguimi in coperta: dobbiamo ricacciare in mare quel bestione» comandò Zadig mentre s'infilava la mantella. Vedendoli titubanti all'idea di affrontare quella massa amorfa e traslucida che fremeva scivolando sulle vetrate di plancia, urlò: «Sbrigatevi, maledizione, prima che ci coli a picco!».

«Anche tu, Tony» gridò al marinaio. Ma questi, avendo in altre circostanze sperimentato l'abbraccio doloroso di una medusa, aveva ancor meno voglia degli altri di affrontare il flaccido ammasso pulsante che li sovrastava, che sapeva solo in apparenza innocuo. Allora Zadig, per essere più convincente, estrasse la pistola e gliela puntò dritta in faccia, ordinando minaccioso: «Ai comandi ci resta il capo, tu vieni fuori a darci una mano».

L'idea era di liberarsi prima possibile dall'incomodo per riprendere la fuga e nel giro di una decina di minuti arrivare in acque francesi, sottraendosi così agli inseguitori. Ma le cose andarono diversamente e la battaglia dei quattro, che con asce e coltelli uscirono ad affrontare la pulsante montagna traslucida, durò poco. Nonostante fossero protetti dalle mantelle impermeabili, migliaia di nematocisti scaricarono le loro mortali tossine sul viso e le mani dei poveretti che, così colpiti, presero a contorcersi dal dolore e tremare in modo spasmodico come fossero percorsi da scariche elettriche. Infine, uno dopo l'altro caddero sul ponte in preda alla paralisi e non ebbero più scampo. L'ultimo a finire carponi nel viscido groviglio fu Zadig che, incapace di parlare, volse un ultimo sguardo implorante al suo padrone che seguiva la scena da dietro la vetrata.

Leggio non aveva previsto un esito tanto funesto, e neppure che quei tentativi, oltre che inefficaci, avrebbero prodotto la violenta reazione dell'animale: così aggredita, la medusa prese infatti a contrarsi convulsamente per liberarsi, dando il colpo di grazia alle già provate strutture del motoscafo, che cedettero di colpo: in pochi istanti l'acqua si riversò a fiumi inondando e squassando ogni cosa, finché il Dragonfly scomparve fra le onde.

Leggio prese ad annaspare nell'acqua, nel disperato tentativo di sottrarsi al risucchio, finché un nugolo di filamenti velenosi lo avvilupparono trascinandolo verso l'abisso.

«Siete in grado di soccorrere i superstiti?» aveva chiesto Donati, inconsapevole della tragedia che si era appena consumata, quando Mingozzi confermò l'affondamento.

«Di naufraghi non se ne vedono, comandante… e dubito ce ne possano essere» rispose Mingozzi, con un tono in cui si avvertiva tutta la ripugnanza per l'orribile fine. «L'unico sopravvissuto è quello che abbiamo ripescato quando stavamo per raggiungerli la prima volta».

«Un naufrago… del Dragonfly?» chiese Caputo, sorpreso.

«Esatto. Non mi è chiaro se in mare c'era caduto oppure ce l'avevano gettato apposta per rallentarci. Purtroppo è ancora mezzo svenuto in infermeria e più di tanto non è riuscito a dirci, a parte che si chiama Vito».

«Potrebbe descrivercelo, comandante?» intervenne Enrico.

Caputo gli lanciò un'altra occhiataccia; invece Donati lo guardò con espressione interrogativa, non capendo il perché di tanto interesse. Enrico allora spiegò: «Potrebbe trattarsi di una nostra vecchia conoscenza, un investigatore che pareva sparito nel nulla».

«Addosso non ha documenti» continuò la voce dall'altoparlante, «ma è uno sulla cinquantina, piccoletto e di corporazione minuta, con dei baffetti grigi».

«Non ci sono dubbi, dev'essere lui!» esclamò Enrico con un sospiro di sollievo.

«Appena possibile avrò bisogno di interrogarlo» gli fece seguito Caputo.

«Nessun problema, commissario. Con la burrasca in corso e quella bestiaccia nei paraggi voglio rientrare in porto prima che faccia buio» rispose Mingozzi. «Il naufrago lo farò ricoverare in ospedale già da stasera, ma le consiglio di aspettare un giorno o due prima di venire: per le prossime ventiquattrore non penso che sarà in condizione di dirvi molto».

«D'accordo, comandante. Verrò dopodomani per sentirlo su come sono andati i fatti» rispose Caputo in tono conclusivo, scostando la sedia per alzarsi. «Le sarò grato se intanto mi preparerà un rapporto sul naufragio del Dragonfly: dopo l'ospedale passerò in Capitaneria a ritirarne una copia».

«Fiorani, ha visto che alla fine ce l'abbiamo fatta?» esordì Caputo dandogli un'amichevole pacca sulla spalla, mentre si dirigevano al parcheggio esterno. «Uscito di scena Martin Leggio, il caso è praticamente chiuso. Pluto non è più una minaccia per nessuno e lei può finalmente dimenticare tutta questa storia».

«Dimenticare è una parola grossa, commissario».

«Ma deve a tutti i costi riuscirci, se vuol riprendersi la sua vita» commentò Caputo dandogli la mano per salutarlo, prima di salire in auto. La volante attendeva col motore acceso, segno che anche l'agente alla guida non vedeva l'ora di chiudere una giornata più lunga del solito. Un attimo prima che l'autista ripartisse sgommando, il commissario si sporse dal finestrino e disse con fare paterno: «Dia retta a me, Fiorani, si prenda qualche giorno di vacanza e cerchi di distrarsi… la vita continua».

Enrico rimase a guardare l'auto che si allontanava lungo la

ripida discesa, finché sparì dietro una curva. Più che stanco, si sentiva teso come una corda di violino e non aveva voglia di tornare a casa. Così, anziché salire in macchina, andò alla balaustra di legno che delimita il parcheggio in terra battuta, pochi metri prima della scarpata a picco sul mare.

Le ombre della sera avanzavano veloci contro un cielo carico di pioggia, di tanto in tanto trafitto in lontananza da muti lampi di luce, residuo della burrasca appena passata. Il libeccio saturo di salsedine gli sferzava la faccia e scompigliava i capelli, ma era una sensazione piacevole, rigenerante, mentre a pieni polmoni respirava il salmastro diluito nel vento.

Sotto e davanti a lui il mare, adirato, una distesa color dell'argilla strappata alla costa, un mare di creste bianche che si rincorrevano senza tregua verso l'irrinunciabile destino: un ultimo schianto sulla scogliera.

Come Pluto, gli venne da pensare per metafora.

Era accaduto così in fretta che faceva ancora fatica a crederci: per sei lunghi mesi la sua vita era stata stravolta e ora, di colpo, pareva finito tutto. Gli restava la triste consapevolezza che, senza la sua compagna di un tempo, l'esistenza non sarebbe comunque più stata la stessa. Unica consolazione, il fatto che l'impegno assunto sulla tomba di Simona l'aveva mantenuto: in un modo o nell'altro giustizia era stata fatta.

Ora poteva mettersi il cuore in pace e provare a riprendersi la sua vita, come appunto gli aveva consigliato Caputo.

Ma più ci pensava, più si convinceva che il suo lavoro non poteva finire così.

43

Spiacevole altolà

Non poteva certo dire di aver dormito sonni tranquilli quella notte, passata da un incubo all'altro a rivoltolarsi nel letto: svegliandosi di soprassalto, gli ci volle un bel po' prima di realizzare che si era trattato solo di un brutto sogno.

Era stato così realistico che gli sembrava di avere ancora in testa l'incessante crepitio che aleggiava sopra quegli oceani stracolmi di meduse, una sinfonia come di innumerevoli contatori geiger, sinistra e incalzante, che cresceva d'intensità come il frinire delle cicale nella calura. E lui che correva a perdifiato, fra cumuli di scorie sparpagliate su un pianeta morente, nel tentativo di scampare alla micidiale gragnola di invisibili schegge sparate dall'inarrestabile processo di decadimento radioattivo.

«Fortuna che è stato solo un sogno» borbottò Enrico tirando un sospiro di sollievo. Man mano però che riacquistava lucidità e le immagini persistevano vivide nella mente, si rendeva conto che la realtà poteva diventare anche peggiore.

Unico risvolto positivo, al termine della sua faticosa avventura, il sollievo di sapere che almeno Pluto non era più una minaccia, né per lui né per altri. Avrebbe dovuto esultare, ma come poteva rallegrarsi al pensiero dell'eredità che quello aveva lasciato, la roulette russa a cui gli esseri viventi andavano incontro?

Ormai completamente sveglio, con gli occhi fissi al soffitto ma il pensiero altrove, avvertiva un senso di disarmante frustrazione mentre si chiedeva chi avrebbe fermato la marcia funebre.

Lui non ne era in grado, non era tanto ingenuo da pensare che fosse alla sua portata. Ma qualcosa poteva fare, in modo che il problema non restasse confinato nel girone degli ignavi in attesa dalla prossima catastrofe. E visto che già una volta era riuscito a smuovere l'opinione pubblica sulla faccenda del berillio radioattivo che aveva ucciso Simona, pensò di riprovarci: avrebbe spedito ai media la documentazione raccolta, convinto che poi qualcuno di loro se ne sarebbe occupato.

Così rianimato dal nuovo proponimento saltò giù dal letto e, fatta una veloce colazione, andò nello studio a iniziare il lavoro.

Davanti al computer esitò un attimo, rammentando che era ancora contagiato dal virus spione di Pluto. Poi però rifletté che quello ormai non poteva più intercettare nessuno, a meno che non lo facesse dall'oltretomba. Di conseguenza, per non perdere l'intera mattinata a riformattarlo e ricaricare tutto, imprudentemente ignorò il problema.

Il piano era di riutilizzare il precedente memorandum, integrandolo coi nuovi dati, frutto delle ultime esperienze. Per prima cosa scaricò da Internet il planisfero che riportava le discariche radioattive marine: su questo evidenziò le zone dove era stata segnalata la presenza di meduse killer e tracciò le direttrici delle correnti, in modo da visualizzare la correlazione fra i tre aspetti del problema.

Per dare credibilità scientifica alla tesi, descrisse poi le ricerche di Papadopulos nel Mar Ionio e di William Poe nel Pacifico. Sebbene al Cunep i biologi stessero ancora cercando i luoghi di riproduzione delle meduse in Mediterraneo, i ricercatori di Vancouver avevano avuto più fortuna: erano infatti riusciti a dimostrare che erano stati gli isotopi radioattivi provenienti dalle discariche disseminate sulla Piana Abissale Alascana a sterilizzare il plancton, facendolo praticamente scomparire lungo la Corrente Equatoriale del Nord, la stessa che fungeva da autostrada del mare per le meduse giganti fra Giappone e coste occidentali di Stati Uniti, Canada e Alaska. Avevano inoltre appurato che erano state le stesse radiazioni ionizzanti a causare le alterazioni genetiche osservate nei campioni di meduse killer. Gli stessi biologi pensavano inoltre che comportamenti apparentemente incomprensibili da parte di certi animali marini, come l'aggressività del calamaro abissale con cui avevano avuto un incontro ravvicinato sul Banco di Cobb, oppure episodi di spiaggiamento di cetacei in luoghi distanti fra loro, come il Gargano in Italia e il Fraser River in Canada, fossero la diretta conseguenza di gravi alterazioni sensoriali prodotte dalla concentrazione biologica di isotopi radioattivi lungo la catena alimentare.

Quindi Enrico si dedicò alla zona di Majak e dintorni. In una tabella comparativa riportò i picchi di radioattività dei territori a oriente degli Urali, fin su al Mar di Kara. A tali dati affiancò l'incremento riscontrato nelle diverse sindromi da radiazioni: decessi, malattie, sterilità, malformazioni, aborti spontanei e simili; poi aggiunse una seconda colonna, con le quantità previste per il prossimo ventennio. In un'altra tabella riportò invece i livelli di radioattività rilevati nei Mari di Kara e di Barents, in particolare sui fondali intorno alla Nuova Zemlja e quelli degli iceberg provenienti dal Mar Glaciale Artico. Come nella prima tabella, vi aggiunse le previsioni statistiche di qui a vent'anni, sia per tali territori che per l'Europa e l'America Settentrionale.

Infine passò alla Jolly Mare. Con dovizia di particolari descrisse i vari tentativi dei trafficanti internazionali per boicottare le ricerche del relitto, affondato al largo di Capo Rizzato con le stive colme di rifiuti tossici e nucleari. Al riguardo fece notare che, dove avevano fallito le organizzazioni mafiose, c'erano invece riusciti i politici i quali, col pretesto di non voler creare inutili allarmismi, erano intervenuti a gamba tesa e avevano bloccato le ricerche, rimandandole di fatto alle calende greche.

Enrico impiegò quasi due giorni a completare la nuova versione del documento, arricchito da decine di foto e centinaia di riferimenti ipertestuali che rimandavano ad altrettanti documenti sul web, a beneficio di chi volesse approfondire l'argomento.

Ora si trattava di reperire quanti più indirizzi e-mail possibili a cui spedire ogni cosa. Conservava ancora i novantasette indirizzi usati la prima volta per l'invio, che però riguardavano quotidiani, tv, agenzie di stampa e simili in prevalenza nazionali: aveva quindi bisogno di reperirne almeno altrettanti a carattere internazionale. Da una chiavetta usb copiò quindi sul computer i vecchi indirizzi e-mail ma, essendo quasi mezzogiorno, rimandò a dopo pranzo il lavoro da certosino che lo aspettava per trovare gli altri.

Stava ancora finendo di sistemare la cucina quando sentì suonare alla porta: era Caputo, che veniva a fargli visita con la scusa di prendere un caffè insieme, prima di rientrare in commissariato.

«Come vanno le sue ricerche, signor Fiorani?» chiese a un certo punto fattosi serio, appena si furono accomodati in salotto davanti alla tazzina fumante.

«Non mi dica davvero che ha sentito la mia mancanza, commissario» rispose Enrico con una battuta. Notando il mutato atteggiamento e lo sguardo indagatore dell'ospite, si mise sulla difensiva: non era da lui fare visite di cortesia e quindi si stava chiedendo quale fosse il motivo dell'improvvisata.

«Il punto non è questo, Fiorani» ribatté secco Caputo, come leggendogli nel pensiero. «Con disappunto devo riscontrare che non ha seguito il mio consiglio di prendersi una vacanza».

«Oh, bella!» esclamò Enrico, fingendosi stupito. Il tono delle parole non gli era piaciuto, come pure quell'espressione severa stampata sul volto. Ma non capendo ancora la ragione, cercò nuovamente di sdrammatizzare con una battuta: «Non sarà mica un reato non andare in vacanza».

«Il problema è un altro. Se rammenta, le avevo detto chiaramente di non pensare più alla storia delle scorie radioattive, ma mi risulta che lei non lo sta affatto facendo».

Enrico ebbe un attimo di incertezza, mentre si domandava come avesse fatto Caputo a saperlo. Poi chiese: «Di cosa mi sta accusando? Sia più chiaro».

«Ci risulta che sia in procinto di divulgare informazioni riservate… materiale non solo oggetto di indagini da parte della Magistratura ma, ancor peggio, coperto dal segreto di Stato».

«E lei come fa a saperlo… non mi dica che mi state spiando con quel vostro Echelon».

«Niente del genere: semmai è lei che ha fatto tutto da solo» rispose Caputo col sorrisino da furbetto. «Ricorda l'esca informatica lanciata a Pluto, proprio dal computer di casa sua?».

«Certo, e allora?».

«Forse però non sa che il famoso Pluto intercettava gli elaborati provenienti dal suo computer grazie a un portatile opportunamente predisposto, portatile che Martin Leggio, nella fretta di fuggire, ha lasciato a Punta Sparviero» continuò sornione il commissario, fissando l'ospite per capire se aveva afferrato. Notandolo perplesso, spiegò: «Ebbene, quel computer lo abbiamo noi: lo abbiamo requisito lunedì quando abbiamo perquisito la villa».

Enrico spalancò gli occhi battendosi il palmo della mano sulla fronte: «Che stupido!».

«Effettivamente una simile leggerezza non è da lei» sogghignò Caputo con soddisfazione. Fattosi di nuovo serio, arrivò alle conclusioni: «Stamani i tecnici del laboratorio informatico mi hanno consegnato la stampa delle ultime intercettazioni provenienti dal suo computer, e non mi ci è voluto molto a immaginare quali siano le sue intenzioni».

«Vorrà mica denunciarmi?».

«No, stia tranquillo» lo rassicurò Caputo, mentre il cipiglio lasciava posto a un'espressione quasi paterna. «Per quanto mi riguarda, le sue sono ancora delle semplici intenzioni».

«Allora, qual è il problema?».

«Che già tempo addietro qualcuno ebbe a divulgare informazioni riservate, violando di fatto la legge» precisò Caputo, ammiccando con un'espressione piuttosto eloquente. «Se ora facessi notare a Malpigi la somiglianza fra il primo documento e quello che lei sta attualmente preparando, e soprattutto gli indirizzi e-mail che sono arrivati stamani sul portatile, guarda caso gli stessi utilizzati per spedire le e-mail la prima volta… indirizzi che lei non poteva conoscere a meno che non fosse stato proprio lei quel mittente sconosciuto».

«Ho capito, ho capito».

«Bene. Allora, che vogliamo fare, signor Fiorani?».

«Me lo dica lei, commissario».

«Detto fra noi, dovrei riferirlo a Malpigi, che non gradirebbe certo la cosa».

«Oppure?».

«Oppure, considerate le sue buone intenzioni e la nostra, diciamo, amicizia, potrei per questa volta chiudere un occhio… ma a una condizione».

«Quale?».

«Che lei rinunci a mandare quelle e-mail e lasci a noi il compito di portare avanti le indagini, senza mettersi a sollevare altri polveroni».

«Già, per essere liberi di insabbiare tutto se arriva qualche ordine dall'alto».

«Questo non accadrà, glielo assicuro. Solo che non vogliamo interferenze da parte di giornalisti o altri ficcanaso» ribatté Caputo, che cominciava a spazientirsi. «Non vogliamo gente fra i piedi a causarci altri problemi».

«Appena quei relitti in fondo al mare cominceranno a disperdere le loro schifezze radioattive, cosa che penso stia già avvenendo, allora sì che cominceranno i guai veri».

«Senta Fiorani, ora non ho tempo per questi discorsi» sbottò il commissario, alzandosi dalla poltrona dopo aver controllato l'ora. «Mi pare di averle dato un consiglio da amico: ora sta a lei decidere se vuole o no evitarsi altri guai».

44

11 marzo 2011

Da quando il commissario col suo altolà gli aveva smorzato ogni velleità giornalistica Enrico aveva provato a tornare alla vita di ogni giorno, senza però riuscirci: oltre all'opprimente peso della solitudine che ogni sera lo assaliva, non passava giorno che non fosse combattuto fra il desiderio di spedire quelle e-mail e il timore che, così facendo, si sarebbe cacciato nei guai.

Ce l'aveva col commissario Caputo e ancor più con Bruno Malpigi, il sostituto procuratore di Grosseto che gli aveva messo il bavaglio, ma ancor più con se stesso per la superficialità con cui aveva trascurato la presenza di quel maledetto virus: anche se appena se ne era reso conto si era affrettato a ripulire il computer, ormai le sue intenzioni erano state scoperte.

Seccato per la propria dabbenaggine, ma anche avvilito per aver gettato la spugna non sentendosela di mettersi a combattere da solo contro i mulini a vento, si era tuffato nel lavoro per tenere il più possibile la mente occupata. D'altronde cosa avrebbe potuto fare di più, ora che anche l'autorità giudiziaria lo teneva d'occhio?

La sua vita si trascinava da tempo nel solito trantran quotidiano quando un venerdì, mentre pranzava in cucina davanti al televisore, il telegiornale quasi gli mandò il boccone di traverso:

"Allarme tsunami nel Pacifico. Un devastante terremoto di magnitudo 8.9 della scala Richter, con epicentro al largo dell'isola di Honshu, ha sollevato uno tsunami che stamani ha colpito le coste orientali del Giappone. Onde alte quattordici metri hanno investito la centrale nucleare di Fukushima mandando in blocco tre reattori e causando la fuoriuscita di materiale radioattivo..."

Nei giorni successivi Enrico seguì con l'evolversi della situazione, anche se all'inizio si minimizzava il rischio di contaminazione. Ma dopo le esplosioni dei reattori per il blocco dei circuiti di raffreddamento del nocciolo, fecero evacuare gli ottantamila abitanti della zona.

Le autorità dovettero ammettere che quantità imprecisate di materie contaminanti si erano riversate in mare e nell'aria: solo il cesio radioattivo disperso nell'ambiente era 168 volte quello emesso dalla bomba di Hiroshima e si temeva che si sarebbe sparso ulteriormente per effetto di vento, pioggia e vari concentrati biologici, insieme a un cocktail di isotopi, incluso il micidiale Plutonio.

In breve tempo la nube radioattiva si diffuse a macchia d'olio fino a Tokio, a 240 chilometri dalla centrale, mentre i livelli di radioattività in mare superavano di almeno 4400 volte i limiti consentiti.

Solo dieci giorni dopo l'evento, l'Organizzazione Mondiale della Sanità dichiarò: *"Le radiazioni provocate dal disastrato impianto nucleare di Fukushima ed entrate nella catena alimentare sono più gravi di quanto finora si fosse pensato..."*

Enrico, leggendo le notizie, non poté fare a meno di pensare ai disastri che prima o poi sarebbero scaturiti dai cumuli di scorie radioattive sparpagliate sui fondali di mezzo mondo.

Avrebbe potuto scrollarsi di dosso il problema ragionando che non era affar suo, visto che il Giappone non era proprio dietro l'angolo. Ma condivideva il detto che "quando si mette un dito nell'acqua, si toccano tutti i mari del mondo" e quindi ogni notizia sul dilagare della contaminazione era per lui come un rigirare il coltello nella piaga.

Quando infine lesse che nessuno voleva più sposare gli sfollati, considerati a rischio sterilità o destinati a generare figli deformi, come il piccolo Igor o gli abitanti dimenticati di Muslyumova, non se la sentì più di restare con le mani in mano e decise di gettare sul piatto della bilancia anche il suo scomodo memorandum.

Presa la decisione, ragionò che usando d'accortezza avrebbe anche potuto evitare i temuti problemi giudiziari, a patto di cambiar tattica: anziché inviarlo via e-mail l'avrebbe pubblicato sul web; poi, con una raffica di e-mail, avrebbe detto ai media dove trovarlo.

Così trascorse buona parte del weekend a preparare ogni cosa. Prima rimaneggiò il memorandum per dargli una veste differente da quella già nota a Caputo, quindi si dedicò alla ricerca degli indirizzi di media internazionali: alla fine del lavoro da certosino aveva raccolto una sessantina di nuovi indirizzi e-mail, sufficienti ad avviare il tamtam mediatico.

Per mantenere l'anonimato questa volta non si sarebbe servito di una postazione esterna, come l'internet café della volta precedente: da Pluto aveva imparato che sarebbe bastato ricorrere a un servizio di remailer anonimo. Così trovò sul web un fornitore di programmi Freedom, che mettono cioè a disposizione sia lo spazio per la pubblicazione che un servizio di posta elettronica in forma totalmente anonima, tali che neppure con un'ingiunzione legale si possa risalire all'autore. Versata la somma richiesta con carta prepagata e ricevuta via e-mail la password di accesso, tutto era pronto per le operazioni di pubblicazione e notifica, da fare in contemporanea onde ridurre il rischio di vedersi oscurare il documento ancor prima che i media potessero leggerlo.

Era domenica sera quando con alcuni click del mouse completò il lavoro, liberandosi dell'insopportabile bavaglio. Appena gli fu tornata in copia l'e-mail spedita ai media, fece un'ultima verifica: con un click sul riferimento ipertestuale nel testo si aprì il memorandum e tutta la documentazione che aveva caricato su Internet venne visualizzata, a indicare che il sistema funzionava.

Spense il computer, si alzò dalla sedia su cui era stato incollato tutto il giorno, e si stiracchiò come un gatto. Anche se si era tolto un peso dalla coscienza, continuava a sentirsi insoddisfatto, a provare un senso di inadeguatezza, senza capirne la ragione.

Era forse timore il suo, il non sapere che piega avrebbero preso le cose? Riflettendoci su, in tutta onestà si rendeva conto che non era questa la ragione dell'insoddisfazione, bensì il senso di vuoto al pensiero dei giorni inutili che l'attendevano. Limitarsi ad aspettare gli eventi sarebbe stato un vero spreco, convinto com'era che ogni giorno di vita, ogni singolo minuto, fosse un dono speciale da non sciupare, ma da vivere in modo pieno, significativo.

Possibile che proprio lui, che di mestiere faceva il programmatore, non fosse capace di programmarsi la vita, imponderabile a parte? Un paradosso che aveva del ridicolo. Aveva urgente bisogno di schiarirsi le idee e per riflettere non c'era niente di meglio di una boccata d'aria di mare: così prese la giacca a vento e uscì di casa.

Quando giunse alla passeggiata belvedere che corre lungo la scogliera, alcuni metri più sotto, il tramonto era appena iniziato, col cielo azzurro pallido che sfumava nell'ametista e incupiva sopra il promontorio alle sue spalle. Di fronte, stagliata nell'aria tersa di fine marzo, l'Isola d'Elba che pareva galleggiare sull'acqua percorsa dagli ultimi fremiti di brezza; più a ovest, oltre Capo Corso basso all'orizzonte e confuso nella bruma, il sole che calava a vista d'occhio spandendo ultime spatolate di luce dorata sulla superficie scura del mare.

Enrico tirò su il bavero della giacca e si appoggiò alla balaustra di ferro, annusando il salmastro portato dal vento. Profumo di mare, che ancora gli rammentava i tempi della sua giovinezza, quando sull'ala di plancia per il turno di guardia respirava il mare, e con gli occhi persi all'orizzonte sognava il futuro.

Un futuro che forse non aveva più?

Una barca da pesca rientrava in porto dopo aver calato le reti, in attesa di salparle l'indomani, di certo confidando in una buona sorte sempre più rara. Enrico la seguì con lo sguardo, la luce rossa di via confusa fra le scaglie rossastre degli ultimi bagliori di luce, finché sparì dietro la punta.

Come ogni sera, da quando Simona non c'era più, fu assalito dalla nostalgia e un velo di tristezza calò sul suo cuore, indirizzandone i pensieri: quante di quelle aspettative aveva realizzato durante la sua vita? Era forse anche per lui giunto il tramonto della speranza?

Sì, se avesse permesso alla malinconia di sopraffarlo cedendo alle sue lusinghe come a una dolce droga, nel vano tentativo di sfuggire alla realtà delle cose; no, se avesse reagito per riprendere le redini del suo futuro.

All'orizzonte il sole era ormai scomparso e accendeva il cielo dei colori dell'arcobaleno: arancione rosato, poi giallo sfumato nel verde, quindi limpido ametista. Quando tutto pareva prossimo a spegnersi nella notte, in un ultimo anelito di vita esplodeva di luce rossa e infuocava il cielo, prima che le tenebre riprendessero il sopravvento dilagando e inghiottendo ogni cosa.

Nell'oscurità riusciva a pensare meglio.

Non avrebbe saputo dire per quanto tempo fosse rimasto lassù, a respirare il salmastro con l'umidità che gli impregnava i capelli prematuramente brizzolati. Lentamente i sentimenti in subbuglio gli si acquietarono nell'animo e quell'indecifrabile senso di inadeguatezza, quasi avesse mancato le mete e deluso le molte aspettative, svanì.

Ma doveva reagire e guardare avanti, se non voleva trascinarsi in un'esistenza costellata di rimpianti. Scrollandosi di dosso ogni malinconia venne al nocciolo del problema: se voleva tornare a vivere non avrebbe più dovuto costringersi a ricacciare nell'oblio il dolce ricordo di lei, di quella notte stellata sull'ala di plancia dell'Altair.

Nel buio sorrise con sé stesso, sentendosi più leggero. Aveva finalmente deciso.

Sfilò dalla tasca il cellulare e cercò in rubrica. Quando pigiò il tasto di chiamata, sul display illuminato compariva un nome: Denise.

Altri romanzi dell'autore

Trilogia "Enrico Fiorani - lungo la pista delle scorie nucleari" :

OPERAZIONE BERILLIO (Vol. 1)

La morte di Simona Fiorani in una tranquilla cittadina di mare di per sé non farebbe notizia. Ma sarà la sua causa, una contaminazione da berillio radioattivo, a spingere il marito Enrico Fiorani in una coraggiosa ricerca della verità. Mentre l'intreccio si dipana in un susseguirsi di avvenimenti e colpi di scena che coinvolgono trafficanti senza scrupoli e personaggi dall'apparenza insospettabile, sul tappeto resteranno scomode domande, a cui Fiorani riuscirà a dare solo parziale risposta.

OPERAZIONE BERILLIO - Sceneggiatura

Dal romanzo omonimo, vincitore del Primo Premio di letteratura inedita "Le Agavi"- città di Reggio Calabria - 2009, è stata preparata dall'autore anche la riduzione cinematografica in formato "sceneggiatura".

SCIARADA PER FIORANI (Vol. 3)

Chi l'avrebbe mai detto che una trama invisibile unisce la stella nascente della new-economy italiana all'ente nucleare francese accusato di spionaggio industriale? Che relazione potrebbe mai esserci fra il terremoto in Indonesia, le scorie radioattive affondate in Oceano Indiano e la pirateria somala? O fra le miniere di uranio in Niger e il traffico di armi nel Corno d'Africa? Un incastro di scatole cinesi orchestrato dall'organizzazione criminale di Pluto, che Enrico Fiorani dovrà fronteggiare se non vorrà perdere di nuovo l'amore.

Biografie:
LA VOCE SILENTE DELLE COSE

Davvero le cose non possono parlare, o siamo noi che abbiamo smesso di ascoltarle? La volta stellata in una notte estiva, il mare in tempesta che sfoga la sua furia, un modesto fiore di campo, sanno ancora parlare al nostro cuore o non ci dicono più niente?
 Anche se nessuno se le augura, a volte sono proprio le traversie della vita a favorire una più attenta valutazione di ciò che va oltre l'apparenza: Marco saprà cogliere gli stimoli che inducono all'ascolto e ne trarrà beneficio. Il racconto, ispirato a una storia vera, vede contrapposti due valori primari che è possibile perseguire nella vita: quelli del padre, che si rovinerà rincorrendo un abbaglio di ricchezza, e quelli del figlio Marco, che opterà per dare precedenza ai valori spirituali. E sarà proprio grazie alla voce silente delle cose e alla sua innata capacità di ascolto, poi affinata navigando sugli oceani, che Marco costruirà la propria fede e, per coerenza, sarà indotto a fare scelte coraggiose.

RINGRAZIAMENTI

Ringrazio fin d'ora tutti quei lettori che vorranno esprimere le loro osservazioni sul narrato: possono farlo lasciando su Amazon la propria recensione al romanzo "Meduse Connection".

mauronatt@gmail.com